JN437182

개정판

전자무역론

Studies on Electronic Trade

이 봉 수 지음

도서출판 두남

항상 많은 새로운 것을 가르쳐 주는 나의 학생에게

Studies on Electronic Trade

By LEE, BONG SOO, Ph. D.
Professor of International Trade Department,
Dankook University

머리말

1971년 수출 10억불을 돌파한 후 '100억불 수출과 1000불 소득'을 국가 슬로건으로 삼았던 시절이 있었다. 이는 온 국민의 희망이었고 선진국 진입의 상징이었다. 그런 우리나라가 2005년 무역 5000억 달러 시대를 열었고, 2010년에는 세계 7대 수출국으로 부상하였다. 또한 2011년 11월에는 '무역1조 달러'시대로의 진입 되었으니 이는 불과 6년 만에 두 배 성장을 이루게 된 것이다. 이러한 발전상을 회고해 보면 금석지감(今昔之感)을 금할 수 없다.

이제 무역규모 2조달러를 현실화하기 위해서 새롭게 갖춰야 할 경쟁력은 무엇이가를 고민 할 때이다. 이는 더 이상 특정산업에 대한 육성이나 특정지역에 대한 마케팅 전략으로는 수출을 늘릴 수 없다고 생각한다. 무역이 국내 상거래의 연장선에서 자연스럽게 이루어질 수 있도록 저변이 확대되어야 하며 무역거래 절차가 단순해지고 쉬워져 누구나 쉽게 접근하고 실행할 수 있게 되는 것이 새로운 경쟁력의 요체라고 본다. 이러한 개념을 잘 반영하고 있는 것이 전자무역이다. 전자무역은 무역거래에서 사용되는 종이문서 대신에 전자 문서를 사용함으로써 거래 시간과 비용을 절감하고 거래의 투명성을 높이며 나아가서 물류 흐름의 개선과 재고 관리의 효율화를 달성할 수 있는 새로운 무역거래 방식이다.

이러한 맥락에서 본 교재는 과거의 전자무역 교재들이 전자상거래 분야를 중심으로 작성되었거나 무역실무의 자동화측면에 치우쳐 작성되었다는 점을 보완하여, 전자무역이라는 새로운 학문적 영역을 구축하고자 이론과 실무적인 분야를 결합하고자 하였다. 나아가 향후 전자무역 교재에서는 시스템의 고도화, 이용 주체간의 관계, 국가간의 협력 등이 다루어져야 한다고 본다.

본 교재는 전체 3부로 다음과 같은 목차로 구성되어 있다. 제1부는 전자무역 개관으로 전자무역의 개념, 추진현황, 전자무역회사의 설립, 전자무역 마케팅의 개요와 전략, 전자무역 계약에 관하여 설명하였다. 제2부는 전자무역의 기초로 디지털 환경에서 꼭 알아두어야 하는 정보기술의 변화, 전자상거래의 개념과 추세, 보안과 결제를 다루었다. 제3부는 전자무역 관리로 무역자동화와 전자무역 네트워크, 전자신용장과 eUCP, 세계적으로 많이 사용되는 글로벌 전자무역시스템인 Bolero, TradeCard, IdenTrust, SWIFTNet, BexCom, uTradeHub를 다루고 이를 통해 한국 전자무역의 미래를 점검한다.

아울러 본 교재의 이러한 구성 및 내용을 통하여 전자무역거래의 실체를 파악하고, 궁극적으로 전자무역실무의 입문서로서 모든 분들이 쉽게 이해하고 접근하는데 도움이 되었으면 하는 바람이다. 집필과정에서 선배동학들의 주옥같은 논문과 교재를 많이 참고하였으며, 그 분들의 뜻이 제대로 전달되지 못하였다면 모두가 저자의 천학비재(淺學菲才)한 탓임을 밝혀 두는 바이다. 또한 보다 간략한 책자를 만들기 위하여 꼭 필요한 내용만을 추리다보니 핵심내용 이외의 부분을 충분히 포함시키지 못한 것이 아쉬움으로 남는다. 본 교재의 내용 중 부족한 부분이나 오류는 전적으로 저자 자신의 책임이며 추후 계속적으로 이를 수정 · 보완하고자 한다.

끝으로 기획부터 편집에 이르기까지 성심 성의껏 도와주신 도서출판 두남 여러분께 감사드리며, 전자무역을 이해하고자 하는 분들에게 이 책이 한가닥 길잡이가 된다면 저자로서는 더 없는 영광으로 생각되는 바이다.

2012년 1월

저자 씀

차 례

Contents

제1부 전자무역 개관

제3부 전자무역 관리

제1부

전자무역 개관

▶▶ 제1장 전자무역의 활용

▶▶ 제2장 전자무역 마케팅과 계약

1 전자무역의 활용

제1절 전자무역의 개요

1. 전자무역의 개념

전자무역(Electronic Trade: e-Trade)이란 전통적 무역에 대한 상대개념으로 나오게 된 새로운 용어이다. 전자무역에 대한 통일된 정의는 없지만 대체로 "무역의 전과정 또는 일부를 인터넷이나 전자문서교환(EDI) 등 각종 정보기술을 이용하여 전자적으로 처리함으로써, 시간과 공간의 제약 없이 무역업무를 보다 편리하고 신속 · 정확하고 경제적으로 수행하는 무역거래 방식"이라고 정의할 수 있다.1)

전세계는 이제 지구촌을 하나의 그물로 연결하는 통신망의 발달로 말미암아 외국과의 거래가 자연스럽게 확산되고 있다. 통신망의 발달로 야기된 전자무역은 무역과 관련된 정보의 유통은 물론 업무의 처리과정이 컴퓨터와 네트워크에 의해 창출된 사이버 공간을 통해 상품이나 서비스를 사고파는 무역 거래로, 물리적 공간과 시간적 제약이 필요 없다는 점에서 전통적

1) 한국무역협회 전자무역부편저, 전자무역 국제동향과 성공전략, 굿인포메이션, 2001, pp.61-62.

인 무역 거래와 근본적인 차이점을 보이고 있다.

전자무역을 이해하는 데 있어 중요한 것은 어떤 용어를 선택하느냐보다 그 용어가 의미하는 바를 명확하게 살펴보는 것이다. 2001년부터 시행된 개정 대외무역법에서는 전자무역이 정식 용어로 채택됨에 따라 기존의 인터넷무역, 사이버무역 보다는 전자무역(e-Trade)이 대표적인 용어로 자리 잡게 되었다.

전자무역은 전자상거래의 일부라고 할 수 있다. 특히 글로벌 전자상거래라고 하면 국내와 국외, 유형재와 무형재를 구분하지 않는 것인 반면, 전자무역은 유형재와 무형재를 구분하지 않지만 해외거래는 포함하고 국내거래 중 해외거래와 연계된 부분만을 대상으로 한다는 점에서 전자상거래의 일부임은 분명하다.

전자무역은 1970년 이후 UN 주도하의 무역절차 간소화, 전자문서 표준화 등을 통해 1980년대에는 정형화된 무역절차를 전자문서교환(EDI) 방식으로 처리하는 무역업무 자동화가 추진되어 왔다. 1990년대 들어서면서 서류중심의 무역절차를 전자적 방식으로 처리하기 위한 EDI 방식의 무역업무 자동화 시스템이 활발하게 활용되었으며, 특히 1990년대 중반 이후에는 인터넷을 활용한 전자무역거래알선사이트 또는 무역 e-Marketplace[2]를 중심으로 전자무역거래가 수행되었다. 2000년대 들어서는 IT관련 기술의 발달에 힘입어 모든 무역업무를 인터넷으로 통합 처리할 수 있는 단일창구 시스템(single window system)으로서 전자무역 플랫폼(platform)을 도입하여 무역업무 전반에 걸쳐 일괄처리를 할 수 있게 되었다. 또한 이러한 전자무역 플랫폼의 국제적 네트워크 연계사업이 추진되고 있다.

최근에는 전자무역에 유비쿼터스(Ubiquitous)[3] 컴퓨터기술을 접목하면서, 전자무역은 e-Trade의 개념에서 u-Trade의 개념으로 발전하고 있다. 즉 기존

2) 기존의 시장은 시간과 공간의 제약을 벗어나지 못하였으나 인터넷의 출현으로 시간과 공간을 초월하는 사이버 시장을 가능하게 한다. 이를 e-Marketplace라고 한다.

3) Ubiquitous는 원래 라틴어에서 유래한 단어로 언제, 어디서나 존재한다는 뜻이며 유비쿼터스 컴퓨팅은 환경 속에 내재되어 있는 컴퓨터가 사용자인 인간의 행동을 인지하고 이에 따라 필요한 솔루션을 제공하는 개념이다.

의 e-Trade가 컴퓨터와 유선 네트워크에 중심을 둔 반면, 최근에는 휴대폰, PDA 등 다양한 무선단말기와 광대역 통신망, 무선·모바일 네트워크 등을 통해 시간과 공간의 제약없이 언제 어디서나 원하는 정보를 주고 받을 수 있는 u-Trade 개념으로 확장되고 있다. 이처럼 전자무역은 무역거래 절차 간소화 및 무역서류 표준화에서 시작하여 전자문서교환(EDI) 방식, 전자무역 e-Marketplace 및 전자무역 플랫폼을 거쳐 u-Trade Hub를 중심한 글로벌 네트워크가 이루어질 것으로 예상된다.

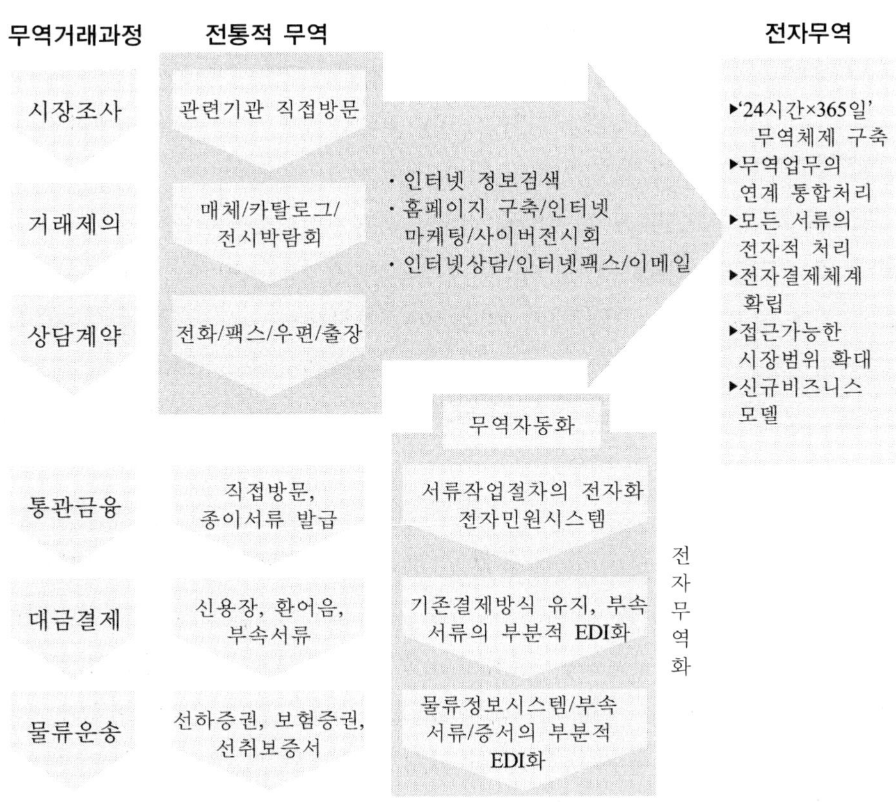

[그림 1-1] 전통적 무역과 전자무역의 비교

2. 전자무역의 도입방안

무역업의 주체로서 전자무역을 도입하고자 한다면 무엇보다도 그를 통해 무엇을 얻을 것인지가 명확해야 한다. 전자무역의 도입 목적은 기업에 따라 조금씩 달라질 수도 있겠지만 공통적인 것을 모으자면 결국 비용절감과 효율제고 그리고 매출증대를 통한 이윤극대화에 도움을 받기 위해서로 압축될 수 있을 것이다. 물론 경우에 따라서는 거래 상대방의 요구에 의해서라든가 무역제도의 변화에 대응하기 위해서라는 수동적 이유도 있겠지만 아직까지는 전자무역은 필수가 아니라 선택이기 때문에 능동적인 의사결정에 의해 결정될 사안이며, 이러한 결정에는 뚜렷한 목적이 가장 중요한 기준이 될 것이다. 따라서 단기적으로 또는 장기적으로 전자무역을 통해 얻을 수 있는 것이 무엇인지를 명확히 아는 것이 전자무역 도입의 첫걸음이라 할 수 있겠다.

전자무역 도입의 목적이 명확해진다면 다음으로 그러한 목적을 달성하기 위한 활용방법을 검토해야 한다. 전자무역은 정보시스템을 통해 무역과 관련된 정보를 주고받는 기능에서 그 효용이 시작된다. 따라서 기업의 형편에 따라 어떤 기능을 어떻게 활용할 것인지를 결정해야 한다. 현재까지의 활용방법은 크게 정보를 제공하는 방법과 정보를 수집하는 방법으로 나누어지고 있다.

정보를 제공한다는 것은 무역거래와 관련하여 자신이 알리고 싶은 내용을 사이버 공간을 통하여 잠재적 혹은 구체적 거래상대방에게 전달하는 것으로 전자우편(e-mail)을 보내거나 자신만의 인터넷 홈페이지를 구축하여, 혹은 무역정보만을 제공하는 전자무역 거래알선 사이트를 통하여 판매할 상품정보 또는 구매 오퍼를 게시하는 것 등을 예로 들 수 있다. 이렇게 사이버 공간을 통해 정보를 제공하는 것은 속도 면에서 기존의 우편에 의한 방법과 비교하여 현저히 빠를 뿐만 아니라 필요에 따라 수시로 정보의 변경이 가능하고 고객층을 전세계의 무한한 잠재고객으로 확대할 수 있다는 장점이 있는 반면 독자적 정보시스템을 구축하고 운영하는데 어느 정도의 비용이 소요된다는 부담이 있다.

정보를 수집하는 것은 무역거래와 관련하여 자신이 알고 싶은 내용을 사이버 공간을 통하여 모으는 것으로 전자우편을 받거나 인터넷을 통하여 각국의 정치, 경제, 사회, 문화와 관련된 일반정보를 비롯하여 오퍼나 상품정보 등을 검색 및 수집하는 것 등을 예로 들 수 있다. 이러한 정보 검색 및 수집기능은 정보시스템이 갖는 가장 강력한 기능이며, 기존의 정보수집방법과 비교하여 저렴하고 신속한 반면, 너무나 많은 정보량 때문에 꼭 필요한 정보만을 검색하기가 어렵다는 단점도 있다.

이와 같은 활용방법을 구현하고 도입목적을 달성하기 위해서 무엇보다 필요한 것이 이를 도입하고 운영할 인력과 그에 필요한 정보시스템이다. 전자무역을 구현할 수 있는 인력은 우선 무역업무에 대한 폭넓고 깊이 있는 지식과 함께 정보시스템에 관련된 이해를 하고 있어야만 하는데, 이런 요건을 갖춘 인력을 단기간 내에 양성하거나 확보하기 어렵기 때문에 도입단계부터 이에 대한 대비가 마련되어야 한다.

한편 전자무역을 구현할 수 있는 정보시스템 중 하드웨어와 통신시스템은 기업의 전자무역 규모에 맞추어 제품을 구매하게 되어 실행 의지와 자금만 있다면 비교적 쉽게 도입이 가능하지만, 이를 운용할 소프트웨어의 경우 간단하면 기존 제품을 구매할 수도 있지만 궁극적으로는 목적과 용도에 맞게 별도로 작성할 수밖에 없다. 따라서 이러한 소프트웨어를 어떻게 작성하고 운용할 것인지가 문제이다.

따라서 전자무역을 도입하기로 결정한 무역업자는 가장 먼저 정보시스템의 구축을 내부조직과 인력으로 수행할 것인지 외부 전문업체에 맡길 것인지를 결정하여야 한다. 그런데 여기서 잊지 말아야 할 것은 아무리 외주에 의해 정보시스템을 구축하고 운용한다 할지라도 그에 투입되는 인력 중 일부는 반드시 무역업자의 내부인력이어야만 한다는 점이다.

전자무역시스템은 무역업을 위한 정보시스템이므로 이에 대한 지휘와 조정을 할 수 있는 인력은 자체 인력일 수밖에 없기 때문이다. 가장 위험한 방법은 무역업자가 컴퓨터나 통신을 모른다는 이유로 모든 것을 전산화 외주업체에 위탁하는 것이다. 대부분의 전산화 외주업체는 무역업무에 대하여는 아는 것이 없으며, 오직 발주자가 지시한 대로만 시스템을 구축하기 때문에 구체적이고 명확한 지시를 하지 않을 경우에는 원하는 시스템이 나올 수 없다.

결론적으로 전자무역의 도입을 위해서는 컴퓨터나 통신에 대한 전문지식보다는 이를 통하여 무엇을 얻을 것인가라는 목적과 활용방법을 명확히 하고 이를 수행할 관심과 의지가 있는 인력 확보가 가장 중요하다.

3. 전자무역의 내용

전자무역의 내용은 절차적인 관점에서 국제무역의 과정별로 정보통신기술을 어떻게 활용하고 있느냐를 중심으로 파악하면 이해하기 쉽다.[4)]

첫째, 초기 마케팅 단계에서는 해외시장 조사, 개척 및 홍보, 거래처 물색 및 신용조사를 인터넷을 통해서 하게 된다. 관세청, 한국무역협회, 한국무역정보통신 등의 관련 통계 및 정보사이트나 무역지원기관 등에서 제공하는 무역거래 알선사이트를 활용할 수 있다. 또한 자사 홈페이지를 구축하여 각종 검색엔진 및 무역 디렉토리에 등록하여 독자적인 인터넷 마케팅 활동을 할 수도 있다. 인터넷상에서는 익명성을 이용한 사기가 빈발하고 있기 때문에 거래선에 대한 신용확인이 필수적이다. 신용조사의 방법으로는 홈페이지의 짜임새, 규모, 정보제공 등을 검토하는 초보적 방식에서 Yellow Page를 활용한 기업 디렉토리 검색, 그리고 기업에서 제공하는 재무, 금융, 신용정보사이트를 검색하는 등 다양하며, 한국무역보험공사나 Dun & Bradstreet 등과 같은 신용전문기관의 서비스를 활용할 수도 있다.

둘째, 가격, 품질, 결제조건, 납기 등의 거래조건에 대한 합의가 이루어지고 정식으로 계약이 체결되는 단계에서는 전자우편이나 인터넷 폰을 활용함으로서 신속성과 비용절감 효과를 얻을 수 있다. 정보통신기술의 발전과 함께 각종 서식, 사진, 도면 등을 상세히 첨부할 수 있고, 화상대화 시스템이

---

4) 나도성, 한국 무역업체의 전자무역 구현에 관한 연구, 한국무역학회지, 제26권 2호, 2001.2, pp.4-5.

발전함에 따라 직접 바이어와 온라인 상담도 활성화되면서 대면상담과 똑같은 효과를 얻을 수도 있다. 또한 정형화된 형태의 서류는 국제 전자상거래 방식의 전자자료교환(Electronic Data Interchange)을 통해서 처리할 수 있다.

셋째, 계약이 체결되면 다음으로는 대외무역법, 관세법, 외환거래법 등 국내 무역관련법에 따른 절차와 양식에 의해 은행, 조합, 협회, 세관, 선사, 보험사 등과의 정형화된 무역업무를 처리해야 한다. 동 절차의 경우 기존에는 한국무역정보통신(KTNET), 한국물류정보통신(KLNET) 등에서 제공하는 VAN EDI서비스에 의해 처리되었다. 그러나 1996년 XML(eXtensible Markup Language)의 등장 등과 함께 웹(web) 환경이 조성되어 인터넷을 통한 Internet EDI 서비스가 2000년부터 확산되었다. 또한 물류와 관련된 수출입 화물추적, 보험, 통관 등은 물류업체 및 관세청 등에서 제공하는 홈페이지를 활용하거나 웹기반의 EDI를 활용할 수 있다. 결제단계에서는 전자결제시스템을 통해 신속하게 수출입 대금을 회수하게 되고, 인터넷을 통해 해외고객의 데이터베이스(data base) 작성, 고충처리 등 사후관리를 할 수 있다.

4. 전자무역의 경제적 효과

1) 전세계적으로 통합된 단일시장의 형성

지리적, 시간적 장벽을 넘어선 가상시장에서 만남으로써 전세계적으로 통합된 하나의 단일시장으로 형성될 가능성이 있다.

2) 신규시장의 발견 가능성 증대

교역상품과 서비스 가격의 단일화 및 하락으로 사이버 공간에서는 전문정보 검색 엔진을 이용하여 특정상품을 어떤 나라의 어느 기업이 공급하고 있는지를 쉽고 빠르게 찾아 볼 수 있다.

3) 거래비용의 절감

종래에는 거래처 발굴, 거래관계의 권유, 주문이나 오퍼(offer) 등이 전화나 팩스 등 값비싼 통신 수단이 이용되었으나, EDI, 전자메일, 인터넷폰, 인터넷 팩스 등을 이용함으로써 비용을 크게 절감할 수 있다.

4) 중소기업의 성장 가능성 증대

종래에는 대기업만이 세계시장을 대상으로 대대적인 광고 및 판촉활동을 수행하였지만 인터넷의 등장으로 중소기업도 문자, 그림, 음성, 동화상 등 각종 다양한 광고 기법을 이용하여 여러 형태의 정보를 고객에게 제공할 수 있게 된다.

5) 효율적인 고객관리 가능성 증대

인터넷의 전자메일이나 메일링 리스트를 통해 고객의 욕구나 불만, 거래의 사후처리에 효과적으로 대응함으로써 효율적인 고객관리가 가능해진다.

6) 새로운 결제시스템의 등장

종래의 신용장 역할을 대체 · 보완할 새로운 결제시스템이 등장하여 시간과 비용을 절감시킬 수 있다.

5. 전자무역의 해결과제

인터넷의 발달로 전 세계가 점차 경제, 사회, 문화 등 모든 면에서 가상시장이라는 하나의 공동체로 빠르게 통합되면서 새로운 무역 기회를 제공하고 있지만, 다른 한편으로는 아직도 해결해야 할 과제가 많이 남아 있다. 그 해결과제를 살펴보면 다음과 같다.

1) 거래보안 및 안전성의 확보

전자무역이 안전하게 이루어 질 수 있도록 하기 위해서는 판매자와 구매자의 신원확인, 불법거래방지, 기밀유지 및 해커 침투방지시스템이 보완 개발되어야 한다. 기술적인 문제로서 개방형 네트워크의 보안문제가 결여되고 있으며 폐쇄형 네트워크의 비용부담도 큰 상태이다. 기업간 혹은 네트워크간의 연계성과 전자문서간의 호환성도 현재로서는 아직 문제가 있다.

이러한 문제점들의 해결 과제로서 전자무역의 정착과 가능한 한 많은 무역업체들이 전자무역을 할 수 있도록 하는 시스템 구축비용 및 소프트웨어에 대한 정부의 지원이 있어야 할 것이다.

2) 법적 분쟁의 발생 가능성

인터넷상의 무역에서 분쟁이 발생할 경우 해결 할 수 있는 법적, 제도적 장치가 아직까지 미비하다는 것이 장애요인으로 작용한다. 따라서 전자무역이 활성화되기 위해서는 유통되는 전자문서에 대한 법적 개념의 정립, 전자문서의 효력 인정 등 법적, 제도적 기반의 구축이 필요하다. 또한 사고 발생시 이를 명확히 해결할 수 있는 기관이나 법적 기준이 마련되어야 할 것이다.

3) 관세부과의 문제

전자적으로 주문되고 전송되는 디지털 상품에 대해서는 현재까지 기술·관리상의 문제로 무관세이나, 유형상품에 대한 관세부과는 국가별로 입장이 다르다. 이미 글로벌 전자상거래를 위한 기본적틀(Framework for Global Electronic Commerce)과 1997년 12월 미국과 EU 정상회담에서 무관세원칙에 합의를 하였지만 부가가치세 부과 여부에 대해 아직까지 미국과 EU간에 이견을 보이고 있다.

미국의 입장에서는 인터넷을 통한 거래의 경우 상품의 운송로의 결여로 관세부과가 곤란하므로 무관세 환경을 조성해야 한다는 원칙과 인터넷으로 주문한 경우 기존 화물운송로를 통해 운송된다고 할지라도 인터넷으로 주문되었다는 이유로 추가적 관세를 부과해서는 안 된다는 입장을 취하고 있다.

유럽연합(EU)은 이러한 미국의 입장에 원칙적으로 합의를 하면서도 자유무역의 범주에 부가가치세의 포함여부에 대해 이견을 달리한다. 왜냐하면 온라인을 통한 주문이라는 이유 하나로 기존의 전형적인 상품거래나 국내 통신판매와 달리 비과세가 된다면 동종업간에 차별적 취급으로 인한 불공정한 가격이 형성될 우려가 있다고 보고 있기 때문이다.

4) 지적 소유권의 침해문제

과거와 달리 누구나 디지털화된 기술을 이용하여 쉽게 저작물의 내용을 복사하고 송신할 수 있다. 뿐만 아니라 과거에는 지적재산권의 개념에 포함되지 않았던 데이터베이스, 디지털저작물 등과 같은 것들이 지적재산권의 범주에 포함되고 있다. 이러한 맥락에서 미국은 1997년 12월 온라인 무단복제자에 대해 경제적 이득의 향유여부와 관계없이 처벌할 수 있는 전자절도법을 제정했다.

지적재산권분야에서 커다란 법적 환경의 변화는 WTO/TRIPs와 WIPO 저작권조약의 성립이다.[5] 이 조약에서는 종래 디지털 시대를 예측하지 못하고 제정된 법이 인터넷을 통한 저작권의 이용 등에 효율적으로 대처하지 못하는 단점을 극복하고 컴퓨터 프로그램과 데이터베이스를 저작권으로 명시하여 권리의 소진 및 배포권 등을 규정하고 있다.

현재 인터넷의 발달과 함께 논의되고 있는 지적재산권관련 논의들을 살펴보면 첫째, 디지털환경에서 디지털저작권 보호의 문제, 둘째, 사이버 공간에서 상표권 보호의 문제, 셋째, 소프트웨어의 특허권적 보호의 필요성, 넷째, 영업비밀 보호의 필요성, 다섯째, 분쟁의 관할 및 준거법의 결정 등이 있다.

---

5) TRIPs란 종전의 GATT(General Agreement on Tariffs and Trade)체제를 대신하여 향후 새로운 국제무역질서로서 WTO(World Trade Organization) 설립협정의 부속협정 중 하나로서 '위조상품의 교역을 포함한 무역관련 지적재산권법 협정'을 말한다.
지적재산권의 국제적인 보호문제는 유엔의 전문기구인 세계지적재산권기구(World Intellectual Property Organization: WIPO)를 중심으로 관련 국제조약에 의하여 규율되고 있다. 또한 TRIPS는 WIPO의 보완적 기능을 한다고 볼 수 있다.

5) 소비자 보호의 문제

전자무역에서는 사기 또는 기만거래의 가능성이 높고, 개인의 사생활 정보가 유출될 수 있으며, 소비자 피해구제가 어렵다는 문제가 발생할 수 있다. 국제적인 전자거래에서는 각국의 다른 언어로 인한 부정확한 의사소통으로부터 발생하는 문제뿐만 아니라 각국의 법규범이나 거래관습 등의 차이에서 오는 분쟁이 발생할 가능성도 크다. 그러므로 잘못된 거래에서는 즉시 원래의 상태로 회복할 수 있도록 소비자주권을 확보하는 소비자 보호문제가 중요한 과제로 등장하고 있다.

6) 물류관리의 문제

전자무역이 성공적으로 이루어지기 위해서는 주문된 상품이 전세계 어느 곳이라도 신속하게 배달될 수 있도록 적절한 물류관리시스템을 갖추는 것이 바람직하다. 물류관리시스템을 구축하기 위해서는 원재료, 중간재, 완제품 등의 물적이동을 관리하는 유통과정의 정보화, 물품의 이동에 따른 업무를 지원하는 물류정보화, 교통과 화물운송수단의 관리를 지원하는 교통정보화가 상호 유기적으로 추진되어야 한다. 또한 각국간 관련부처의 정책적인 연계, 관련 정보시스템간 물리적 연계를 위한 정책수립이 요구된다.

6. 전자무역의 추진동향

1) 전자무역의 추진현황

2008년 7월말 u-TradeHub가 본격 개통되어 각 부문별로 이루어지던 무역자동화 서비스를 통합프로세스 e-Hub로 실시간 연계하여 활용할 수 있게 되었다. 이를 위하여 무역협회는 2002년부터 범국가적 차원에서 전자무역 인프라 구축과 확산을 지원하기 위하여 전자무역추진위원회를 구성하였으며 여러 측면에서 지원을 강구하여 왔다. 그 동안의 우리나라 전자무역의 추진동향을 살펴보면 다음과 같다.

첫째, 기술적 측면에 있어 브라우저(browser)간의 호환성이 매우 높아져 표준화 · 통합화를 추진하였다. 1996년 11월 W3C(World Wide Web Consortium)가 발표한 XML(eXtensible Markup Language)은 기존의 서로 다른 EDI 전용소프트웨어의 사용에 따른 불편함을 해소하고, 통합된 환경에서 작업을 할 수 있게 해주고 있다.

인터넷방식의 XML/EDI 서비스는 2004년에 모든 무역절차에 확산되었고 XML기반 표준 전자문서는 현재 우리나라의 정부부처나 개별기업에서도 사용되고 있다. 2007년 UN/CEFACT와 세계관세기구(WCO)를 중심으로 진행되고 있는 ebXML기반의 표준화 정책 논의에 우리나라 정부가 적극적으로 참여하여 조기수용의 기틀을 마련하였다.

둘째, 법 · 제도적 측면으로 우리나라는 이미 1991년에 '무역업무자동화 촉진에 관한 법률'을 제정하였으며, 1999년에는 전자거래기본법, 전자서명법의 제정과 2001년에는 전자무역을 진흥 · 육성하는 목적이 반영된 개정 대외무역법이 공표됨으로써 법률적 환경을 갖추어 나가게 되었다. 특히 대외무역법 개정을 통해 전자적 무체물(無體物)의 수출입 실적 인정 제도가 시행되고 있다. 2005년에 기존 '무역업무 자동화 촉진에 관한 법률'을 '전자무역 촉진에 관한 법률'로 전면적으로 개정하고 새로운 환경과 국제동향을 감안함으로써 전자무역의 개념이 재정립되었다.[6]

셋째, 국제 협력적 측면은 민간이 주축이 되어 협의체를 구성하고 협력 안을 도출하였다. 2000년 7월 출범한 범아시아 전자무역협의체(Pan Asian e-commerce Alliance: PAA)는 과거 아시아권 국가의 전자자료교환(EDI) 사업자들이 모여 무역 업무를 지원하는 협의체로서 2005년부터 사업을 실시하였다. 그 밖에 한 · 일 종이서류없는 무역(paperless trade) 민관실무 협의회, 한 · 독 IST 프로그램, 유럽지역 기업과의 전자무역 협력 사업이 추진되고 있다.

6) 전자무역 촉진법은 전자무역 기술개발 및 인력 양성 지원에 관한 규정을 신설하고 기존의 상역 · 외환에 치우친 관련 규정을 마케팅에서 결제에 이르는 전체 무역절차를 포괄한다는 특징을 가진다.

2) 전자무역의 추진내용

(1) e-Trade 플랫폼의 구축

인터넷 기반의 범국가적 무역 인프라로 기능할 e-Trade 플랫폼(platform)[7] 구축을 통해 현행 1:1 무역서비스 체제를 N:N 체제로 획기적으로 개선할 것이다. 또한 전자무역 문서보관소와 같은 핵심 인프라를 통해 문서의 유통성을 확보하고 마케팅, 상역, 물류, 통관, 결제 등 모든 무역 유관기관을 국가 전자무역망으로 연계하게 된다.[8]

(2) 무역절차의 재설계

무역 서비스 실현을 위해 마케팅에서 결제에 이르는 무역 절차 전반을 재설계하여 업무를 간소화하고 단절을 방지한다. 즉, 유관기관간 전자문서 유통과 정보연계의 절차를 대폭 단축하여 반복적인 제출 업무를 생략하고 제3자 제출시 신뢰성을 확보함과 동시에 이전에 제공하지 못하였던 여러 부가서비스를 제공하게 된다. 전자무역 플랫폼을 활용하여 다양한 신규 서비스가 가능하도록 정형화된 서비스 프레임워크(framework)를 구축하여 무역업체별로 규모에 맞는 다양한 접근 방식을 제공한다.

(3) 공유 및 협력 강화

대한무역투자진흥공사(KOTRA)를 중심으로 해외 마케팅 정보를 체계적으로 수집하고 정보의 가치를 객관적으로 평가할 수 있도록 유관기관간의 정보 공유체계를 확립한다. 특히 상역부문에서는 수출입요건 확인 서비스를 개선·공유하기 위하여 무역업체 중심의 온라인 민원처리 시스템 구축할 계획이다. 국가 간 서류없는 무역 실현을 위해 글로벌 협력을 확대하고자

---

7) 인프라 영역은 무역문서 유통관리시스템, 인터페이스(interface), 서비스 프레임워크(framework)로 구성되며 서비스 영역은 단일창구를 통해 무역절차별 전 과정을 연계한다.

8) 정부는 전자무역혁신계획 사업으로 2006년부터 전자신용장(e-L/C) 유통관리시스템을 시행하였으며 2007년부터 선하증권, 내국신용장, 수입화물선취보증서 등 무역관련 문서도 전자화하였다.

국가간 상호인정 협정 및 APEC, ASEM과의 다자간 협력을 강화하고, 동아시아 · 유럽국가와의 민간 협력사업 지원한다.

(4) 법제도 개선

업계의 활용 확산을 가속화하기 위해 현행 무역자동화법을 '전자무역촉진에 관한 법률'로 전면 개정하여 인터넷 기반의 전자무역혁신체계를 정립한다. 마케팅, 기술개발 · 전문인력 양성과 같은 업계 확산을 위한 제도적 기반을 구축하며 해외마케팅 지원사업의 경우 사업의 중복 방지 및 효율성 제고를 위하여 제도별 성과를 평가하고 조정한다. 특히 전자무역 플랫폼의 활성화를 위하여 전자무역 기반사업자에 대한 요건 및 책임에 대한 사항을 규정하고 전반적인 무역 서류의 전자화에 공통적으로 적용될 수 있는 일반 규정을 신설하고 규정이 어려운 서류에 대해서는 개별 법령에 반영시킨다.

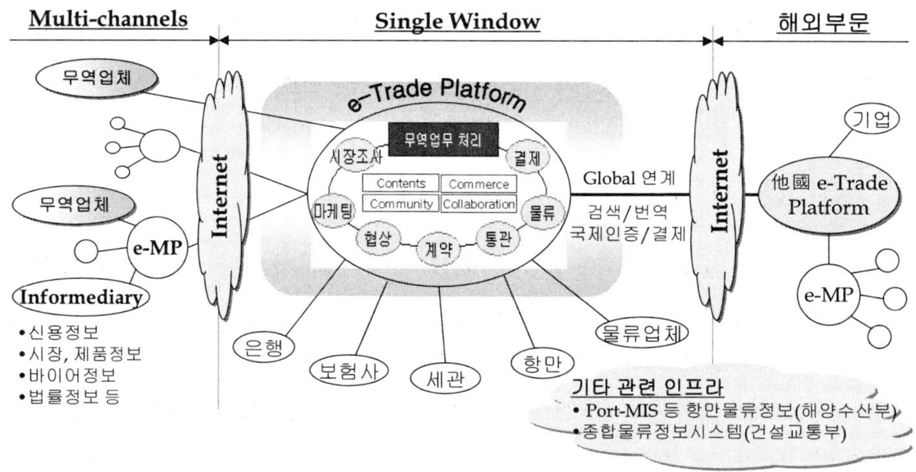

[그림 1-2] 전자무역의 미래모형

7. 전자무역 인프라

1) 전자무역 플랫폼(platform)의 기능

전자무역 플랫폼은 무역을 행하는 기업들이 전체 무역프로세스를 원스톱(one-stop)으로 처리할 수 있는 단일창구(single window) 환경을 제공한다. 그 기능은 살펴보면 다음과 같다.

첫째 다양한 기관과의 인터페이스(interface)를 단일 인터페이스 방식으로 변환하여 각각의 기업에게 제공함으로써 개별기업의 입장에서는 어느 기관 어느 기업과의 거래시에도 동일한 방식으로 동일 환경에서 전체 무역프로세스를 통합 연계하여 수행할 수 있도록 한다. 특히 사용자 기업은 하나의 아이디(ID)로 단 한번 전자무역 플랫폼에 로그인(log in)함으로써 모든 프로세스를 유기적으로 처리할 수 있게 된다. 둘째, 전자무역 저장소(repository)를 전자무역 플랫폼과 연계를 구축하여 보안 및 장애 관리 등을 포함한 운영의 역할을 수행한다. 셋째, 무역관련 여러 기업들과의 협업(collaboration) 프로세스 제공을 위한 연계 솔루션(solution)을 개발하고 일괄 처리할 수 있도록 한다. 넷째, 전자문서에 공개키(PKI) 전자서명을 적용하여 거래의 신뢰성 및 안전성을 보장함은 물론 e-비즈니스의 국제표준인 ebXML을 채택하여 상호 일관된 거래 방식을 제공한다. 다섯째, 다양한 접근방안 및 연계 모듈(module)을 개발 · 제공함으로써 글로벌 무역환경을 가능하게 한다. 전자무역 플랫폼은 다양한 접속방식을 제공하고 개별기업의 기간시스템 또는 내부시스템과 연계함으로써 무역프로세스를 마치 기업내부의 업무프로세스와 마찬가지로 처리할 수 있고 더 이상 국내시장과 해외시장의 구분이 없는 글로벌 무역환경이 가능해지게 된다.

2) 전자무역 인프라와 기업 e-비즈니스 시스템의 연계·통합

무역프로세스는 다른 어떤 활동보다도 외부의 기업, 정부기관 등과의 집약적인 상호작용과 교환행위를 포함하고 있기 때문에 시스템간이 연계 및 통합에 따른 기대효과가 크게 나타날 수 있다. 즉, 기업이 보유하고 있는 ERP, SCM, CRM와 같은 내부시스템을 전자무역 인프라에 연동시킬 경우 무역거래 파트너와 정보를 보다 효율적으로 공유하고 통제할 수 있다.

그러나 다음과 같은 해결 과제를 가진다. 첫째, 충분한 기능성을 제공하는 지배적인 전자무역인프라 서비스가 제공되어야 한다. 둘째, 복수 인프라 서비스가 제공될 경우 이들간의 충분한 호환성이 확보되어야 한다. 이를 위해서는 가령 ebXML과 같은 e-비즈니스 국제표준을 토대로 한 설계와 구현, 운영측면에서 중립성이 고려되어야 한다. 셋째, 상대적으로 규모가 작은 중소기업이 보다 저렴하게 전자무역 인프라를 활용할 수 있도록 ASP (Application Service Provider) 서비스를 개발하여 제공할 필요가 있다. 넷째, 이미 영업 중인 다수의 e-마켓플레이스와의 연계가 선행됨으로써 기업들이 보다 쉽게 자발적으로 전자무역인프라를 활용할 수 있도록 유도해야 한다.

3) 전자무역 인프라 구현방법

(1) 전통적인 방식

각 국가별로 독자적인 VAN EDI를 기반으로 전자무역 인프라를 구현하고 이를 토대로 국가간 표준설정 및 시스템간 연계를 통하여 전자무역 네트워크를 구축한다. 각국 정부 및 국가 인프라 사업자간의 국제협약과 전통적 거래프로세스의 자동화 내지는 전자화를 통해 진행된다.

(2) 인터넷 방식

글로벌 차원의 단일 서비스체계를 구축하고 이에 기업이 개별적으로 가입하도록 함으로써 Internet EDI를 기반으로 회원 기업들간에 전자무역을 구현할 수 있도록 한다. 순수하게 기업간 서비스 차원에서 이루어지며 무역프로세스의 근본적인 변환을 통한 새로운 프로세스 창출을 통해 진행된다.

8. 전자무역 관련기관

1) 전자무역 기반사업자

전자무역 기반사업자는 관세청, 은행 등 무역유관기관의 연계를 통해 전자무역 기반시설을 효율적이고 안정적으로 운영함으로써 전자무역 허브(hub)로서의 역할을 수행하는 사업자이다. 따라서 전자무역 기반사업자는 무역거래자의 전자무역거래를 효율적으로 지원하고 전자무역거래의 신속한 확산을 위해 전자무역거래와 관련된 업무를 종합적으로 수행하는 기관이다. 즉 전자무역 기반시설의 운영업무, 전자무역 기반시설을 통한 중계 · 보관 및 증명 등의 업무를 수행한다.

2) 전자무역 전문서비스업자

전자무역 전문서비스업자는 전자무역 기반사업자의 전자무역 기반시설과 전자무역시스템을 이용하여 안정적이고 효율적인 전자무역서비스를 제공할 수 있는 전문성과 신뢰성을 갖춘 전자무역서비스 제공자에 해당한다. 즉 전자무역 기반시설을 이용하여 해외시장조사 및 개척, 중개알선, 해외마케팅, 전자무역 대행, 전자무역문서의 표준화 지원, 전자무역에 관한 기술개발 및 인력양성 등 무역업무를 종합적으로 지원한다.

특히 전자무역 전문서비스업자 제도는 기존 e-무역상사 제도를 편입하여 해외마케팅 능력이 부족한 중소기업을 위해 해외시장조사에서부터 계약체결 이후 그 사후관리에 이르기까지 수출입 전반 업무를 지원하는 맞춤형 지원서비스로 전문성과 전자무역 마케팅 지원능력을 보유한 전문무역업자를 지정, 중소기업을 지원하도록 하는 것이다. 기존 e-무역상사가 수행해 오던 무역에 관한 각종 정보검색, 해외시장조사, 신용조사, 거래선 발굴, 전자 카탈로그 또는 오퍼의 제작 및 열람, 거래 중개, 계약체결 및 그 이후의 업무 등 무역업무 전반을 종합 · 체계적으로 지원하여 전자무역 확산에 기여하고 중소기업의 무역 경쟁력을 향상시키는데 일차적 목적이 있다.

3) 전자무역 문서보관소

전자무역 문서보관소는 지식경제부의 지정을 받아 타인을 위하여 전자문서를 보관 또는 증명하거나 그 밖에 전자문서와 관련된 업무를 수행하는 법인을 말한다. 전자무역 문서보관소는 전자문서의 보관서비스, 증명 · 발급서비스 제공을 주된 역할로 하며, 전자문서에 법적 효력을 부여함으로서 실물문서를 대체할 수 있는 정보통신 인프라 및 솔루션을 제공하는 역할을 수행한다. 따라서 전자무역 문서보관소를 통한 전자문서의 원본성 인증과 송 · 수신이 가능하고 신뢰성 있는 제3자의 기관으로서 이용자로부터 전자문서를 접수받아 원본성을 보존하며 이용자가 요청할 경우 법적효력이 적용된 전자문서와 증명서를 발급한다.

전자문서의 생성에서 폐기까지 전자문서 생명주기 차원에서 안전성 보장을 확보하고 전자문서의 생성, 관리, 활용을 통한 전자무역을 지원함으로써 비용절감에 따른 기업의 경쟁력을 높이는데 있다.

제2절 전자무역의 추진현황

한국무역협회가 2010년 국내 33개 업종 800개 업체를 상대로 설문조사한 바에 따르면 우리나라 총수출 중 전자무역이 차지한 비중은 27.3%인 것으로 나타났다. 이는 전년 대비 2배 이상 늘어난 것으로 금액으로 치면 547억달러에 달하는 수치다. 우리나라 수출상품 4개 중 1개 정도는 전자무역을 통해 해외로 수출되고 있다는 얘기다. 그 만큼 전자무역은 이제 수출 한국에 있어 없어서는 안될 존재가 됐다.

지난 1998년 IMF관리체제를 전후해 무역협회 등 관련 정부기관 및 지방자치단체 등에서 주로 운영되던 수출입 거래알선사이트는 최근 민간업체를 중심으로 운영주체가 바뀌면서 무역전문 글로벌 e-marketplace의 변신을 시도하고 있다. 이들 업체는 거래알선부터 신용평가·결제·물류·통관 등에 이르는 모든 무역절차를 온라인을 통해 원스톱(one stop)으로 서비스하고 있다. 또 자체 수출입업무 처리능력이 없거나 빈약한 중소 제조업체 회원사를 대상으로 무역대행서비스도 본격화하고 있다. 이는 전자무역 전문업체에 주요 수익모델로도 각광받고 있는 추세다.

1. 시스템상 추진현황

우리나라는 전자무역에 대한 정부의 의지가 강력하여 지난 1991년 12월에 '무역업무자동화 촉진에 관한 법률'을 제정하고 전자무역 전문기업인 (주)한국무역정보통신을 설립하여 무역EDI 서비스를 출범시킴과 동시에 전자무역을 보다 체계적으로 추진해 왔다. 이와 함께 2001년부터 '전자무역 종합육성시책'을 시행하여 웹 기반의 전자무역을 본격 추진하였으며 2003년에는 전자무역추진위원회를 구성하여 전자무역 서비스 구축사업의 핵심전략을 확정하였다.

우선 2003년 12월에는 무역업무 프로세스 혁신(BPR/ISP) 사업을 통해 전자무역플랫폼[9] 구축을 위한 기본틀을 제시하고 법적·제도적 개선점을 도출하였다. 2004년 12월에는 전자무역 서비스 1차 사업으로 전자무역문서보관소를 통한 전자문서의 보관 및 증명 서비스를 제공하여 전자문서의 진정성과 유통성을 확보하게 해주었다. 또한 이를 활용한 시범적용 대상으로 전자신용장(e-L/C) 유통관리시스템을 구축하였다. 본 사업은 전자무역 서비스의 '전자수출환어음 매입신청(e-Nego) 기반 구축'을 위해 은행·금융결제원 등 금융권과 공동으로 전자신용장(e-L/C) 유통관리시스템을 구축하고, 전자문서보관소를 활용해 수출신용장의 취합 및 관리체계 구축을 목표로 한다.

2005년에는 전자무역에 대한 법·제도적 뒷받침을 마련하기 위하여 전자

9) 전자무역플랫폼은 서비스영역과 무역문서유통영역으로 나누어지는 바 서비스영역은 중계기능과 해외 연계를 활용하는 서비스플랫폼과 핵심시설을 이용한 복합적 처리를 통하여 서비스의 제공이 가능하며 무역문서유통영역은 문서중계시스템, 전자문서보관소, 표준등록소 등이 포함된다.

무역촉진법을 전면 개정한 이후, 2006년 7월에 전자무역촉진법 시행령을 개정하였고 8월 23일에 시행규칙을 공포하였다. 2005년 11월에는 전자무역 서비스 2차 사업으로 전자신용장(e-L/C) 유통서비스를 개발하고 전자무역 단일창구(single window) 기반으로서 전자무역포털 시스템을 구축하여 사용자 통합관리, 개인화 기능, 부가 기능 등을 제공할 수 있게 되었다. 2006년 12월에는 전자무역 기반시설을 운영할 전자무역 기반사업자로 한국무역정보통신(KTNET)을 지정하고 전자문서보관소를 구축하여 전자문서 관리, 폐기 및 복원, 유통 지원, 관리자 기능 등이 보다 용이하게 되었다. 이로 인해 업무프로세스의 개선과 함께 전자문서 관리와 연관된 다양한 신규 비즈니스 모델의 창출이 가능하고 문서정보관리 및 위·변조 방지를 이룰 수 있게 되었다.

2007년 7월 전자무역 서비스 3차 사업으로 물류포털 서비스 구축, e-L/C 서비스 고도화, e-Nego 시스템[10] 시범구축을 포괄하는 전자무역 플랫폼(platform)이 완료되어 u-TradeHub라는 명칭을 갖게 되었으며 2008년 7월부터는 정식으로 물류, 금융, 통관 등 무역관련 서비스를 제공하게 되었다. 특히 전자선하증권(e-B/L)을 전송하여 이것이 전자문서보관소에 저장되며 추후 매입 신청을 위하여 전자매입(e-Nego) 시스템과 연계되었다.[11] 즉, 무역프로세스 전

〈표 1-3〉 전자무역 구축 사업의 주요 내용

구 분	주요 내용
제1차 (2004-2005)	① 전자무역문서보관소 시범 구축 ② e-L/C 유통관리시스템 서비스 개발
제2차 (2005-2006)	① 외환, 결제, 상역 중심의 무역업체용 전자무역 포털 구축 ② 전자문서의 유통체계, 무역절차별 업무처리 체계 및 서비스 구축
제3차 (2007-2008)	① 물류포털 서비스 구축 포함한 전 과정의 완결 ② e-L/C 및 e-Nego 시스템 구축

자료: 지식경제부 공보자료에서 요약정리함

10) 현대자동차가 e-Nego서비스의 시범사업을 제일 먼저 준비하여 2009년 말까지 현대차, u-TradeHub, 은행간 시범연계 테스트가 완료되었다.

11) 지식경제부 보도자료(http://www.mke.go.kr), 2006. 8. 16.

반에 대한 전자무역서비스 지원체제가 완성되었으며 이를 통해 전자무역서비스 활용은 무역업체의 생산성과 효율성 향상에 크게 기여하게 되었다.

이 밖에도 전자무역의 확대를 위하여 공인인증서의 사용, 결제대금의 예치제 도입 등 전자거래의 안정성과 소비자 권익보호 시책을 강화하고 전자무역 관련 지적재산권 보호시책을 강구하고 있다. 또한 전자어음 도입, 전자무역 설비투자에 대한 세액공제, 전자외상매출채권제도 등 전자무역 활성화를 위한 인센티브 지원을 계속적으로 추진하고 있다.

향후 지식경제부는 전자무역서비스의 발전을 위하여 USN, RFID, WiBro 등[12] 최신 정보통신 기술을 전자무역서비스에 도입하고 자체 전산시스템을 갖춘 대기업 및 중견기업의 활용 편의성을 제고하기 위하여 기업 전산환경 맞춤 솔루션을 보급할 예정이다. 또한 각 부처와 합동으로 '국가 전자무역 물류 통합정보망'을 구축하여 현재 추진 중인 전자무역 인프라 및 시스템의 수출도 활발히 전개할 계획이다.

한편 우리나라는 동북아 비즈니스 중심지화 전략을 성공적으로 달성하기 위해서 체계적인 정보흐름이 이루어질 수 있도록 u-TradeHub와 기존 해외 글로벌 연계 방안을 수립하였다. 이는 e-Nego 서비스를 위해 국내은행과 해외은행을 연결하여 글로벌 전자무역을 실현하고 무역업계 편의성을 극대화하는 핵심 추진 과제이다. 그 세부적인 활동을 살펴보면 다음과 같다. 첫째, 전자문서의 표준화로 기존 글로벌 망이 사용하는 문서의 표준을 채택하고 전자무역 문서보관소에 저장이 되어야 할 문서는 u-TradeHub 문서로 변환한다. 무역유관기관과 무역업체는 한 번 발급받은 전자무역문서를 전자무역 문서보관소에 저장한 이후, 이를 다른 기관에 증명서류로 제출할 수 있게 한다. 둘째, 국제 전자무역 솔루션인 SWIFT TSU 및 FileAct[13]를 통하여 국내

12) USN(ubiquitous sensor network)는 크게 RFID(radio frequency identification), WSN(wireless sensor network) 등의 내용을 포함하고 있으며 모든 사물에 적용되는 임베디드 무선 네트워크 기술이다. RFID란 전파를 이용하여 먼 거리에서 정보를 인식하는 기술을 말하며 WiBro(wireless broad band)는 휴대용 단말기를 이용하여 정리 및 이동 중에 언제, 어디서나 고속의 전송 속도로 인터넷에 접속하여 다양한 정보 및 콘텐츠 사용이 가능한 초고속인터넷 서비스를 말한다.

은행과 해외은행간의 글로벌 연계를 구현하고 해외에 산재하여 있는 기업망의 통합 글로벌 체계를 구축한다. 나아가 해외 전자무역 솔루션 업체와의 전략적인 협업을 이룩한다. 셋째, 전자무역의 추진을 위한 유가증권의 운영에 있어 법률적인 문제를 해결하기 위해 정부기관과 협력하여 운용기반을 구축한다.

u-TradeHub는 모든 무역절차를 각각의 무역업체에 맞는 접속 방법을 제공해 주는 바 대기업은 자체 구축한 내부시스템에 전자무역 솔루션을 탑재할 수 있으며 중소기업은 전자무역 홈페이지에 접속하여 손쉽게 이용이 가능하다. 전자무역 통합 솔루션은 6가지 업무[14]를 중심으로 서비스를 혁신하여 사용자를 확산하고 글로벌 연계가 가능한 차세대 무역 허브(hub)를 구축하였다.

2. 법 · 제도상 추진현황

1) 국제법규 현황

국제관습은 국제민간단체 또는 기구에 의하여 통일규칙으로 입법화되거나 제정된 경우가 많은데 이는 비록 거래당사자를 구속할 수 있는 강행법규가 아니라 하더라도 실제 국제거래에서는 준거법으로 널리 활용되는 경우가 대부분이다. 실질적으로 전자상거래를 규율하고 있는 국제기구의 법제를 중심으로 그 동향을 살펴보기로 한다.[15]

---

13) SWIFT TSU(trade service utility)는 무신용장 방식 무역거래를 대상으로 SWIFT가 출시한 신규서비스로 표준메시지를 통해 은행간에 무역계약 관련 정보를 검증함으로써 무역거래의 사실을 증명하는 모델이다. SWIFT FileAct는 SWIFTNet의 메시징 서비스 방식의 일환으로 파일형식에 상관없이 SWIFT 가입자간 파일형태의 자료를 송수신할 때 편리하게 활용가능하다. 이 솔루션들은 ① 다양한 무역 결제방식을 개발하며 ② 기업과 은행간 인터페이스를 u-TradeHub에서 제공함으로써 기업과 은행의 다중 인터페이스에 대한 부담을 제거하고 ③ 무역금융지원 서비스와의 연계를 지향한다.

14) 6가지 업무는 무역포털서비스, 물류포털서비스, 은행포털서비스, 통관포털서비스, 마케팅포털서비스, 글로벌포털서비스이다.

15) 심종석·정경진, 전자거래와 e-비즈니스, 청림출판사, 2000.4, p.129.

(1) 정형거래조건의 해석에 관한 국제규칙(INCOTERMS)

무역거래는 매도인과 매수인이 각각 부담해야 할 여러 가지 의무가 있다. 이러한 매매당사자의 의무는 다양하므로 매 계약시마다 일일이 열거한다는 것은 계약체결의 실무상 복잡하고 번거롭기 때문에 여러 가지 가격조건 용어를 정형화(standardization)하여 거래하고 있다.[16)]

무역매매에서 보편적으로 사용되는 정형거래조건으로 계약당사자의 책임을 보다 명확히 규정함으로써 상호간의 오해와 분쟁 발생의 가능성을 감소시켜 왔던 Incoterms는 1990년 개정을 통하여 EDI의 활용을 가능케 하였으며, 2000년 개정을 통하여 EDI를 비롯한 전자상거래에 관한 수용적 태도를 지속적으로 나타내고 있다.[17)]

Incoterms에서는 "매도인과 매수인이 전자방식으로의 통신을 합의한 경우에는 전항에 언급된 서류는 이와 동등한 전자자료교환(EDI) 통신문으로 대체할 수 있다"라는 규정을 두고 있다. 다만 EDI의 실행방법에 관하여는 아무런 규정을 두고 있지 아니하기 때문에 당사자들은 별도의 EDI 거래약정을 교환하여 실질적인 내용을 합의해 두어야 한다.

매도인이 매수인에게 전자적 선하증권을 인도하는 경우, Incoterms에서는 그러한 양도가 선하증권의 권리증권적 기능을 수행할 수 있는지에 대하여는 규정하고 있지 않다. 그러므로 국제상업회의소(International Chamber of Commerce: ICC)에서는 이러한 경우 계약 내용에 '전자식 선하증권에 관한 CMI규칙(CMI Rules for Electronic Bills of Lading, 1990)'이나 UNCITRAL의 '전자상거래에 관한 모델법(1996)'을 채택함으로써 문제를 해결할 수 있다는 입장을 보이고 있다.[18)]

16) 양영환·오원석, 무역상무론, 법문사, 1998, p.223.

17) 안병수, 국제전자상거래시대를 대비한 BOLERO Project와 TradeCard System, 무역상무연구 제13권, 한국무역상무학회, 2000.2, p.937.

18) The Bill of Lading and Electronic Commerce (Ibid, pp.27-29.).

(2) 국제물품매매계약에 관한 UN협약

'국제물품매매계약에 관한 유엔 협약(UN Convention on Contract for the International Sale of Goods: CISG)'이라 함은 유엔국제무역법위원회(UNCITRAL)에 의해 제기되고, 1980년 3월 비엔나에서 개최된 유엔(UN) 외교회의에서 만장일치로 통과된 후 1988년 1월 1일부터 발효된 국제물품매매법의 통일을 위한 국제협약이다. 이는 일명 'Vienna Convention(비엔나 협약)'으로 호칭된다. 이 협약은 기본적으로 국제물품매매계약에 관하여 국제적으로 통일된 관습을 성문화함으로써 무역거래의 법률적인 장벽을 제거하고, 국제무역의 발전을 증진시키기 위한 협약이다.[19]

비엔나 협약의 조문은 EDI가 활성화되기 전인 1980년에 제정되었음에도 불구하고 몇몇 조항들에서 EDI방식 등 전자적 매체에 의한 거래방식을 수용할 수 있도록 배려하고 있다. 즉, 비엔나 협약에서는 매매계약이 서면에 의해 체결 또는 입증될 필요가 없다고 규정하여 전자식 매체를 포함한 어떠한 방법에 의해서도 계약체결이 가능하게 하고 있다.[20]

(3) 전송에 의한 무역자료의 교환행위에 관한 통일규칙

국제상업회의소(ICC)는 1988년 컴퓨터를 이용한 무역정보의 교환을 촉진하기 위하여 UNCITRAL과 공동으로 '전송에 의한 무역자료교환에 관한 통일규칙(Uniform Rules of Conduct for Interchange of Trade Data by Teletransmission: UNCID)'을 제정하였다. UNCID는 전자교환에 참여하는 거래당사자 사이에 동의된 행위규범을 확립하고 전자무역자료교환의 사용 촉진에 기여함을 목적으로 만들어졌다. 이 규칙은 전송되는 메시지의 내용이 아닌 단지 교환에만 적용되며 전자문서의 보안, 검증과 확인, 메시지의 전달, 당사자의 진정성 확인, 자료의 기록과 저장 등의 제반 문제를 다루고 있다. 그러나 UNCID는 다양한 사용자 그룹의 서로 다른 요구에 의하여 실질적 EDI 교환약정에 대한 국제적인 표준규칙으로 받아들여지지 못하였다. 다만 각국의 기존 법

19) 양영환·서정두, 국제무역법규, 삼영사, 1998, p.176.

20) 비엔나 협약 제11조.

률이 EDI를 수용하거나 EDI와 관련한 법률을 제정하는 경우에 있어서 가교 역할을 담당하는 것에 불과하였다.[21)]

(4) 전자식 선하증권에 관한 CMI규칙

1990년 6월 국제해사위원회에서 제정한 전자식 선하증권에 관한 CMI규칙(CMI Rules fore Electronic Bills of Lading, 1990)은 관계당사자가 이 규칙에 따라 거래할 것을 합의한 경우에만 적용되는 임의적 규칙이다.[22)] 이 규칙은 자료전송에 따른 당사자의 행위규범으로 국제상업회의소(ICC)가 제정한 UNCID를 따르며, 전송자료는 국제표준으로 확립된 UN/EDIFACT로 작성하는 것을 원칙으로 한다.[23)] 또한 전자식 선하증권은 종이 선하증권이 포함하고 있는 것과 동일한 내용을 포함하고,[24)] 기존에 선하증권의 점유로 가능하였던 물품의 청구권 및 처분권의 이전을 유효한 개인키(private key)를 가짐으로써 대신할 수 있도록 하였다.[25)]

전자식 선하증권의 진정성 확보에 가장 중요한 기능을 하는 개인키는 특정 기술에 의한 방법을 정하고 있지는 않다. 오직 전자식 선하증권의 권리의 증명에만 사용되는 유일한 도구로 전자식 방법에 의하는 것이라고만 규정함으로써 신기술의 수용을 가능하게 하였다.[26)]

한편 서면을 요구하는 경우에 있어서는 두 가지로 대응하고 있는데 우선 개인키의 정당한 소지인이 종이형태의 선하증권을 받을 수 있는 선택권을 가질 수 있도록 하여[27)] 전자식 선하증권의 수취에 필요한 설비가 없는 당사자도 참여할 수 있도록 하였다. 전자식으로 활용되는 때에는 국내법이나 판례, 관습에서 서면을 요구하는 경우에 전자 데이터가 서면과 동등하다는 것

---

21) 심종석·정경진, 전자상거래와 e-비즈니스, 청림출판, 2000, pp.129-130.
22) 전자식 선화증권에 관한 CMI규칙 제1조
23) 전자식 선화증권에 관한 CMI규칙 제3조
24) 전자식 선화증권에 관한 CMI규칙 제4조
25) 전자식 선화증권에 관한 CMI규칙 제7조
26) 전자식 선화증권에 관한 CMI규칙 제8조
27) 전자식 선화증권에 관한 CMI규칙 제10조

을 규정하고 있다.

국제해사위원회(CMI)가 제정한 전자식 선하증권에 관한 규칙은 전자식 선하증권의 실용을 전제로 하여 관련된 법률적 문제 및 기술적 방안을 규정한 것으로 이전까지 문제가 되었던 권리증권적 기능의 전자화에 대하여 명확한 입장을 취하고 있으며, 전자문서 중 가장 구현이 어려운 전자식 선하증권의 실용에 있어 이후 제정된 많은 국제규칙과 국내 입법을 선도한 중요한 국제규칙으로 평가할 수 있다.

CMI 규칙은 모든 당사자들이 전자통신문을 서면 및 서명과 법률상 동등한 것으로 인정한 것을 의무화하고 있다. 그러나 이 규칙에서는 무엇이 청약이나 승낙을 구성하는가와 같은 중요한 문제들에 대해서는 규정하지 아니하고 시스템의 실패에 대한 책임 문제에 대하여도 언급하고 있지 않다.

(5) 신용장통일규칙

신용장통일규칙(Uniform Customs and Practice for Documentary Credits: UCP)는 1994년의 제5차 개정부터 EDI방식에 의한 무역환경의 변화에 대응하기 위한 규칙 내용을 삽입하여 왔다.[28)]

제1조에서는 모든 신용장에 신용장통일규칙이 적용될 수 있다고 규정하고 있다. 이 문구는 국제상업회의소(ICC) 은행위원회에 의해 일반적으로 선적서류를 전제로 한 화환신용장에 적용하는 신용장 통일규칙을 서류의 우송없이 거래하는 EDI방식의 신용장에도 적용할 수 있는 것으로 해석되었다. 따라서 EDI 또는 SWIFT 방식의 신용장에 있어서는 전자 메시지에 의하여 신용장 통일규칙에 관한 준거문언을 삽입함으로써 당연히 이 규칙의 적용을 받을 수 있게 되었다.

신용장 통일규칙 제20조 b항은 수리되는 원본서류에 관하여 자동화되거나 컴퓨터화된 시스템에 의해 작성되고 서명이 필요한 경우 전자적 방법의

28) UCP는 은행들이 화환신용장을 처리할 때 당사자간의 준거규칙이 된다. 본 규칙은 1930년대 국제상업회의소(ICC)에서 최초로 공표되었으며 그 뒤 몇 번의 갱신 및 개정을 거쳐 현재의 판은 ICC 간행물 번호 600인 UCP600으로 알려져 있다.

인증에 의해 서명되어질 수 있다고 규정하고 있다. 그러므로 디지털서명이 첨부된 전자 메시지가 서명된 종이문서 대신에 제시되는 경우 이를 수용할 수 있는 것으로 해석할 수 있다. 즉, 신용장 통일규칙에는 전통적인 종이 서류방식의 무역관행을 존중하면서도 전자적 방식에 의한 무역거래를 수용하기 위한 조항들을 규정함으로써 새로운 무역관행을 인정하고 있는 것으로 보인다.

전자적 제시를 위한 화환신용장 통일 규칙 및 관행 보칙(Supplement to the Uniform Customs and Practice for Documentary Credits for Electronic Presentation: eUCP)은 종이서류 중심의 UCP500 적용상 한계를 보완하기 위하여 무역서류로서 전자적 기록이 단독 또는 종이서류와 함께 사용하기 위하여 2001년 11월에 제정되어 2002년 4월 1일부터 정식 발효되었다. 2007년 7월 1일 UCP600이 개정되어 현재는 UCP600의 보칙 기능을 하고 있다.

(6) UNCITRAL의 전자상거래 모델법

세계적인 전자방식의 무역거래가 증가함에 따라 유엔국제무역법위원회(United Nations Commission on International Trade Law: UNCITRAL)는 1984년에 자동문서처리의 법적문제(Legal Aspects of Automatic Data Processing)라는 보고서를 처음 작성하여 1985년 제18차 UNCITRAL 총회에 제출한 바 있고, 이를 계기로 산하에 전자자료교환 및 관련통신수단의 법적 문제에 관한 표준법초안(Draft Model Law on Legal Aspects of Electronic Data Interchange and Related Means of Communication)을 위한 EDI 작업부가 구성되어 1993년부터 수차례의 회의를 거쳐 1995년 제28차 UNCITRAL 총회에서 표준법초안을 마련하였다. 그후 1996년 5월 제29차 UNCITRAL 총회에서 그 명칭을 유엔국제무역법위원회의 표준전자상거래(UNCITRAL Model Law on Electronic Commerce)으로 개칭하여 이를 최종적으로 채택하였다.

이 모델법의 제정 취지는 전자상거래에 관한 국제적 승인이 될 수 있는 법 원칙을 제시하고 전자상거래에 따른 법적인 장애와 불명확성을 제거한다는 것이다. 또한 관련 국제협약에 대한 유용한 해석상의 기준을 제시하고, 국제거래에 있어서 경제성과 효율성을 촉진하는 것을 목적으로 하고 있다. 아울러 서명이 된 원본 서류가 아닌 컴퓨터 통신망을 이용하여 메시지를 교환하는 전자상거래에서 발생할 수 있는 법적 장애와 불명확성을 극복하기 위한 방법을 규정하고 있다.

UNCITRAL 모델법에서는 총칙과 데이터 메시지에 대한 법적 요건의 적용, 데이터 메시지의 교환, 물품운송계약의 적용 등 17개 조항으로 구성되어 있으며 그 특징을 살펴보면 다음과 같다. 첫째, 모델법은 별도로 체약국이 있는 것이 아니라 이러한 모델법을 기초로 하여 각국에서 입법을 하는 경우에만 적용될 수 있는 임의규정이라 할 수 있다. 따라서 그 자체적으로는 아무런 구속적인 성질을 가지지 않는다. 둘째, 모델법의 적용범위를 국제거래에 한정시키지 않고 있다. 즉, 제1조의 각주에서 “본법은 제2조 1항에서 정의된 데이터메시지에 대하여 국제적인 상거래에 관련된 경우에 적용된다”는 규정을 둘 수 있도록 하고 있다. 그러나 많은 부분이 전자상거래에서는 국제적인 거래와 국내적인 거래의 성격이 동일하므로 구분 규정할 필요가 없을 것으로 보인다. 셋째, 모델법은 적용범위를 상업적 활동(commercial activity)과 관련하여 사용되는 모든 데이터 메시지형식의 정보에 적용된다고 규정하고 있다. 그러나 전자메시지는 상거래 이외의 분야에서도 동일하게 적용될 수 있음으로 우리나라에서는 별도로 전자상거래라고 하지 아니하고 전자거래라고 하여 포괄적으로 규정하고 있다. 넷째, 소비자 보호와 관련한 기존의 어떠한 법체계보다 우선하지 않는다. 경우에 따라서 모델법이 적용됨으로 인하여 소비자에게 예기치 않은 불이익을 초래할 수도 있음으로 이를 방지하기 위해서 “이 법은 소비자보호를 위한 어떠한 적용법도 무효로 하지 않는다”는 각주를 삽입하고 있다.

(7) UNCITRAL의 전자서명 모델법

전자거래는 서면거래와 달리, 진정성(authenticity)과 무결성(integrity)의 확보가 어렵고 거래부인(repudiation)의 위험을 안고 있기 때문에 서면거래에서 서명과 같은 기능을 수행하는 전자서명이 필요하다. 그러므로 전자서명이 서면거래에서 서명과 동일한 법적 효력을 보장받을 수 있도록 법률적 뒷

받침이 있어야 한다.[29)]

1997년 UNCITRAL 제31차 회의에서는 디지털 서명(digital signature) 및 인증기관(Certification Authority: CA)에 관한 통일규칙을 마련하기로 의견을 모았다. 전자서명은 전자상거래에 수반한 거래약정을 체결하고 물품이나 권리를 이전하는데 중요한 요소이기 때문에 국제적으로 통용되는 전자서명 및 인증기관에 대한 통일된 규범을 가져야 한다는 인식하에 UNCITRAL은 각국이 전자서명에 관한 입법을 추진하고 공통된 원칙을 수립할 수 있도록 전자서명통일규칙을 제정하였다. 이는 전자서명, 디지털서명, 인증기관 등이 기초적인 법적 효력에 대한 일련의 기준을 제시하여 전자상거래를 규제하는 법제의 통일을 기하기 위해 제정되었다. 그러나 이 규칙은 전자서명에 관한 모든 문제, 예컨데 공공정책에 관한 법, 행정법, 소비자보호법 및 형법 등에 적용되지 않고 상거래 행위의 사법적인 측면에 초점을 두어 제정하였다.

2) 국내법규 현황

한국은 전자거래기본법과 전자서명법이 제정되기 전까지 전자상거래를 규율하는 일반적인 법규가 없었고, 관련 특별법에서 개별적인 규정을 찾아볼 수 있을 뿐이었다. 공법적 영역에서는 전산망 보급확장과 이용촉진에 관한 법률, 무역업무자동화촉진에 관한 법률, 공업 및 에너지기술 기반조성에 관한 법률 등 일부 특별법에 전자문서의 정의 및 효력에 관한 규정을 두고 있으나, 각 분야에 특유한 법규로서 전자상거래에 관한 일반적 기준으로 삼기에는 부족하였다. 형법은 문서에 관한 범죄와는 별도로 전자기록 위조·변조죄를 두고 있는데 이는 전자기록이 문서가 아니라는 것을 전제로 하고 있다고 볼 수 있다.

사법적 영역에서는 상법이 전산정보 처리조직에 의한 상업장부 등의 보존을 규정하고 있을 뿐이며,[30)] 전자지급거래에 관하여는 여신전문금융업법에 직불카드에 관한 규정 등 일부 관련규정이 있을 뿐 주로 약관에 의하여

29) 안병수, 국제전자상거래시대를 대비한 BOLERO Project와 TradeCard System, 무역상무연구 제13권, 2000.2, p.942.

30) 상법 33조 3항

규율되고 있다.

이들 법률은 공법적인 차원에서 사업자의 육성 · 발전을 주목적으로 하였다. 예를 들어 EDI관련 규정도 공공 부문간의 업무만을 주로 규정하고 있고, 민간 부분간의 EDI와 전자상거래를 규율하는 규정은 거의 없다. 특히 무역거래의 경우에는 무역관련업체와 은행 · 관공서를 연결하는 EDI에 있어서 당사자간의 거래약정에 의하여 전자문서의 교환에 따른 법률문제를 해결해 왔다. 그러나 EDI와 같은 폐쇄형 네트워크가 아닌 전세계적으로 불특정 다수인을 상대로 하는 인터넷에 있어서는 이러한 약정은 처음부터 불가능하게 되었다. 이에 따라 우리나라 정부는 전자상거래와 전자서명에 관한 체계적이고도 통일적으로 법제화하기 위하여 유엔(UN), 국제상업회의소(ICC) 등 국제기구에서 마련한 모델법과 가이드라인을 참고로 1999년 전자거래기본법과 2001년 전자서명법을 제정하였다.[31)]

(1) 전자거래기본법

전자거래기본법은 전자문서에 의하여 이루어지는 거래의 법적 효력을 명확히 하여 그 안전성과 신속성의 확보 및 거래의 공정을 기함으로써 건전한 거래질서를 확립하고 전자거래를 촉진하여 국민경제의 발전에 이바지하려는 목적으로 1999년에 제정되어 2005년과 2007년에 각각 개정되었다.

동 법에서는 다른 법령에 특별한 규정이 있는 경우를 제외하고 전자문서에 대하여 서면에 의한 문서와 동일한 효력을 부여하고, 전자서명 역시 서면상의 서명으로 보도록 하고 있다.[32)] 또한 전자거래의 안전성과 신뢰성을 확보하기 위하여 전자거래 당사자의 신원을 확인해 주는 공인인증기관을 전자서명법의 규정[33)]에 따라 지정할 수 있도록 하여 사실상 비대칭공개키(asymmetric public key) 방식에 의한 디지털 서명만을 전자서명으로 인정하

31) 박복재, 전자상거래 관련법 비교연구, 한국국제통상정보학회 하계학술발표대회, 1999.7, p. 11.

32) 전자거래기본법 제5조, 제6조

33) 전자서명법 제4조

고 있다. 전자거래기본법은 앞서 살펴본 UNCITRAL의 전자상거래모델법과 대체로 유사하지만 몇몇 조항에서는 차이를 보이고 있다. 이러한 차이는 UNCITRAL의 전자상거래 모델법이 주로 EDI를 대상으로 하여 제정된 것과 달리 전자거래기본법은 전자거래 전체를 대상으로 하는 것에서 이유를 찾을 수 있다. 또한 전자가 국제적 모델법으로서의 역할을 하기 위해 특정국에 국한되는 사항의 규정조항을 회피한데 비해 후자는 한국의 상황에 부합되는 현실적 내용을 규정하고 있는 것에 따른 차이도 있다.

전자거래기본법의 특성을 보면 EDI만이 아니라 전자거래 전반에 걸쳐 포괄적인 규정을 하고 있는 법으로서 민법이나 상법에 대하여는 특별법적 지위에 있지만, 전자서명법과 같은 법에 대하여는 일반법적 역할을 하게 되며 조항별로 당사자의 합의에 의해 변경적용이 가능하기도 하지만 일부 조항의 위반에 관해서는 처벌을 받는 강행법적 성격도 지닌다.

2005년 개정에서는 첫째, 56개의 개별 법률에서 정하고 있는 기록 · 보고 · 보관 등 사인(私人)의 문서행위를 전자문서로 할 수 있도록 규정하였으며, 둘째, 공인전자문서보관소 규정을 신설하여 전자문서의 보관 및 증명서발급을 할 수 있도록 규정했다. 또한 2007년 개정에서는 첫째, 전자화 문서의 보관요건으로서 전자문서의 일반적 보관요건외에 전자화 문서가 전자화 대상문서와 그 내용 및 형태가 동일하다는 요건을 갖추면 전자문서의 보관으로 법령상 문서 보관에 갈음할 수 있다고 규정하였다. 둘째, 전자화 문서의 신뢰성을 확보하기 위해 전자화 문서의 작성에 사용되는 시설 또는 장비에 대하여 지식경제부장관이 인증을 부여할 수 있도록 제도를 신설하였다. 셋째, 공인전자문서보관소 영업의 양도 · 양수 등이 있는 경우 사전에 이용자에게 통지하고, 양수기업은 종전의 공인전자문서보관소의 지위를 승계한다는 규정을 신설하였다. 넷째, 공인전자문서보관소가 이용자에게 손해를 입힌 때에는 그 손해배상을 위하여 보험에 가입하도록 의무화하였다.

(2) 전자서명법

전자상거래에서는 전자서명의 역할이 절대적이라고 할 수 있다. 따라서 전자서명에 대한 법적 효력 및 활용에 대한 기준이 명확하지 않으면 전자상거래 자체의 발전에 저해요소로 작용되어질 것이다. 이러한 취지에 따라 제정된 전자서명법은 전자문서의 안전성과 신뢰성을 확보하고 그 이용을 활성화하기 위하여 전자서명에 관한 기본적인 사항을 정하여 국가사회의 정보화를 촉진하고 국민생활의 편익을 증진하는 것을 그 목적으로 하고 있다.[34] 전자서명법은 2001년에 제정되어 2011년 8차 개정이 이루어졌다.

여러차례 개정을 거듭한 주요 이유를 살펴보면 다음과 같다.

첫째, 전자서명법 제정 당시 외국의 입법경향이 디지털 서명 기술을 기반으로 법체계를 구축하고 있어 우리나라도 이를 반영하였으나, 법 시행 이후 디지털 서명뿐만 아니라 생체인식기술, 지문인식, 홍체인식, 수기서명 측정기술 등 다양한 기술이 전자서명에 활용될 가능성이 높아지고 있어 이러한 기술변화에 맞춰 법체계 정비가 필요하다.

둘째, UN무역법위원회 및 외국의 입법 동향을 반영하여 외국법제와 조화를 이룰 수 있도록 전자서명법 개정 필요하다.

셋째, 국민들이 전자거래를 안전하게 할 수 있는 환경을 조성하기 위해 전자서명 이용촉진 시책을 추진할 수 있는 법적인 뒷받침이 필요하다.

(3) 전자무역촉진에 관한 법률

무역업무자동화법에서 전자무역 촉진에 관한 법률로 제명을 변경하면서 2005년 12월에 전부 개정한 것으로, 전자무역의 기반을 조성하고 그 활용을 촉진하여 무역절차의 간소화와 무역정보의 신속한 유통을 실현하고 무역업무의 처리시간 및 비용을 절감함으로써 산업의 국제경쟁력을 높이고 국민경제의 발전에 이바지할 목적으로 제정된 법률이다.

본 법은 제11장 제33조로 구성되어 있는데 그 주요 내용을 살펴보면 다음과 같다. 제1장은 총칙으로 본 법의 목적, 용어의 정의, 본 법의 적용범위에 대하여 규정하고 있다. 제2장은 전자무역 촉진을 위한 시책의 수립·시행, 국가전자무역위원회의 설치에 대하여 규정하고 있다. 제3장은 전자무역기

---

34) 전자서명법 제1조

반사업자와 관련하여 규정하고 있으며, 제4장은 전자무역기반시설의 이용, 전자무역문서의 표준화 및 효력에 대하여 규정하고 있다. 제5장은 전자무역기반사업자가 보관하는 전자무역문서의 효력, 전자무역문서의 증명에 대하여 규정하고 있으며, 제6장은 전자무역문서의 이용촉진에 대하여 규정하고 있다. 제7장은 전자무역문서 및 무역정보에 관한 보안, 전자무역문서 및 무역정보의 공개에 대해서 규정하고 있다. 제8장은 전자무역 전문서비스업자에 대하여 규정하고 있으며, 제9장은 전자무역 기술개발의 추진에 대하여 규정하고 있으며, 제10장은 보칙, 제11장은 벌칙에 대하여 규정하고 있다.

제3절 전자무역회사의 설립

1. 전자무역 사업계획

전자무역회사를 설립하고자 하는 경우에는 먼저 수입무역 또는 수출무역 중 어느 것을 업으로 할 것인지를 검토하여야 한다. 물론 수출입을 동시에 할 수도 있겠으나 처음 설립하는 경우에는 어느 한쪽을 먼저 시작하게 마련이다. 이와 함께 무역업을 할 것인지, 무역대리업을 할 것인지도 결정하여야 한다. 이러한 사전 검토가 끝나면 사업의 전반적 개요 및 범위, 조직계획, 제품조달 및 생산계획, 시장현황 및 판매계획, 재무계획, 자금계획, 홈페이지 구축단계로 구체적인 사업계획을 세워야 한다.

그 세부적인 내용을 살펴보면 먼저 사업의 전반적 개요 및 범위 단계로 회사명, 대표자 및 임원현황, 사업추진 동기 및 추진 일정, 단계별 사업추진 방안, 기대효과 등을 계획하고, 다음으로 사업의 범위를 업태별과 업종별로 결정해야 한다.

조직계획 단계에서는 업무 흐름별로 본사의 조직체, 직무별, 직위별, 소요인원, 대리점, 판매점, 구매처 등 외부 조직체계를 계획해야 한다. 제품조달 및 생산계획 단계에서는 취급 상품의 범위 및 특징, 물품 공급자와의 관계, 물품 조달 방법 및 결제방법, 물품 제조 공정도 및 공정별 점검사항 등을 결정해야 한다.

판매계획 단계에서는 동종업계 현황, 시장 규모와 전망 등 목표시장 분석, 판매 형태 및 전략, 가격정책, 판매예측 및 재고관리 계획 등을 결정해야 한다. 재무계획 단계에서는 원가 분석 및 단계별 비용과 수익분석, 추정손익 계산서, 손익 분기점 분석 등을 계획해야 한다. 자금계획 단계에서는 단계별 총소요 자금 내역, 자금 조달 계획 및 차입계획, 차입금 상환 계획 등을 결정해야 한다.

마지막으로 홈페이지 구축 단계에서는 도메인 네임(domain name)의 결정, 웹 호스팅[35)]유무, 홈페이지 구축 방법 결정, 마케팅 전략 등을 결정해야 한다.

2. 전자무역회사 설립

1) 사업자 등록

국내에서 사업을 영위하고자 하는 자는 모두 사업자 등록을 필하여야 한다. 물론 개인 사업자가 아니고 법인인 경우에는 법인등록을 해야 한다.

사업자등록을 하기 위해서는 사업장 소재지 관할 세무서에 방문하여야 하며 당일에 사업자등록증을 교부 받을 수 있다. 필요한 지참서류로는 사업장에 대한 임대차계약서 또는 사업장 사용허가서, 본인 신분증, 도장 등이다. 다른 지역에 별도의 사업장이 있는 경우에도 사업자 등록이 가능하다. 즉, 한 개인이 복수의 사업장을 가지고 있는 경우에는 별도의 사업자등록을 할 수 있다. 이러한 사업자 등록 신청을 통하여 먼저 상호를 확정하고, 업태를 결정하는 것이다.

무역업을 하기 위한 업태로는 도・소매업(수출과 수입을 할 수 있는 업태)과 서비스업(무역대리업과 무역대행업을 할 수 있는 업태)이 있다. 특별하지 않는 한 두 가지를 동시에 신청해 두는 것이 편리하다.

---

35) 웹 호스팅(web hosting)이란 인터넷을 이용한 비즈니스를 위해 자신의 홈페이지를 만들거나 웹 서버(web server)를 구축하는데 어려움이 많은 개인이나 기업체를 위한 서비스를 말한다.

2) 무역업 신고

무역업을 하기 위하여 가장 먼저 거쳐야 할 절차였던 '무역업 신고제도'가 2000년 1월 1일로 폐지되면서 단지 국가의 수출입 통계 작성 및 유지를 위한 '무역업 고유번호 신청'으로 변경되었다. 이는 전자무역 시대를 맞이하여 국내와 국외거래의 차이가 허물어지고 있는 상황과 어느 정도 관련이 있으며, 무역업의 규제 완화에 그 목적이 있다. 과거에는 한국무역협회 회원가입이 의무사항이었으나 이제는 임의사항으로 변경된 것을 제외하고는 신청기관이나 절차에 별다른 차이가 없다. 무역업고유번호신청 수리권한은 현행 대외무역법상 지식경제부 장관에게 있으나, 그 권한이 한국무역협회에게 위임되어 있다.

무역업의 신청은 대기업 및 중소기업 또는 법인, 개인, 외국인의 구별없이 구비서류를 갖추어 한국무역협회 본 · 지부에 등록신청을 하여야 하는데, 업체의 소재지에 관계없이 편리한 곳에서 신청할 수 있다.

〈표 1-4〉 무역업 신고요건

항 목	세 부 내 용
수출입 행위의 범위	수출 · 수입 취급품목의 범위가 제한되어 있지 않음. 수출 · 수입의 대행도 가능함. (단, 약사법, 마약법 등에서 별도로 정하고 있는 경우에는 별도의 허가 · 등록 신고 등을 취득해야 함)
신고 기준	• 법인 : 법인이면 무조건 가능 • 개인 : 사업자등록을 한 개인이나 농업 · 임업 · 축산업 및 어업을 영위하는 개인 • 해외거주교민이 사업자등록을 하고자 하는 경우에는 관할세무서에 주민등록증 대신에 주재국의 한국영사관에서 발급하는 재외거주국민등록등본을 제출하여야 함
자격 유지	신고필증 유효기간 만료년도 10월부터 12월까지 한국무역협회에서 신고확인을 필하여야 함
신고 수리권자	한국무역협회장
유효 기간	신고한 연도의 다음 2개년도
신고 확인	한국무역협회 본 · 지부

3) 웹사이트의 구축과 활용

(1) 웹사이트 구축

웹사이트의 제작은 무역업체 스스로 만드는 방법과 외부 아웃소싱으로 만드는 방법으로 나누어 볼 수 있다. 적은 비용으로 홈페이지를 제작하기 위해서는 무역업체가 직접 만드는 것이 좋겠지만, 이것은 웹디자이너, 웹프로그래머, 웹마케터 등의 능력을 모두 갖추고 있을 때 가능하다는 점에서 쉬운 일은 아니다. 따라서 독자적인 능력이 부족한 중소기업의 경우에는 EC21이나 ECPlaza와 같은 전자무역 전문서비스업자가 중소기업청 또는 지방자치단체의 지원을 받아 제공해 주는 무료 홈페이지와 중소기업진흥공단과 같은 무역유관기관에서 중소기업의 수출지원을 위해 무료로 만들어 주는 약식 홈페이지를 이용하는 것도 한 가지 방법이다.

(2) 네트워크 구축

인터넷에 웹사이트를 갖기 위한 네트워크의 구축에는 자체 서버(server)를 갖거나 인터넷서비스업체의 웹호스팅(web hosting) 서비스를 이용하는 두 가지 방법이 있다. 자체 서버를 가진다는 것은 자기 집을 갖는다는 것인데, 서버 컴퓨터와 소프트웨어, 전용선과 이를 운영하고 관리할 전문인력이 필요하다. 따라서 인터넷 시스템에 대해 잘 모르거나 큰 규모 사업이 아닌 경우 자신의 독립적인 서버를 비싼 비용을 들여 구축하기보다는 웹호스팅 서비스를 이용하는 것이 웹사이트 관리의 부담이나 초기 창업비용에 대한 부담을 줄일 수 있다.

네트워크 구축 방법이 결정되면 제작 완료된 서버에 홈페이지를 올리고 이를 활용하기 위한 인터넷 접속을 해야 한다. 인터넷에 접속하기 위해서는 인터넷 서비스 제공업체(Internet Service Provider: ISP)에 가입하여야 하는데, 이러한 인터넷 서비스 제공업체의 선택은 비용, 속도, 보안 기타 부가서비스 등을 고려하여 신중히 결정하여야 한다. 국내에는 한국통신, SK, LG 등 많은 유료 인터넷 서비스 제공업체가 있으며, 각 업체 및 서비스에 대한 정보는 각사의 홈페이지를 참조하면 된다.

(3) 웹사이트 홍보

홈페이지 제작을 끝내고 자신의 인터넷 접속 및 네트워크 구축이 완료되면 자신의 웹사이트를 널리 홍보하는 것이 중요한다. 이러한 홍보에는 온라인 방법과 오프라인 방법이 있다. 먼저 온라인 방법은 검색엔진 및 웹 디렉토리(web directory)에 자신의 웹사이트 주소를 등록, 관련 뉴스그룹 및 메일링리스트에 게재, 동종 업종의 관련 웹사이트에 하이퍼링크(hyperlink) 등이 있다. 오프라인 방법으로는 해외 전시회에 웹사이트 홍보, 신문과 같은 대중매체를 이용하여 홍보하는 방법 등이 있다.

한편 웹사이트와 네트워크의 안정된 유지와 함께 웹사이트의 갱신 방법, 주기, 범위 등에 대해 일정한 방침을 정해 놓고 지속적으로 웹사이트의 내용이나 디자인을 갱신하는 노력을 기울여야 한다.

3. 전자무역 거래알선

1) 전자무역 거래알선의 의의

전자무역 거래알선(Electronic Trading Opportunity: ETO)은 인터넷을 이용하여 자사의 회사정보 및 상품정보를 전 세계 바이어에게 홍보하는 동시에 웹사이트에 등록되어 있는 오퍼정보를 검색 또는 열람을 통하여 거래선을 발굴하는 것을 의미한다. 이러한 기능을 지원하는 웹사이트를 전자무역 거래알선 사이트라고 칭하며 최근 무역유관기관 및 개별업체에서 다양한 사이트가 개발, 운영되고 있어 무역업체는 웹 사이트의 취사선택을 통하여 회원으로 가입 후 활용할 수 있다.

2) 전자무역 거래알선의 특징

전자무역 거래알선은 다양한 특징을 가지고 있다. 먼저 시간적, 공간적인 제약이 없이 언제 어디서나 사용이 가능하고 목표시장의 표적 집단에 대한 접근이 용이하다. 또한 인터넷은 쌍방향 통신이 가능하여 실시간의 정보를 공유할 뿐만 아니라 멀티미디어 정보의 유통도 가능하다. 따라서 전통적인 거래알선 방법에 비하여 소요경비를 절감할 수 있으며 오퍼정보의 효과측정 및 피드백도 가능하다.

이러한 특징으로 인하여 무역업체는 최신정보를 신속하게 획득하여 업무처리시간을 단축할 수 있고, 시간과 공간을 초월한 전자무역의 구현이 가능하다. 또한 수출부대비용이라고 할 수 있는 통신비, 사무비 등 행정비용의 절감을 가져오고 전 세계 바이어를 상대하여 고객욕구에 신속한 대응을 꾀할 수 있다. 한편 생산자와 소비자간의 직거래를 실현하며 양방향 매체 특성을 활용한 신규사업의 창출도 가능하다.

〈표 1-5〉 전통적인 무역거래알선과 전자무역 거래알선 비교

전통적인 무역거래알선	전자무역 거래알선
• 상공인명부, 간행물 활용 • CD-ROM 정보검색	• 전자무역 거래알선사이트 검색 • 온라인 웹디렉토리(web directory) 검색
• 해외홍보매체 광고 • 카탈로그(catalogue) 제작 및 배포	• 전자 카달로그(catalogue) 제작 • 개별업체 홈페이지 제작 및 홍보 • 소셜미디어 활용
• 전시회 및 박람회 개최	• Cyber Fair 참가

3) 전자무역 거래알선 사이트의 활용

(1) 인터넷 활용

대부분의 거래알선 사이트는 무료 회원제로 운영하고 있고 여러 기능을 제공한다. 이를 사용하려면 우선 웹브라우저상에서 웹사이트의 주소를 입력하여 접속한 후에 메뉴별로 선택하면 된다.

① **거래알선정보 검색하기**(Trade Opportunity, Trade Leads) : 거래를 희망

하는 품목의 키워드를 입력하고 검색버튼을 누르면 해당품목에 대한 수입 희망 오퍼(offer)정보가 나타난다. 그 중에서 관심 있는 오퍼의 제목을 누르면 오퍼의 자세한 내용이 보여지고 전자메일란을 클릭하면 공식적인 거래 제의를 할 수 있다.

② **오퍼게시판 보기**(Browse Offer, View Offer) : 매일 발생하는 오퍼정보를 최근에 게재한 순서대로 나열된 오퍼로 열람하고 관심있는 오퍼를 선택하여 거래제의를 할 수 있다.

③ **오퍼 전송하기**(Post an Offer) : 무역업체 스스로의 오퍼정보를 각 사이트에 개별적으로 전송하여 해외 수출입업자가 오퍼정보를 검색하여 접촉할 수 있는 기능으로 수출업자는 수출오퍼, 수입업자는 수입오퍼를 게재하면 된다.

(2) 온라인 디렉토리

전세계 무역유관기관에서 운영하는 인터넷 웹 디렉토리(web directory) 서비스로서 업체가 원하는 국가와 품목별로 해외바이어 리스트를 검색하여 활용할 수 있다. 대표적인 것으로 Kompass(www.kompass.com) 웹 디렉토리가 있다.

① **품목별 수출입업자 찾기** : 웹브러우저를 클릭하고 웹사이트의 주소를 입력하면 초기화면이 나타난다. 여기서 거래를 희망하는 품목의 키워드를 입력하고 지역이나 국가를 선택한 후 검색버튼을 누르면 해당품목의 국가별 수출입업자 리스트를 보여준다.

② **해외업체 검색하기** : 해외업체의 상호를 알고 구체적인 회사정보를 찾고자 할 경우에 사용하는 것으로 초기화면에서 회사명과 국가를 선택하면 원하는 업체정보를 구할 수 있다.

③ **국가별 온라인 디렉토리 사이트 찾기** : 일반적으로 교역 희망국가에서 운영하는 디렉토리 사이트를 찾으려면 구글(Google), 야후(Yahoo) 또는 알타비스타(Altavista)와 같은 유명 검색엔진을 선택한 후 검색어 입력란에 해당 국가명과 상공인 명부인 Trade Directory나 Yellow Page를 입력하고 검색을 시도하면 다양한 사이트 목록을 제공한다.

(3) CD-ROM 활용

세계적으로 유명한 KOMPASS CD-ROM과 미국의 US Import Export CD-ROM 디렉토리를 검색하여 해외업체정보를 구할 수 있다.

(4) 간행물 디렉토리

해외의 무역유관기관에서 발간한 도서형태의 디렉토리를 활용하는 것으로서 국가별 · 품목별로 구성되어 있어 손쉽게 열람할 수 있다.

간행물별로 열람하는 방법이 다소 차이가 있으나 대부분 간행물 서두에 색인화 되어 있어 원하는 품목을 선택한 후 해당 페이지로 찾아가면 해당업체를 열람할 수 있고 복사하여 활용 가능하다.

4) 전자무역 거래알선 사이트의 진화

현재 운영 중에 있는 국내외 전자무역 거래알선 사이트들은 대부분이 무역포털 사이트를 지향하여 왔다. 주요 전자무역 거래알선 사이트를 살펴보면, 우선 무역유관기관들이 주관하고 있는 buykorea.org(KOTRA), tradekorea.com (한국무역협회), gobizkorea.com(중소기업진흥공단) 등과 전자무역전문서비스업자인 EC21(ec21.com), ECPlaza(ecplaza.net), Matrix2b(matrix2b.com) 등의 사이트가 무역포털 사이트를 지향하고 있다.

이러한 무역포털 사이트들의 특성에 따라 현재 출현하고 있는 무역포털의 진화과정을 단계별로 살펴보면 〈표 1-6〉과 같다. 초기에는 한결같이 무역관련정보의 제공과 거래알선기능에 초점을 맞추다가 인력 및 자금의 한계로 사이트 운영에 어려움을 겪게 되면서 민간부문에서는 e-마켓플레이스를 지향하게 되고, 공공부문에서는 전자무역 활성화를 위한 국가기간 인프라로서의 역할을 강조하는 가운데 전자무역 공동체의 형성에 주력하는 방향으로 진화방향이 나누어지게 된다. 이때 민간부문에서는 거래적 기능의 강화를 통한 수익성 확보에, 공공부문에서는 정보적 기능의 강화를 통한 공익성에 중점을 두게 된다.

그러나 전자무역의 초기단계에서 현실적으로 e-마켓플레이스의 전자 시장 기능망으로는 수익성 확보가 어려운 민간부문에서는 국내외 업체와의 다양한 형태의 제휴를 통해 취약한 정보 기능을 보강하는 한편 전자무역 공동체 형성을 위해 노력하는 가운데 e-Hub 내지 메가포털의 형태를 지향하게 된다. 공공부문의 경우에도 제한된 예산과 인력으로 정보의 확충이 어려우므로 점차 민간부문과 마찬가지로 거래기능의 강화에 치중하게 된다.[36)]

〈표 1-6〉 무역포털 사이트의 진화과정

단계구분	I	II	III	IV
	무역포털	e-Marketplace	e-Infra	e-Hub 또는 메가포털
전략 지향성	무역포털	거래기능을 통한 수익성	국가기간 인프라 무역공동체	포털네트워킹
서비스 수준	포털의 인지도 제공	계약수준의 정보, 거래	심화된 무역정보	포털대상의 정보, 거래기능
유효전략	홍보전략, 타사이트 링크	업체의 유치, 다양한 D/B	공공성 강조, 유관기관 협력	포털간 네트워킹 기능강화
4C's중 핵심기능	기초정보 및 거래알선	콘텐츠, 커머스	콘텐츠, 커머스	4C's
경제성		범위의 경제	규모의 경제	연결의 경제
전문성	낮음	높음	낮음	높음
적절한 조직	모든 거래알선 사이트	개별기업 또는 기업간 제휴	공공기관	개별기업, 공공기관

36) 문희철외 공저, 전자무역의 이론과 실무, 궁미디어, 2010, pp.56-57.

4. e-마켓플레이스

1) e-마켓플레이스의 의의

e-마켓플레이스(e-Marketplace)란 인터넷과 같은 네트워크상에서 불특정 다수의 판매자와 구매자가 참여하여 기업간거래를 할 수 있도록 구축된 온라인 시장이라 할 수 있다. 이러한 e-마켓플레이스는 기존 1:1 혹은 1:N의 거래관계를 N:N의 복잡한 거래관계로 바꾸어 놓았다. 뿐만 아니라 기존의 거래장터처럼 판매자와 구매자가 동일한 시간과 장소에 모여 거래하는 개념에서 시간과 공간의 제약을 넘어선 새로운 형태의 시장으로서 그 범위를 확대하고 있다.

2) e-마켓플레이스의 특징

e-마켓플레이스의 특징은 단순히 기존의 거래형태를 변화시키는데 국한되지 않고, 비즈니스 프로세스를 근본적으로 변화시켜 나가고 있다. 즉, 오프라인상에서 이루어지던 불필요하고 복잡한 거래과정들을 합리적이고 효율적으로 변화시키고, 혁신적인 프로세스와 투명한 거래를 통해 소요시간과 거래비용을 획기적으로 절감시킬 수 있다. 따라서 이러한 e-마켓플레이스는 경매, 역경매, 거래소, 입찰시스템, 공동구매 등 다양한 상거래 기능뿐만 아니라 공급망관리, 공동 생산계획과 같은 지능적인 기능과 다양한 공급자 및 구매자 정보, 광범위한 상품 카탈로그 등 강력한 콘텐츠와 커뮤니티를 제공한다.[37)]

e-마켓플레이스는 특정산업이나 시장의 전문화 방향에 따라 수직적 e-마켓플레이스(vertical e-Marketplace), 수평적 e-마켓플레이스(horizontal e-Marketplace)로 나누기도 한다. 수직적 e-마켓플레이스는 전자, 자동차, 화학, 철강과 같이 특정산업이나 품목 및 시장을 중심으로 원자재부터 완제품에 이르기까지 수직적으로 전문화하여 서비스를 제공하는 e-마켓플레이스를 말하며,

37) 김철호 · 윤광운, 전자상거래, 삼영사, 2011, pp.35-38.

Votal(vertical portal)이라고도 한다. 이러한 수직적 e-마켓플레이스에서는 특정분야에 대한 전문적인 지식과 경험, 풍부한 콘텐츠의 제공, 다양한 공급자의 확보와 긴밀한 유대관계, 구매자의 조기 확보 등이 중요한 성공요인이라 할 수 있다.

수평적 e-마켓플레이스는 특정 제품이나 산업에 국한되지 않고 여러 산업에 걸쳐 유사한 성격의 제품이나 기능을 제공하는 e-마켓플레이스를 말한다. 업무기능에 따라 물류 e-마켓플레이스와 무역 e-마켓플레이스 등으로 나누어지는 것이 그 예이다. 또한 많은 e-마켓플레이스들은 주로 운영활동에 사용되지만 최종제품에 투입되지 않는 기업소모성자재(maintenance, repair and operation: MRO)와 같은 간접재를 취급하기도 한다.

수직적 e-마켓플레이스는 고객들에게 다양한 서비스를 제공하기 위하여 점차 사업영역을 확대해 나가고 있고, 수평적 e-마켓플레이스도 보다 전문적인 서비스를 제공하기 위하여 각 분야의 전문적인 사업역량 확보에 주력하고 있다.

연습 문제

1. 전자무역의 개념, 경제적 효과를 설명하시오.

2. 전자무역의 해결과제를 설명하시오.

3. 전자무역 혁신계획의 내용을 간략히 서술하시오.

4. 전자무역 인프라와 관련기관에 관하여 설명하시오.

5. 전자무역의 추진현황을 시스템, 법·제도적 관점으로 나누어 간략히 서술하시오.

6. 전자무역 사업계획과 설립에 관하여 설명하시오.

7. 전자무역 거래알선과 활용에 관하여 설명하시오.

8. e-마켓플레이스의 의의와 특징에 관하여 설명하시오.

2 전자무역 마케팅과 계약

제1절 전자무역 마케팅의 개요

1. 전자무역 마케팅의 의의

1) 전자무역 마케팅의 개념

전자무역 마케팅이란 컴퓨터가 제공하는 통신환경인 가상의 공간(cyber space)에서 고객과의 관계형성 및 실시간 상호작용이 가능한 쌍방향 커뮤니케이션을 통한 마케팅 활동을 말한다. 그런데 이런 전자무역 마케팅은 월드와이드웹(World Wide Web)이 등장하면서 인터넷은 음성, 화면, 동화상에 이르기까지 다양한 멀티미디어 정보를 교환할 수 있는 거대한 커뮤니케이션 미디어로서의 역할도 담당하게 되었다.

한편 현대사회가 정보화 사회로 급진전함에 따라 산업 분야에서는 산업 소프트화가 진행되고 있다. 예를 들면 통신, 영상, 음향 소프트웨어, 디자인, 광고 등이 유망 산업으로 등장하면서 무형요소인 정보, 지식, 서비스에 의해서 창출되는 부가가치가 경제 전반에서 차지하는 비중이 더욱 높아지고 있다.

산업구조의 환경이 소프트화됨에 따라 소비자에 대해서도 과거의 대중적 접근 방법에서 개별적 접근이 가능해졌고, 소비자들도 자연스럽게 새로운 구매 환경에 익숙해지고 있다. 이러한 새로운 거래 환경은 컴퓨터를 이용한 마케팅을 통해서 더욱더 소프트화된 산업 사회를 실감하게 만들고, 이것은 현대 사회에서 필수적 생활 수단인 동시에 거래 수단이 되고 있다.

이와 같이 전자무역 마케팅은 기존의 전통적 마케팅 환경과는 구별되는 독특한 성격을 갖고 있기 때문에 인터넷을 기본으로 하는 전자 사회(electronic society)에서 전자거래를 조성할 수 있도록 재구성할 수 있는 마케팅 기능이 요구되고 있다.

전자무역 마케팅으로 인한 패러다임의 변화를 살펴보면 다음과 같다.[1)]

(1) 소비자 역할의 변화

전통적 마케팅 환경과 가장 구별되는 획기적인 변화는 소비자들도 가상공간에 상업적 정보를 제공해서 판매자가 될 수 있다는 점이다. 즉 판매자와 소비자의 구별이 모호해진다. 인터넷이란 중재 모델에서 주된 관계는 송신자(기업)와 수신자(소비자)의 관계가 아니고, 오히려 이들이 상호 작용하는 컴퓨터 중재환경이다. 이러한 새로운 환경에서 정보나 내용은 단순히 기업으로부터 소비자에게 전달되는 것이라기 보다는 기업과 소비자가 모두 참가자로 참여하게 된다는 것이다. 따라서 기업은 성공적 전자무역 마케팅이 되기 위해서 고객 욕구를 파악하고 만족시키려는 노력을 할 뿐만 아니라 새로운 매체 자체의 개발에 긍정적으로 공헌할 수 있는 활동에 몰두해야 한다.

(2) 시장 역할의 변화

전자무역 마케팅은 사람과 컴퓨터가 서로 상호 작용을 할 수 있는 시장, 즉 하이퍼 미디어(hyper media) 환경이기 때문에, 인터넷은 실제 거래상황에 대한 시뮬레이션(simulation)이 아니고 또 다른 하나의 실제 거래 환경을 구성하고 있다. 이러한 환경에서 소비자들은 가상공간이라는 시장에서 단순히

1) 한국마케팅연구원사이트에 있는 마케팅 자료실에 있는 '사이버마케팅으로 인한 마케팅패러다임의 변화'(이호배) 논문을 인용발췌 하였음.

즐거움을 찾아다니는 행동과 구매를 하기 위한 구체적 행동을 동시에 할 수 있기 때문에 기업의 입장에서 상당히 세심한 고려를 할 필요가 있다.

따라서 매체가 과거에는 마케팅 채널과 커뮤니케이션으로서 역할을 하였으나 전자무역 마케팅에서는 매체가 시장 자체로서 역할을 한다. 인터넷은 시장을 보다 효율적으로 만드는 잠재력을 갖고 있다. 이것은 웹(web)이 소비자에게 제품에 대한 정보를 충분히 제공할 수 있는 기회를 제공할 뿐만 아니라 전통적 매체에 비해 매우 구체적이고 특이한 특성을 부여해 준다. 그래서 완전한 정보를 갖춘 소비자가 될 수 있는 가능성도 높다. 왜냐하면 소비자들은 그러한 탐색 과정에 대해서 강한 통제력을 갖고 있기 때문이다. 예를 들면, 경쟁 제품의 가격비교를 완벽하게 파악해서 가격에 대한 강한 통제력을 가질 수 있다. 결국 전통적 시장과 비교해서 정보에 대한 비용이 낮아질 수 있고 정보의 질은 높일 수 있으므로 시장의 효율성을 더 높일 수 있는 것이다.

(3) 마케팅 믹스 역할의 변화

전통적 마케팅의 커뮤니케이션 모형은 기업들이 대중매체를 통해서 동일한 메시지를 많은 집단의 소비자들에게 일방적으로 전달(one-to-many)하는 방식이다. 따라서 전통적 대중매체를 이용한 커뮤니케이션은 기업과 소비자 간에 상호작용이 없다는 것을 가장 큰 특징으로 볼 수 있다.

반면 전자무역 마케팅의 커뮤니케이션 모델은 기업들이 다양한 메시지를 여러 소비자들에게 전달(many-to-many)하는 방식이다. 따라서 과거와 같이 동일한 광고를 통해서 많은 사람들에게 똑같은 메시지를 전달할 필요가 없어지고, 필요한 사람에게만 광고가 노출되며 그것에 대해서 필요를 느끼면 더 구체적인 광고를 스스로 찾아볼 수 있도록 하는 것이 가능해졌다.

2) 전자무역 마케팅의 특징

전자무역 마케팅은 물리적 환경이 아닌 가상공간에 형성된 e-마켓플레이스를 통하여 교환이 이루어진다는 점에서 마케팅을 목적을 효율적으로 달성할 수 있는 인터넷을 마케팅 도구로 활용함으로써, 구매자 입장에서는 자신이 원하는 시간에 정보를 획득하고 활용하여 의사결정에 도움이 된다. 그리고 판매자 입장에서는 시장조사를 수행하거나 제품에 대한 구매자의 반응을 신속하고 효과적으로 파악할 수 있어, 마케팅 활동을 성공적으로 수행할 경우 시장 점유율을 크게 높일 수 있다. 이러한 전자무역 마케팅의 특징을 살펴보면 다음과 같다.

첫째, 전자무역 마케팅은 전자메일의 기능을 통하여 판매자과 구매자의 직접적인 교류가 가능한 양방향 정보교환을 특징으로 하고 있다. 둘째, 전자무역 마케팅은 목표고객만을 대상으로 집중적인 광고가 행해질 수 있으므로 광고효과를 훨씬 높일 수 있다. 셋째, 전자무역 마케팅은 접속 회수의 측정을 통하여 보다 과학적인 광고효과 측정이 가능하다.

3) 전자무역 마케팅의 기대효과와 해결과제

(1) 전자무역 마케팅의 기대효과

전자무역 마케팅의 기대효과를 살펴보면 다음과 같다. 첫째, 편리한 구매자 관리가 가능하다. 인터넷이 가지고 있는 주요 기능 중의 하나인 전자우편은 고객과 상호의견을 교환하고 고객의 불평과 아이디어를 수시로 마케팅에 반영하는데 큰 도움을 준다. 둘째, 공간상의 이점을 가질 수 있다. 전자무역 마케팅에는 물건을 전시하고 고객을 직접 상대해야 하는 매장이 따로 필요없기 때문에 많은 고정비용이 소요되지 않는다. 또한 지역을 초월할 수 있는 인터넷의 특성으로 인하여 인터넷에 올라 있는 웹 사이트는 어느 특정 지역에 한정되지 않고 컴퓨터가 연결되어 있는 한 전세계를 상대로 상거래가 가능한 글로벌 마케팅을 수행할 수 있다. 셋째, 시간과 비용을 크게 절약할 수 있다. 또한 인터넷을 이용할 경우 국제무역에 있어서 장애요인이 되고 있는 시차를 쉽게 극복할 수 있다. 아울러 기업운영에 가장 큰 부분을 차지하고 있는 인건비는 사업의 성격에 따라서 인터넷이 제공하는 독특한 판매방법으로 상당부분 절감될 수 있다.

〈표 2-1〉 전통적 마케팅과 전자무역 마케팅의 비교

	전통적 마케팅	전자무역 마케팅
마케팅 환경	마케팅 규칙이 시대적으로 명확하고, 잘 정의되어 있으며 일정함	마케팅 규칙이 기술발전의 주도하에 지속적으로 발전함
	시장이 국가나 지역에 한정됨	시장의 경계가 없어짐
	틈새시장을 정의하기 어려움	틈새시장들이 쉽게 정의됨
	기업이 주도하는 마케팅이 지배적임	고객이 주도하는 마케팅이 지배적임
	높은 광고 비용	낮은 광고 비용
	정보시스템이 마케팅을 수행하는 데 큰 도움이 되지는 못함	정보시스템 역할이 절대적이며 마케팅 부서와 IT전문가의 통합적 활동이 중요함
마케팅 성공요소	제품과 서비스에 대해 인지가 중요함	제품과 서비스의 인지와 함께 이들의 가치가 중요함
	시장에 처음 진출하는 자가 두번째 진출자에 비해 다소 유리한 위치를 가짐	시장에 처음 진출하는 자가 두 번째 진출자에 비해 강력한 경쟁우위를 가짐
	기업간 협력이 마케팅에서 핵심적인 요소가 못됨	상호간의 링크를 통한 협력관계는 마케팅을 위한 핵심적인 요소가 됨
	창의성이 차별화를 위해 중요함	혁신성이 차별화를 위해 중요함
	고객과의 상호작용이 중요치 않음	고객과의 상호작용이 대단히 중요함
	홍보와 부분적으로 제품 및 서비스와 관련이 있는 즐거움을 제공함	교육적이며 지적인 즐거움을 제공함
기업내 위상	마케팅부가 제품개발을 주도함	마케팅부가 업무부서, 기술부서와 통합하여 주도함
	마케팅부가 전방위 역할을 수행함	마케팅부가 업무부서, 기술부서와 통합하여 수행함
고객에 대한 관점	고객들은 제품 및 서비스에 대한 지식과 정보가 적음	고객들이 더 많은 지식과 정보를 보유하며 피드백도 즉각적임
	고객의 형태와 기대를 어느 정도 예상 가능함	새로운 고객의 형태, 기대, 관심에 대한 예측이 보다 잘 이루어짐
	고객을 하나의 그룹 또는 전체를 구성하는 부분 단위로 생각함	고객을 집단이 아닌 개인 단위로 생각함

(2) 전자무역 마케팅의 해결 과제

전자무역 마케팅에 의해서 마케팅의 패러다임이 변화되고 있으나 이러한 것들이 제대로 수용되기 위해서는 다음과 같은 장애 요인들이 해결되어야 할 것이다.

첫째, 개인정보에 대한 보안이 보장되어야 한다. 아직까지는 이러한 정보에 대한 보안은 거의 무방비한 상태에 있기 때문에 이에 대한 기술적, 제도적 장치가 마련되어야 한다.

둘째, 소비자의 사생활이 보호되어야 한다. 본인의 의사와 관계없이 마구 밀려들어오는 전자우편은 사생활의 침해로 간주된다. 이것은 분명히 기업의 마케팅 노력을 방해한다.

셋째, 서비스와 정보를 판매하려는 과정에서 법적문제들이 해결되어야 한다. 세계의 모든 문화와 언어의 장벽을 초월하는 거래가 증가함에 국가별로 소비자 보호법 규정이 달라 피해를 입는 경우가 많아지고 있기 때문이다.

2. 전자무역 마케팅 전략

전자무역 마케팅 전략수립을 위해서는 가장 먼저 기업이 왜 인터넷을 도입하고 활용해야 하는가에 대한 목적을 확인하여야 한다. 예를 들면 광고홍보, 비용절감, 신규 사업 진출, 조직 효율화, 고객의 발굴 및 관리, 수익창출 등이 있을 수 있다. 따라서 전자무역 마케팅 전략수립을 위하여 자사의 강점과 약점을 파악하고, 기회와 위협에 대한 환경을 분석한 후 전자무역 마케팅 전략을 수립하여야 한다. 이를 위하여 일반적으로 SWOT분석을 실시하고 있다.

SWOT분석은 기업의 환경을 내적 요인과 외적 요인으로 구분하여, 내적 요인이 강점일 때 S(strength)와 약점일 때 W(weakness)의 두 가지 수준으로 나누고 외적 요인이 기회일 때 O(opportunity)와 위협일 때 T(threat)의 두 가지 수준에 따라 대응되는 SO, WO, ST, WT의 네 가지 전략으로 나눌 수 있다.[2)]

〈표 2-2〉 SWOT 분석

	S(strength)	W(weakness)
O(opportunity)	강점이며 동시에 기회인 것이 무엇인가?	약점이지만 기회가 되는 것이 무엇인가?
T(threat)	강점이지만 위협이 되는 것이 무엇인가?	약점이며 동시에 위협이 되는 것이 무엇인가?

1) 전자무역 마케팅의 포털(portal) 전략

포털(portal)이란 관문 또는 대문이란 의미로 웹 브라우저를 사용해 인터넷에 접속했을 때 가장 먼저 접하게 된다는 뜻에서 붙여진 단어이다. 따라서 오프라인뿐만 아니라 온라인에서도 더 많은 고객을 확보하려는 기업들은 이들이 웹사이트에 머무르는 시간을 늘리고 더 나아가 자사의 웹사이트에 대한 충성도(loyalty)를 고양시키기 위하여 다양한 콘텐츠와 서비스를 제공하여야 한다.

포털 전략은 소위 6C(contents, community, commerce, connection, customizing, communication)라고 불리며 포털이 갖추어야 할 핵심적인 항목에 대해서 정리하고 있다. 또한 6C가 포털의 기본 구성요소인 만큼 기업은 각 요소간 융합(convergence)을 통한 시너지 효과를 창출하기 위한 노력을 기울여야 할 것이며, 이들 요소를 획일적으로 적용하기 보다는 각 기업의 상황에 맞게 각 요소를 적용하는 것이 필요할 것이다.

(1) 콘텐츠(contents) 전략

콘텐츠는 웹사이트를 통해 제공되는 온라인 서비스의 실제 내용이며, 고객에게 전달할 가치의 핵심적인 요소이다. 따라서 세부적인 콘텐츠의 성격과 내용은 실제 웹사이트를 통해 제공하고자 하는 서비스의 통합적인 모습인 비즈니스 모델에 크게 의존하여 결정되어지며, 자사의 비즈니스 효과를 극대화하고 타사의 서비스와 차별화할 수 있는 내용으로 채워질 필요가 있다.

2) 김철호 · 윤광운, 전자상거래, 삼영사, 2011, p.128.

콘텐츠를 좀 더 세분화하자면 디자인 측면, 기술적 측면, 언어적 측면으로 구분할 수 있다. 이들 3가지 측면은 홈페이지, 웹 사이트, 정보 내용과의 적절한 상호작용이 뒷받침되어야 조화를 이룬다. 또한 콘텐츠는 다양한 유형으로 구분할 수 있는 바 가장 대표적인 콘텐츠는 교육(education), 정보(information), 오락(entertainment), 비즈니스(business) 등이다.

(2) 커뮤니티(community) 전략

사용자들은 온라인에서 맞춤형 정보를 원하고, 자신에게 맞지 않은 정보나 광고에는 거부감을 보이지만 한편으로는 관심영역과 동질적 집단에 대한 소속감과 공유의식을 느끼고 싶은 욕구를 가상공간에서 표출하려는 양면성을 가지고 있다. 이에 온라인 사용자들의 개인화 성향은 전자우편을 통해 충족시켜줄 수 있고, 커뮤니티의 기능은 뉴스그룹, 채팅, 사설게시판 등을 통해 해결될 수 있다. 특히 커뮤니티 성향은 다양한 커뮤니티 서비스의 개발을 통하여 충족 가능하다.

최근 포털화의 경향이 대세로 자리 잡아 감에 따라 이러한 기능들이 통합되는 추세이다. 결국 포털화의 출발점은 개별 고객화이지만 지향점은 커뮤니티이다. 따라서 기업은 이러한 커뮤니티를 능동적으로 형성하고 지원함으로써 보다 자연스럽게 저렴한 비용으로 고객의 필요를 파악하여야 한다. 커뮤니티를 활성화시키기 위해서 기업은 여기에 참여하는 구성원들이 원하는 무언가를 제공할 수 있어야 한다. 먼저 고객의 관심을 끌고, 한번 방문한 고객을 유지하기 위해서는 사이트 홍보뿐만 아니라 독특한 콘텐츠를 확보해야 한다. 그리고 이들이 흥미를 잃지 않도록 하기 위해 기업과 회원들간 또는 회원들간에 의견을 교환할 수 있는 참여의 장을 마련해 주어야 한다.

(3) 커머스(commmerce) 전략

기업이 인터넷을 활용하는 궁극적인 목적은 비용의 절감과 더 나아가 새로운 수익의 창출 또는 기회를 모색하기 위해서이다. 인터넷 관련 기업들이 수익을 확보할 수 있는 방법은 다양하다. 가장 일반적인 방법은 직접적 상품판매를 들 수 있다. 그 밖에 많은 기업들이 다수의 회원을 확보하고, 이들에게 다양한 서비스를 무료로 제공하는 대신 광고를 유치하여 수익을 창출하고 있다.

이밖에도 콘텐츠의 유료화, 제휴 프로그램, 데이터베이스 응용, 중개를 통한 수수료 확보 등의 수익모델이 활용되고 있다. 인터넷이 초기에 많은 회원 확보를 목적으로 콘텐츠에 대한 무료전략을 많이 활용했기 때문에 여전히 많은 사용자들은 콘텐츠 유료화에 대한 거부감을 갖고 있다. 외국에서는 많은 기업들이 유료회원을 확보하여 유료화 전략의 성공 가능성을 보여주고 있지만 국내에서는 콘텐츠 유료화 전략을 채택하여 두각을 나타난 기업은 아직 없는 실정이다.

(4) 커넥션(connection) 전략

커넥션은 기업간 또는 웹사이트 간의 상호 연결 및 제휴를 통해 새로운 가치를 창출하는 것을 의미한다. 이러한 기업간의 협력은 과거에도 활발히 추진되었지만 전자무역 마케팅에서는 더욱 중요한 의미를 갖는다. 인터넷 사업 분야에서 이러한 기업간 커넥션을 형성하는 모델은 다양한 형태로 진행되고 있다. 특히 포털 서비스를 제공하는 기업들은 다양한 서비스나 콘텐츠를 고객에게 제공하기 위해 동종 혹은 이종간 협력관계를 구축하는 경우가 많다. 이러한 기업간의 협력이 진행되는 이유는 다음과 같다.

첫째, 인터넷과 관계된 비즈니스가 복잡하고 다양화됨에 따라 기업들은 전문화된 분야에 그 역량을 집중시키고, 특정분야에 전문성을 갖춘 기업들에게 상대적으로 부족한 부분을 보완해 줄 협력업체의 필요성이 증가하고 있다. 둘째, 각 기업이 특정 분야의 전문화를 지향함에 따라 자신들이 열세인 분야는 타 기업과 연계함으로써 적은 노력으로 많은 효과를 누릴 수 있다. 즉, 협력을 통하여 신규사업에 공동 투자함으로써 비용을 절감하고 투자위험을 분산시킬 수 있다. 셋째, 기업이 보유한 회원과 콘텐츠를 다른 기업과 공유함으로써 회원 확대 및 방문자 증대를 꾀할 수 있다. 이러한 경우에 기존 데이터베이스의 통합 시도, 기술적 규격 통일, 공동 마케팅 프로모션, 법규와 규제에 대한 공동 대응 등의 노력이 결집될 필요가 있다.

(5) 커스터마이징(customizig) 전략

커스터마이징은 시장점유율이 아닌 고객점유율에 신경을 기울이고, 충성도(loyalty)가 높은 고객을 발굴, 육성하는 것을 의미한다. 따라서 기업은 고객 개개인의 정보를 활용해 개개인에 적합한 상품정보를 제공함으로써 판매를 높이는 활동을 전개하여야 한다. 전자무역 마케팅의 가장 큰 장점은 1대1 마케팅이 가능하다는 점이다. 고객 특성에 가장 적합한 마케팅 수단을 택하고 이를 적용할 수 있다. 여기엔 고객 데이터베이스 구축이 필수적이다.

고객의 성향이 다양화, 개성화, 차별화 되어감에 따라 기업은 개개인의 욕구에 적합한 제품, 서비스, 아이디어를 제공하는 것에 관심을 가져야 하며, 고객과의 관계를 창출하고 유지·관리하기 위한 새로운 방법론이 모색되어야 할 것이다. 따라서 충성도 높은 고객을 발굴하고 이들 스스로가 구전(word of mouth) 효과나 자발적인 콘텐츠·커뮤니티에 참여할 수 있는 기회를 제공해 주어야 한다.

(6) 커뮤니케이션(communication) 전략

전자무역 마케팅에서 커뮤니케이션 전략은 두 가지 측면에서 진행되어야 한다. 하나는 효과적인 커뮤니케이션 도구(tool)를 제공함으로써 고객의 참여를 용이하게 하는 것이고, 또 하나는 다양한 커뮤니케이션 기술(technology)을 활용하여 상호작용을 하는 것이다.

전자무역 마케팅은 정보통신기술을 기반으로 하기 때문에 고객과의 효율적인 커뮤니케이션을 수행하기 위해서는 이와 같이 도구와 기술을 적절히 활용하는 것이 필요하다. 전자우편, 메신저 서비스, 채팅, 검색엔진, 모바일 기기와의 연동 등이 그 예이다. 특히 이러한 도구들은 다른 전자무역 마케팅 전략요소를 보조하는 역할을 수행한다. 또한 마케팅 커뮤니케이션 방법에는 홍보 활동(public relation: PR), 판촉(promotion) 등이 있다.

2) 전자무역 마케팅의 4P 전략

전통적인 마케팅의 근간이 되는 4P(Product, Price, Place, Promotion)는 인터넷 시대에서 재정립이 필요하다. 결국 기업의 관리적 관점에서 4P는 보다 고객지향적인 입장으로 변환해 갈 것이다. 그러나 4P는 온라인과 오프라인 환경이 적절히 조화되어가는 환경에서 오프라인 환경의 입장을 대변하는 효과적인 방법이다. 전자무역 마케팅은 보다 확장된 개념에서의 오프라인 마케팅과 접목하기 위해서는 효과적인 마케팅 믹스를 창출해내야 한다. 그리고 이들이 제대로 효과를 발휘하려면 서로 모순되거나 상반되지 않고 일관성이 있어서 시너지 효과를 발휘할 수 있어야 바람직한 마케팅 믹스(marketing mix)라 할 수 있다.

(1) 가격전략

소비자가 인터넷에서 물건을 구입하는 가장 근본적인 이유는 기존 상거래보다 저렴한 가격으로 원하는 물품을 편리하게 구입할 수 있기 때문이다. 따라서 경쟁업체보다 저렴한 가격으로 제품을 제공할 수 있는 능력이 중요하다. 또한 인터넷 기술의 발전으로 인해 각사의 제품을 비교하는 에이전트나 검색엔진이 등장함으로써 가격경쟁은 더욱 중요한 변수로 작용하게 되었다. 세부적인 전략을 살펴보면 다음과 같다.[3)]

첫째, 가격할인 전략이다. 이것은 고객을 자사의 웹사이트로 끌어들이는 가장 중요한 전략이다. 동일한 가격에 동일한 제품이나 서비스를 제공하고 있는 사이트가 많다면 고객에게는 모든 사이트에 대하여 차별을 두지 못한다. 따라서 자사 사이트만의 차별화된 가격전략이 요구된다. 예를 들면, 몇 가지 종류의 제품을 패키지로 묶어 일괄 구입하면 할인을 해주는 묶음가격 또는 유인가격을 제공하거나 배달비용을 요구하지 않는 전략을 사용하는 것도 좋을 것이다.

3) 김중식, EC시대의 국제무역과 인터넷마케팅 전략, 한국무역학회지 제26권 2호, 2001.2., pp.19-20.

둘째, 다양한 가격옵션 및 안전한 결제방법 제시전략이다. 인터넷의 편리성, 신속성, 저렴한 가격 등의 장점에도 불구하고 많은 사람들이 인터넷 상거래를 꺼리는 이유는 전자결제의 보안을 문제 삼고 있다. 따라서 가격할인 못지않게 대금결제방법도 소비자들의 편의와 관련하여 중요성을 가진다. 신뢰성, 안정성, 호환성, 익명성, 편의성, 소액지급가능성 등을 고려한 지급수단 확립이 필요하다.

셋째, 가격정보를 적극적으로 제시하는 전략이다. 쇼핑몰의 가격정보만을 전문적으로 수집해서 소비자에게 제공해주는 사이트가 등장했기 때문에 소비자들은 인터넷 쇼핑몰을 일일이 찾아다니지 않아도 손쉽게 가격과 서비스를 비교하여 원하는 제품을 구매할 수 있게 되었다. 인터넷 쇼핑몰의 가격경쟁은 일반 할인점보다 더욱 치열하며, 가격정보 제공에 있어 비교적 비협조적인 일반 할인점들과는 입장이 다르다. 인터넷 쇼핑몰은 인터넷을 통해 가격과 상품 구성이 공개되어 있어서 가격정보 수집을 막을 길도 없다. 따라서 기업은 가격정보를 적극적으로 제공하여 비교구매 사이트를 통해 자사를 홍보할 수 있는 기회로 적극 활용하여야 한다.

넷째, 금융비용절감 전략이다. 마케팅에 금융을 접목하거나 결제일의 능동적인 외환시세관리, 수수료가 적은 은행으로의 거래전환 등으로 원가절감 효과를 얻어야 한다.

(2) 제품전략

먼저 판매할 제품의 유형이 인터넷상에서 유통이 가능한 무형상품인지, 유형상품인지를 파악하는 것이 중요하다. 예를 들어, 디지털화가 용이한 제품인지 그래서 어느 채널을 통해 구입해도 동일한 품질을 보장 받을 수 있는 표준화된 제품인지, 아니면 고객이 제품을 직접보고 구입해야만 하는 제품인지를 결정해야 한다. 이때 인터넷의 장점을 적극 활용할 수 있는 제품을 선정하는 것이 효과적이다. 따라서 전자무역 마케팅 수립시 이와 같은 특성을 고려하는 것은 필수 과제라 할 수 있다.

세부적인 전략을 살펴보면 다음과 같다.

첫째, 브랜드 개발이 중요하다. 기업은 소비자들에게 강하게 호소할 수 있는 브랜드를 개발하기 위하여 많은 비용과 시간을 투자해야만 한다. 인터넷 전자상거래의 브랜드 전략은 전통적 시장의 브랜드를 그대로 인터넷에서 사용할 수도 있고, 별도로 인터넷에서만 통용될 수 있는 인터넷 브랜드를 개발할 수도 있다. 일반적으로 전통적 시장에 기반을 두고 인터넷에서 부수적인 마케팅 활동을 하는 경우에는 이미 구축된 전통적 시장에서의 브랜드를 그대로 이용할 수 있다. 그러나 소규모 인원과 자본으로 인터넷 사업을 하는 벤처기업들의 경우 독특한 인터넷 제품을 개발함으로써 호소력이 강한 새로운 인터넷 브랜드를 창출할 필요성이 점차 증가하고 있다.

둘째, 인터넷을 신제품 소개의 마케팅 장으로 적극 활용하여야 한다. 그리고 인터넷상에서 각종 이벤트를 개최하여 관심있는 방문객들이 남긴 의견들을 데이터베이스로 저장·관리하여 고객분석, 상품분석, 고객반응을 파악한 뒤 자사의 컨셉트와 고객의 요구사항에 적합한 상품구성을 개발해야 한다.

셋째, 고품질의 특화된 제품을 생산해야한다. 평범한 제품은 판매시장의 폭이 좁아져 경쟁이 치열해지지만 특이한 품목은 품질이 우수한 제품일수록 성공 확률이 높다. 현재는 가상공간에서 취급하는 제품들이 저가품이 많지만 앞으로는 고품질의 특화된 상품이 필요하다. 이와 함께 다품종 소량생산체제를 유지해야하고 고객만족에 초점을 둔 애프터 서비스(A/S) 체제를 수립하여야 한다.

넷째, 인터넷 주소(URL)는 기업의 이미지뿐만 아니라 인터넷상에서 기업의 성장에 절대적으로 중요한 역할을 하므로 회사의 이름과 인터넷 주소는 창업할 때 고려해야 할 가장 중요한 사항이다.[4] 따라서 창업할 때 도메인이나 회사의 이름은 누구나 기억하기 쉽고 자사의 제품을 가장 잘 표현할 수 있어야 한다.

4) URL(Uniform Resource Locator)은 인터넷상의 수많은 정보 또는 자료의 위치를 프로토콜과 함께 통일적으로 표현하기 위한 표준 정보위치 표현방법이다. 즉, 인터넷에 있는 모든 자료의 고유한 주소이다.

(3) 유통전략

디지털 제품(digital product)을 판매하는 경우에는 재고관리 및 유통 문제를 고려할 필요가 없지만, 유형 제품(physical product)을 판매하는 경우에는 재고관리 및 유통문제가 여전히 매우 중요한 문제이다. 실제로 인터넷 쇼핑몰에서 물건을 구입한 많은 고객들은 구입한 제품이 원하는 장소와 시간에 배달이 되지 않아 불만을 토로하고 있는 상황이다. 주문을 신속하고 정확하게 처리할 수 있는 재고 시스템과 물류 및 배송 시스템을 구축하기 위해서는 많은 초기 투자비용이 들기 때문에 기업특성과 경영전략을 고려하여 물류 전문업체에게 아웃소싱(oursoucing)하는 방안 등을 고려하는 것이 효과적이다.

세부적인 전략을 살펴보면 다음과 같다.

첫째, 국제거래에서 유통상의 문제점을 해결하는 전략이다. 관세 및 조세 등 각종 세금제도의 한계가 규정되어야하며 국가간 법적 · 제도적 협의가 이루어져야 한다.

둘째, 물류 전산화 및 자동화를 통한 물류 및 배송업무의 대중성과 개방화가 이루어져야 한다.

셋째, 세계적인 유통채널확보전략이다. 전자상거래 환경에서는 전통 상거래 환경의 해외시장 개척기업이나 다국적기업 등과 같이 국제 유통효율을 위한 거래적 편의성에 역점을 두기보다는 주로 기업과 기업 또는 기업과 소비자간에 직접 전달되는 경우가 많아지기 때문에 세계적으로 보다 많은 유통망과 저렴한 비용을 앞세우는 채널을 확보해야 한다.

넷째, 복합물류시스템의 연계, 전자선하증권의 법적 효력, 항공 물류의 증가에 따른 창고, 보관, 하역 등의 편의성, 연계성, 신속성 국제성 등을 고려하여 여타의 마케팅 믹스 전략 요소에 부합해야한다.

(4) 촉진전략

촉진전략은 거래 상대방의 관계 형성을 의미한다. 인터넷 판매촉진의 가장 큰 장점은 기업과 고객간의 상호작용으로서 고객들이 홈페이지를 방문할 수 있도록 유인해야 하고, 인터넷과 같은 쌍방향 커뮤니케이션을 통하여 잠재고객에게 쉽게 접근하고 특정시장을 개척할 수 있다는 것이다. 현재 전자무역 마케팅에서 널리 활용되고 있는 촉진전략은 인터넷을 이용한 광고를 비롯하여 기업 홍보, 소비자 보호, 제품 설명, 제품 정보 등 다양한 판매촉진 전략이 존재한다. 세부적인 전략을 살펴보면 다음과 같다.

첫째, 쌍방향적 촉진전략이다. 전자무역 마케팅에 있어서 구매자들은 비교적 목적의식을 가지고 능동적으로 웹사이트를 방문하기 때문에 촉진전략의 기본은 소비자가 방문할 수 있는 동기를 강하게 부여하여야 한다. 그리고 방문한 구매자는 되도록 웹 사이트에 오랫동안 머물면서 충분한 정보를 습득하도록 하여 구매를 유도하거나, 나중에 다시 웹 사이트를 방문할 수 있도록 해야 한다.

둘째, 부가정보 서비스 전략이다. 구매자들이 자주 자사의 웹 사이트를 방문하게 하는 방법 중 중요한 것이 부가정보나 서비스를 제공하는 것이다. 웹 사이트는 저렴하게 무한한 정보공간을 확보할 수 있기 때문에 들어가는 비용에 비하여 아이디어만 창의적이면 매우 강한 동기를 구매자들에게 부여할 수 있다.

셋째, 인센티브 제공전략이다. 웹사이트를 방문하는 구매자들에게 다양한 인센티브를 제공함으로써 구매자들이 자주 방문하게 하여 제품이나 서비스의 판매기회를 확보하기 위한 전략이다.

넷째, 구매자 만족전략이다. 웹사이트에서 구매자의 불만이나 의견을 24시간 접수하여 구매자 만족을 통한 촉진전략도 함께 하는데 이때 FAQ(frequently asked question) 리스트를 작성하여 전형적인 문제점은 이 리스트를 통하여 구매자가 해결하도록 해 준다.

제2절 전자무역 계약의 개관

1. 전자무역 계약의 개요

1) 전자무역 계약의 의의

(1) 전자무역 계약의 개념

무역계약은 국제간의 물품 매매, 즉 수출입거래를 수행하기 위한 모든 계약을 의미하며 무역계약의 기본은 수출지에 있는 매도인과 수입지에 있는 매수인 사이에 체결되는 물품매매계약이다.[5] 계약은 의사표시의 합치만으로 성립되기 위해서는 청약(offer)과 승낙(acceptance)이 있어야 한다.[6] 또한 계약이 유효하기 위해서는 합의, 날인증서 또는 대가(consideration) 및 법률적 효과 발생의 의사 등을 구비해야 한다.

한편 전자무역계약은 컴퓨터 네트워크와 같은 가상의 공간에서 성립되는 무역계약으로 보고 있으며 무역계약의 전부 또는 그 일부가 컴퓨터 네트워크를 이용한 전자적 의사표시를 통해 성립되는 계약이라고 정의한다. 전자무역계약이 계약법의 일반성립 요건이나 계약 성립상의 일반 원리를 따르고 있다는 점에서 전혀 새로운 유형은 아니라고 할 수 있다. 즉 계약의 성립을 위한 방법이 전자화 되었다 하더라도 기존의 법적 성질의 근본적인 변화를 야기시키지 않는다는 점이다.

컴퓨터를 통하여 이루어지는 계약체결 방식은 기존의 전통적인 계약체결 방식과는 다른 문제가 발생한다. 첫째, 소프트웨어 및 하드웨어의 작동상

5) 무역계약은 물품매매계약을 주계약으로 하고 해상운송계약, 해상보험계약, 환계약의 세가지 종속계약을 수반하게 된다.

6) 청약(offer)이란 상대방의 승낙을 기다려 일정한 계약을 성립시키기 위한 일방적 의사표시 또는 계약을 체결하려는 의사를 언어나 행동으로 알리는 것이다. 승낙(acceptance)이란 청약에서 요구하는 방법에 따라 상대방의 청약조건에 따르겠다는 동의의 표시이기 때문에 결국 승낙이란 청약에 따라 계약을 성립시키는 의사표시라 할 수 있다.

오류, 둘째, 전자적 의사표시와 자연적 의사표시와의 해석상 차이, 셋째, 상대방에 대한 동의표시가 효력을 발생시는 시점을 어떻게 정할 것인가에 관한 문제, 넷째, 계약이 성립되기 위해서는 청약과 승낙의 절차가 발생하는데 이 시점을 발신시점 또는 도착시점으로 볼 것인가에 관한 문제, 다섯째, 청약이나 승낙의 철회가 가능한지의 여부이다.

아울러 전자무역계약에서 유의해야 할 점은 이러한 모든 행위들이 전자적 방법에 의하여 이루어지기 때문에 이것을 어떻게 실무에 적용할 것인가 하는 것이다. 전자무역계약은 전자서명과 전자인증에 의하여 계약이 성립되며 많은 국가들이 전자서명법을 시행 중이다. 지금까지는 전자서명 자체를 인정하느냐의 여부에 초점이 맞춰졌는데, 이러한 법률적 뒷받침이 이루어지면 당연히 전자서명도 육필서명과 마찬가지로 법적 효력을 가지게 될 것이다.[7)]

(2) 전자무역 계약의 특징

전자무역계약의 특징을 몇 가지로 요약하면 첫째, 전자무역계약에 있어서 청약(offer)과 승낙(acceptance)의 의사표시가 전통적 계약의 체결과는 달리 컴퓨터와 같은 정보처리장치와 네트워크를 통하여 전자적 방식으로 이루어진다. 따라서 전자계약에 있어서 청약과 승낙의 효력발생시기 및 계약의 성립시기가 문제될 수 있다.

둘째, 전자무역계약에서는 여러 개의 부분계약관계가 중첩적으로 존재하는 결과 어느 부분계약에 하자나 장애가 발생하는 경우 주된 계약자체가 체결되지 않거나 그 이행이 곤란하게 될 수 있다. 예를 들어 매매계약의 체결에 있어서 승낙의 의사표시가 정보통신망의 장애로 전송되지 않은 때에는 매매계약 자체가 체결되지 않게 된다.

셋째, 전자무역계약은 네트워크에 연결된 정보시스템을 통하여 성립되기 때문에 전통적인 계약과는 달리 의사표시 또는 정보의 전자화 과정을 수반하게 된다. 따라서 전자서류의 생성, 수정, 송부 및 추적이 가능하다.

넷째, 전자무역계약은 의사표시의 행위지와 명의인의 동일성, 의사표시

7) 김학민, 전자무역의 이론과 실무, 경문사, 2007, pp.117-125.

내용의 확정성, 분쟁해결을 위한 보존의 필요성이 전통적 무역계약에 비하여 더욱 필요한 사항이다.

(3) 전자무역 계약의 주요 내용

전자무역계약의 주요 내용으로는 크게 의사표시에 관한 약정, 주요 거래조건에 관한 약정, 분쟁해결 및 법적 구제사항에 관한 약정의 세 가지로 살펴볼 수 있다.[8)]

첫째, 의사표시에 관한 약정으로 당사자간에 온라인계약 체결과 관련한 전자문서 및 전자서명의 진정성(authentication) 문제는 국가에 따라 그 법적 효력을 달리하고 있기 때문에 사전 합의하는 것이 필요하다.

둘째, 주요 거래조건에 관한 약정으로 매매물품에 관한 기본적인 조건으로 품질, 수량, 가격, 선적, 대금결제, 보험, 포장 등에 대한 약정과 소유권, 위험의 이전, 권리 등 전자무역거래의 형태에 따라 수행되는 조건에 관한 규정이 필요하다. 그러나 전자무역거래의 대상이 순수하게 온라인상에서 거래되는 경우에는 이러한 주요 거래조건이 필요하지 아니한 경우도 있으나 오프라인 절차를 필요로 하는 거래대상인 경우에는 이에 대한 명시적인 약정이 필요하다.

셋째, 분쟁해결 및 법적 구제사항에 관한 약정으로 기존의 무역계약에서와 마찬가지로 전자무역계약시 발생할 수 있는 분쟁에 대비하여 불가항력조항, 클레임, 중재조항, 준거법조항, 준거규정 등을 설정해 두도록 한다.

2) 전자적 의사표시

(1) 전자적 의사표시의 개념

전자적 의사표시란 의사표현의 수단이 컴퓨터와 같은 정보처리장치를 통하여 전자적인 방식으로 직접 표시되거나 네트워크를 통하여 상대방에게

---

8) 임천혁 · 박남규, 전자무역계약의 성립에 따른 법적 문제점에 관한 연구, 관세학회지 제7권 제2호, p.300.

전달 · 표시되는 것을 말한다. 전자적 의사표시의 경우에는 개별적인 의사표시의 성립에 관한 인식이 없어도 컴퓨터가 스스로 이미 입력된 결정기준에 따라서 의사를 표시한다.

현재 정보처리장치나 네트워크를 통해서 이루어지는 의사표시는 사람의 의사를 그대로 전달하는 경우나 입력된 프로그램에 따라 단순히 반응하는 의사표시의 경우가 대부분이다. 그러나 정보통신기술의 발전에 따른 인공지능(artificial intelligence)의 응용으로 컴퓨터가 일정한 판단기준과 경험에 의한 학습에 의해 입력된 데이터를 검토한 후 스스로 반응하여 의사표시를 하는 경우가 예상되고 있다. 현재에도 일부 발전된 형태의 소프트웨어에 의해 스스로 일정 조건에 따라 판단하여 의사표시에 반응하거나 직접 의사표시를 하는 경우가 있다. 따라서 전자적 의사표시는 사람의 구체적인 의사를 단순히 전달하는 역할에서 점차 독립적으로 의사표시를 행하는 역할로 그 영역이 확대되고 있다.

(2) 전자적 의사표시의 법적 효력

정보시스템이 단순한 의사교환과 도구로서만 이용된다면 종전의 일반적인 의사표시와는 크게 다를 바가 없지만 데이터(data)의 입력에 따라 정보시스템이 스스로 의사표시를 하거나 의사를 결정하는 전자적 의사표시를 하는 경우에는 종전과 다를 수 있다. 이러한 경우 정보시스템을 통한 의사표시를 청약자의 의사표시로 볼 것인지 아니면 의사표시의 성립과 내용을 결정하는 것은 사람이 아니고 데이터가 입력된 전자대행 수단으로 이런 행위를 대리인의 행위로 볼 것인지가 쟁점이 될 수 있다.

현재는 정보처리장치나 네트워크를 통해서 이루어지는 의사표시는 사람의 의사를 그대로 전달하는 경우나 입력된 프로그램에 따라 단순히 반응하는 의사표시의 경우가 대부분이다. 그러나 향후 정보통신기술의 발전에 따른 정교한 형태의 인공지능들을 응용하는 의사표시의 출현은 여러 법적 쟁점을 야기할 소지가 크다고 하겠다.

2. 전자무역 계약의 성립

1) 전자무역 계약의 성립시기

우리나라 민법에서는 계약 성립의 시기로서 도달주의를 원칙으로 하고, 원격지의 경우 발신주의를 예외적으로 채택하고 있다. 전자상거래의 경우에는 승낙의 의사표시를 발생한 때, 상대방 컴퓨터 파일에 도달하여 기록된 때, 기록된 의사표시 내용을 수신자가 확인한 때 중에서 어느 것으로 하는가가 문제된다. 즉, 인터넷과 같은 통신망을 이용한 거래계약은 원격지 계약으로 보아 발신주의를 취하여야 하는가, 아니면 실시간 처리가 가능하기 때문에 도달주의를 취할 것인가에 관한 문제이다.

계약 성립을 위한 승낙의 효력발생시점과 관련하여 원격지간의 거래인 경우에는 영·미법과 우리나라의 민법에서는 국제물품매매협약(CISG)과는 다르게 발신주의를 채택하고 있기 때문에 전자적 의사표시의 발신시점에 대한 결정이 매우 중요하다.

이때 당사자간의 컴퓨터가 온라인을 통해 직접 연결되어 전자적 의사표시를 하는 경우에는 송신자의 컴퓨터가 구체화된 의사를 상대방에게 전송할 수 있게 만들어 상대방의 컴퓨터를 향하여 보내지는 순간 전자적 의사표시의 발신이 이루어진 것으로 간주한다. 따라서 이 시점 이후에는 발생하는 하자 등의 위험은 수신자가 부담해야 하는 위험이 존재한다. 한편 당사자들의 컴퓨터가 일정한 전자사서함에 지정되어 그 곳을 통해 연결되어 있는 경우에는 수신자의 요구가 있을 때까지 보관되기 때문에 전자사서함을 이용하는 전자적 의사표시의 발신시점은 해당 정보가 전자사서함에 입력되는 순간 발신이 이루어지는 것으로 간주한다. 또한 당사자간에 전자사서함이 지정되지 않았을 경우에는 수신자가 입력된 정보를 보기위하여 전자사서함을 검색하는 순간 발신이 이루어진 것으로 간주한다.

〈표 2-3〉 전자무역계약과 관련된 법규

구 분	내 용
국제법규	• 유엔국제무역위원회 전자상거래모델법 • 운송에 의한 무역자료교환에 관한 통일규칙 • 정형거래조건의 해석에 관한 국제규칙(Incoterms) • 전자적 제시를 위한 신용장통일규칙(eUCP) • ICC의 디지털로 보상되는 국제상거래의 일반관례(GUIDEC) • 전자식 선하증권에 관한 CMI 통일규칙
국내법규	• 전자무역 촉진에 관한 법률 • 전산망 보급확장과 이용촉진에 관한 법률 • 전자거래기본법 • 전자서명법

우리나라의 전자무역촉진법에서 전자문서의 도달시기는 그 발송자가 보낸 메시지가 수신자의 컴퓨터 파일에 기록된 때에 상대방에게 도달한 것으로 본다. 그리고 발신자의 메시지가 사업자 또는 지정사업자의 컴퓨터 파일에 기록된 후 통상 전송에 소요되는 시간이 경과한 때에 수신자의 컴퓨터 파일에 기록한 것으로 추정한다고 규정하고 있다.

2) 전자무역 계약의 성립장소

전자무역계약의 성립장소는 전자무역의 거래당사자 약정에서 계약의 준거법 및 재판관할에 관하여 달리 정한 바가 없는 경우에 이를 정하기 위하여 필요하다. 통상적으로 계약은 승낙에 의하여 성립되므로 승낙의 효력발생지가 계약의 성립장소가 된다. 따라서 계약이 승낙의 송신(발신)에 의하여 성립되는 때에는 계약의 성립장소가 그 승낙자의 영업소 소재지이며, 계약이 승낙의 수신(도달)에 의하여 성립되는 때에는 승낙을 수신한 청약자의 영업소 소재지이다. 이 경우 영업소가 2개 이상인 경우에는 해당 전자문서의 주된 관리가 이루어지는 영업소 소재지에서 송신·수신된 것으로 본다. 다만 작성자 또는 수신자가 영업소를 가지고 있지 아니한 경우에는 그의 상거소(常居所)에서 송신·수신된 것으로 본다.

3) 전자무역 계약의 청약과 승낙

전자적으로 전달된 청약에 대하여 구두 또는 서면에 의한 청약과 다른 법적 효과를 부여할 이유는 없다고 본다. 기존의 종이기반 무역거래에서 승낙은 전화, 텔렉스, 우편, 전보 등에 의하는 반면 전자무역거래에 있어 승낙은 전자메일, 전자시스템과 같은 전자적 매개체에 의해 이루어지는 것이 다를 뿐이다.

(1) 전자청약

전자적 방법으로 무역계약을 체결하기 위해서는 전통적인 방법과 마찬가지로 일방의 당사자가 제시한 청약의 의사표시에 그 상대방이 계약을 체결할 의도로 무조건적(unconditional)이고 절대적(absolute)으로 동의하겠다는 승낙의 의사표시가 필요하다. 청약자의 청약서에 명시된 매매조건에 그 상대방인 피청약자의 전적인 승낙이 있는 경우에 계약을 성립시키겠다는 확정적 의사표시로 법적 구속력을 가진다.

(2) 전자승낙

전자청약에 명시된 내용과 방식에 따라 계약을 성립시킨다는 취지로 청약자의 청약에 대하여 피청약자가 전적으로 동의한다는 의사표시이다. 당연히 피청약자의 침묵 또는 무작위(無作爲) 자체로는 승낙으로 인정되지 않는다. 또한 전자청약에 대한 승낙의 효력은 청약의 효력과 마찬가지로 승낙자의 의사표시가 청약자에게 발신·도달되는 순간에 발생한다.

〈표 2-4〉 청약과 승낙의 효력발생시기에 관한 규정

구 분			영국법	미국법	독일법	일본법	한국법	UN통일 매매법
청약의 의사표시			도달주의					
승낙의 의사 표시	대화 자간	대화	도달주의	도달주의	도달주의	도달주의	도달주의	도달주의
		전화	도달주의	발신주의	도달주의	도달주의	도달주의	도달주의
		텔렉스	도달주의	발신주의	도달주의	도달주의	도달주의	도달주의
	격지간	우편	발신주의	발신주의	도달주의	발신주의	발신주의	도달주의
		전보	발신주의	발신주의	도달주의	발신주의	발신주의	도달주의

연습 문제

1. 전자무역 마케팅의 의의와 장애요인을 간략히 서술하시오.

2. 전자무역 마케팅의 Portal 전략에 관하여 설명하시오.

3. 전자무역 마케팅의 4P 전략에 관하여 설명하시오.

4. 전자무역 계약의 의의, 주요 내용, 성립을 간략히 서술하시오.

제2부

전자무역 기초

▶ 제3장 정보기술의 변화
▶ 제4장 전자상거래의 개관
▶ 제5장 무역자동화와 전자통관 · 물류시스템
▶ 제6장 국제무역의 대금결제와
무역서류의 전자화

3 정보기술의 변화

제1절 인터넷의 예비지식

1. 인터넷의 개요

1) 인터넷의 의의

인터넷(Internet)이란 전세계에 흩어져 있는 컴퓨터와 그 네트워크를 공통의 약속에 따라 연결시킨 네트워크의 집합체이다. 흔히 정보의 바다로 표현되는 인터넷은 수많은 정보가 저장되어 있고, 대부분 무료로 제공된다. 인터넷을 이용하면 시간이나 공간의 제약없이 원하는 정보를 거의 실시간으로 제공받을 수 있을 뿐만 아니라 전 세계 사람들과 만날 수 있는 기회를 가질 수 있다.

인터넷은 이를 총괄적으로 관리하는 조직이나 시스템은 존재하지 않고, TCP/IP(Transmission Control Protocol/Internet Protocol)라는 '통신규약'에 의해 연결되며 각자 독립된 네트워크들과 퍼스널 컴퓨터들이 모인 '개방분산형 네트워크'로 구성된다.

2) 인터넷의 주소

(1) IP Address

IP Address는 인터넷에 연결된 모든 통신망과 그 통신망에 연결된 컴퓨터에 부여되는 고유의 식별 주소를 의미하며 통신망의 크기 즉, 통신망에 연결되는 컴퓨터의 수에 따라 A, B, C 3등급으로 구분하고 있다. 이는 통신망 주소를 나타내는 부분과 그 통신망에 연결되는 컴퓨터의 주소를 나타내는 부분의 비트 수에 따라 구분한다. TCP/IP 프로토콜을 기반으로 하는 IP 주소 체계는 32비트 체계이며 4 octet로 구성되며 각 숫자는 0에서 255까지 값을 가질 수 있다.

(2) DNS

DNS(Domain Name Server)는 이름과 IP주소를 매핑(mapping)하여 주는 분산 데이터 시스템을 말한다. 인터넷에서 사용되는 IP(Internet Protocol), 그리고 IP의 상위에서 동작하는 익스플로러(explorer) 같은 응용프로그램들은 예를 들어 88.4.1.70과 같이 숫자로 표현되는 IP주소만을 인식하게 한다. 이러한 주소는 기계입장에서는 해석하기 수월하지만 사람입장에서는 기억하기가 어렵고, IP주소만으로는 서비스 유형을 예측하기 힘들다는 단점이 있다. 이러한 단점을 해결하기 위해 중간에서 숫자로 표현된 IP주소를 사람이 해석하기 쉬운 문자 IP주소로 바꾸어 주는 역할을 한다.

(3) Domain Name

도메인은 인터넷에서 같은 부류의 호스트(host) 이름을 구분하기 위해서 사용하는 이름을 말한다. IP 주소는 숫자로 구성되어 있어 사용하기 어렵다는 단점이 있기 때문에 네트워크에 문자로 일종의 별명을 붙여서 사용하는데, 이것을 도메인 네임이라고 한다. 인터넷상에서 도메인 네임만으로도 호스트의 성격을 어느 정도 파악할 수 있다.

〈표 3-1〉 Domain Name의 형식

미국내 지역			미국외 지역		
최상위 도메인	구분	내용	최상위 도메인	구분	내용
gov	government	정부기관	go	government	정부기관
edu	education	교육기관	ac	academy	교육기관
com	company	일반회사	co	company	일반회사
org	organization	기타 단체	or	organization	기타 단체
net	network	네트워크 관련회사	nm	network	네트워크 관련회사
info	information	정보제공회사	re	research	연구기관
biz	business	일반회사	mil	military	국방기관

(4) URL

URL(Uniform Resource Locator)은 인터넷에서 파일, 뉴스그룹과 같은 각종 자원을 표시하기 위한 표준화된 논리주소로서, 인터넷에 존재하는 수많은 정보자원의 위치를 정확하고 편리하게 표현하기 위한 방법이다. 점차 인터넷에 연결되는 네트워크가 많아지면서 특정 정보가 인터넷상의 어디에 있는지를 나타내는 효율적인 방법이 필요하게 되었는데, 그 중에서 URL이 가장 널리 사용되고 있다. 이러한 URL은 사용할 프로토콜, 주 컴퓨터의 이름과 주소, 파일이 있는 디렉토리 위치, 파일 이름으로 구성된다. 예를 들어 http://www.dankook.ac.kr/index.html 또는 http://css.dankook.ac.kr/pub/courses 과 같이 표시한다.

3) 인터넷의 기능

(1) WWW(월드 와이드 웹)

월드 와이드 웹(World Wide Web: WWW)은 인터넷의 사용을 증대시키는 결정적인 역할을 수행한 웹으로 기존의 단순한 텍스트를 제공하던 서비스를 정보제공자가 원하는 형태로 입력할 수 있는 환경을 제공하고 있다. 즉 문자, 그림, 동영상, 사운드 등 멀티미디어 환경의 자료를 보고 읽고 들을 수 있게 해주는 인터넷 정보검색용 인터페이스(interface)이다.

(2) E-mail(전자우편)

전자우편은 인터넷 이용자들이 가장 빈번하게 사용하는 기능 중의 하나로 인터넷상의 주소를 갖는 사람들이 서로 편지를 주고받을 수 있다.

(3) Telnet(원격전송)

Telnet은 특정 지역의 컴퓨터 사용자가 다른 곳에 위치한 컴퓨터를 온라인으로 연결하여 사용할 수 있도록 인터넷이 제공하는 인터넷 표준 프로토콜이다. 즉 원거리에 있는 컴퓨터와 연결해서 원격조정으로 온라인상의 정보를 찾게 해준다. 원격조정을 위해서는 인터넷 주소를 가지고 있어야 하며 이용자는 해당시스템에 접근할 권한이 있어야 한다.

(4) FTP(파일전송)

파일전송(File Transfer Protocol: FTP)는 TCP/IP 네트워크와 인터넷에서 가장 먼저 사용된 프로토콜로 인터넷에 연결된 다른 컴퓨터로부터 파일을 복사해 오거나 보내는 기능을 한다. 따라서 원격지에서 있는 서버에 자신의 웹페이지를 전송하기 위한 수단으로 사용된다.

(5) Usenet(유즈넷)

Usenet은 인터넷상의 전자게시판으로 각종 정보의 게재와 열람이 가능하며 여러 지역에서 보내오는 뉴스를 받아 다른 지역으로 배포하는 기능도 한다.

(6) Gopher(고퍼)

월드 와이드 웹이 개발되기 이전까지는 인터넷의 가장 쉬운 인터페이스로 사용되었으며 인터넷에 분산된 각종 자료를 찾아 전송하는 것을 도와주는 기능을 한다. 정보의 내용을 주제별 또는 종류별로 구분하여 메뉴로 구성함으로써, 인터넷에 익숙하지 않은 사람도 쉽게 정보를 찾아볼 수 있게 만들었다. Telnet, FTP는 명령어를 일일이 입력하지만 Gopher는 화면에 나타난 번호를 누르면 된다.

(7) IRC(실시간 대화)

IRC(Internet Relay Chatting)는 인터넷을 통한 채팅으로 일반 통신 서비스에서 제공하는 대화방과 같으며, 외국에 있는 사람들과 대화를 나눌 수 있다는 것이 차이점이라고 할 수 있다. IRC에 접속하려면 IRC 전용프로그램을 이용하거나 일반 원격 접속프로그램인 Telnet을 이용할 수 있다.

(8) WAIS(웨이즈)

WAIS(Wide Area Information Service)는 인터넷에서 색인화된 데이터 베이스를 검색하여 주는 기능을 하며 이를 이용하면 특정 단어로 인터넷상의 문서 정보를 검색할 수 있다. 월드 와이드 웹처럼 광범위하지 않지만 컴퓨터 공학과 같은 전문분야의 정보를 다수 확보하고 있어 공학 전공자들에게 아직도 인기가 있다. 대표적인 웨이즈서비스는 다우존스 정보서비스이다.

(9) Archie(아키)

Archie는 인터넷상의 Anonymous FTP사이트의 파일들을 검색하는 기능으로 파일을 전송받기 전에 컴퓨터에 자신이 찾고자 하는 주제어에 해당하는 검색어를 입력하면 그 주제에 관련된 정보들이 어느 컴퓨터에 있는지를 찾아 준다. 월드 와이드 웹의 등장으로 그 인기가 많이 시들해 졌지만, 기존에는 Archie로 검색하고 FTP로 전송받았다.

(10) Internet Phone(인터넷 폰)

인터넷 폰은 기존의 전화라인을 이용하지 않고 인터넷망을 통해 음성신호를 데이터 패킷으로 변화하여 전송한다. 접속 요금과 인터넷 접속점까지의 전화요금은 일반 전화요금과 동일하나 접속 후에는 인터넷 이용요금만 지불하면 되므로 기존 전화요금의 10분의 1수준이다. 전자무역에서 인터넷폰을 활용하면 수출입마케팅 비용의 상당부분을 절약할 수 있다.

(11) MUD(머드)

MUD(Multi User Dungeon)는 여러 명의 사용자가 같은 데이터베이스 시스템에서 동시에 즐길 수 있는 게임으로 각 사용자가 Telnet 프로토콜을 통해 서버 컴퓨터에 접속한 뒤, 각각 하나의 역할을 받아 자신의 역할을 수행한다. 머드 게임은 인터넷이나 통신 등에서 여러 명의 사용자가 같이 접속해서 서로 정보를 교환하며 게임을 진행한다.

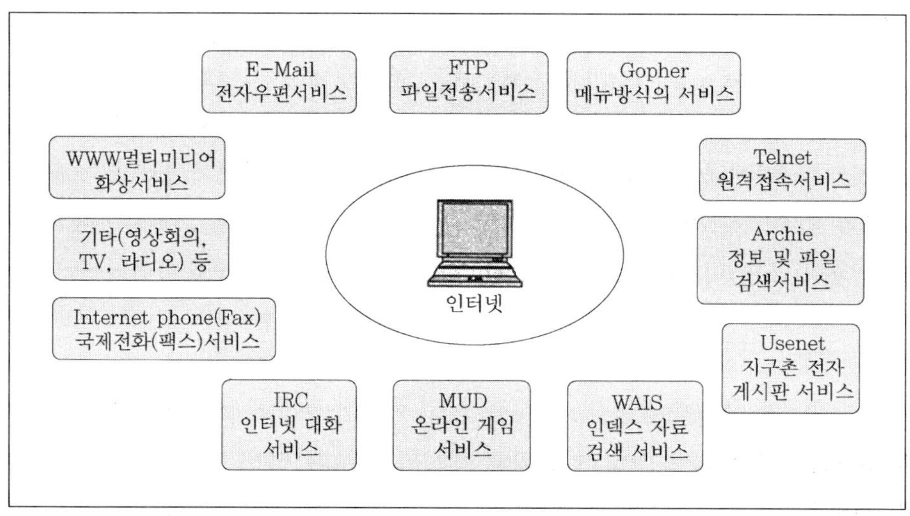

[그림 3 -1] 인터넷서비스 세계

2. 인터넷의 생성

인터넷은 1969년 미국방부 산하 첨단 연구소인 ARPA(Advanced Research Projects Agency)와 Stanford, UCLA 등 4개 대학이 ARPANET를 개발할 것이 시초이다. 애초 ARPANET은 적대 국가의 공격에 대비하여 방위시스템을 보호하기 위해서 만들어졌으며 주된 기능은 4개 대학에서 전문적인 정부 프로젝트를 담당하던 군사과학자들을 연결하는 것이었다. ARPANET을 통해서 과학자들은 서로 통신하고, 컴퓨터를 통해서 데이터 파일과 연구 결과를 공유하였으며, 전시나 재해 발생시에 사용할 수 있는 보조적인 전국적 통신 시스템을 만들었다. ARPANET에서 사용된 최초의 호스트 컴퓨터는 UCLA에 있었는데 곧이어 스탠포드연구소(Stanford Research Institute: SRI), 캘리포니아 대학 산타바바라 캠퍼스, 유타 대학에 다른 호스트 컴퓨터들을 추가로 설치했다.

1971년 ARPANET은 전국의 대학과 정부 산하 연구소를 연결하는 23대의 호스트 컴퓨터를 갖추고 1972년에 성공적으로 일반에 공개되었다. 1973년 영국과 노르웨이가 추가됨으로써 ARPANET은 최초의 국제적 네트워크가 되었다. 1981년에는 전자우편 기능이 추가되어 사용자들은 개인적인 전자 메시지를 네트워크에 연결된 다른 사용자에게 전송할 수 있게 되었다. 1984년과 1989년 사이에 ARPANET에서 연결된 호스트 컴퓨터의 숫자는 1,000대에서 100,000대로 늘어났다.

이후 1989년에 미국 국립과학재단(National Science Foundation)은 NSFNET을 개발하여 운영하기 시작했다. NSFNET는 미국 전역에 있는 슈퍼 컴퓨터들을 연결하여 사용자에게 엄청난 전산 능력을 제공했고 이것은 곧 오늘날 네트워크의 기간망인 인터넷으로 자리잡았다. 처음 몇 년 동안은 민간 기업이 NSFNET을 사용하는 것이 금지되었으나 1991년에 상업적 사용에 대한 규제가 철폐되어 인터넷 비즈니스의 시대를 열어놓게 되었다.

결국 연결되는 네트워크가 늘어남에 따라 전세계 컴퓨터 네트워크의 상호연결을 나타내기 위해서 인터넷이라는 용어가 만들어졌다. 곧이어 ARPANET과 NSFNET도 인터넷의 일부가 되었다.

3. 인터넷의 구성

1) 클라이언트와 서버

컴퓨터통신망 사용의 초기 형태는 호스트컴퓨터에 여러 단말기를 접속시켜 여러 사람이 호스트컴퓨터의 중앙처리장치(CPU)를 사용하는 형태였으나 이러한 단말기의 발달로 클라이언트와 서버환경으로 바뀌게 되었다. 클라이언트(client) 컴퓨터는 보통 퍼스널 컴퓨터 또는 워크스테이션이며, 서버(server)는 중대형 컴퓨터가 되지만 반드시 서버가 중대형 컴퓨터일 필요는 없다. 개념적으로 필요한 자원을 제공하는 쪽이 서버가 되는 것이다.

자원을 공유하는 방법은 클라이언트와 서버 프로그램이 서로 협력하여 독립적으로 실행되는 방법으로 구현되는데, 특정 자원을 제공하는 것이 서버이고 제공되는 자원을 사용하는 것이 클라이언트이다.

현대 컴퓨팅의 기초는 모든 처리 능력을 하나의 서버 컴퓨터에 집중한 네트워크 구조, 다시 말해 메인프레임 터미널(mainframe terminal) 구조라 할 수 있다. 사용자는 서버에 연결한 더미 터미널(dummy terminal)[1]을 이용해 간단한 명령을 내리고 결과를 얻었다. 시간이 흘러 컴퓨터의 가격이 내려가자 서버에 필적하는 처리 능력을 가진 데스크톱(desk top) 컴퓨터가 대중화됐다. 이러한 강력한 클라이언트 컴퓨터의 파워를 활용하기 위해 클라이언트에서 상당 부분의 기능을 처리하게 하고 서버에서는 데이터를 다루는 형태의 컴퓨팅 환경이 제시되었는데 이것이 바로 클라이언트·서버 컴퓨팅이다.

이러한 구조는 현재 많은 기업들이 사용하고 있으며 처리 응답 속도가 빠르고 컴퓨터의 많은 부분을 직접 제어할 수 있으므로 사용자들의 호응이 높다. 그러나 정보기술(information technology: IT) 관리자의 입장에서는 유지보수가 힘들고 애플리케이션(application)과 데이터 형식에 대한 중앙 집중적 관리가 어려워 관리자의 영향력도 떨어지기 때문에 그렇게 매력적이라고 할 수 없다. 일반적으로 클라이언트는 퍼스널 컴퓨터, 서버는 대형 컴퓨터를 연상하기 쉬운데 그 시스템이 수행하는 기능에 따라 이루어지는 것이지

1) 터미널(terminal: 단말기)은 자체적으로 처리능력이나 저장능력을 갖춘 것과 단순히 입출력만 담당하는 것으로 구분되는데 후자를 더미 터미널이라고 한다. 현재와 같이 기술이 발전하지 못했던 과거에는 처리장치의 가격도 문제였지만, 터미널에 데이터 처리능력을 부여할 경우 통신에도 문제가 있었다. 그러므로 단순한 입출력 기능만 가지고 터미널에서 입력한 모든 자료를 중앙의 대형컴퓨터에서 처리하여 저장하는 방법을 사용하는 것이 효율적이었다. 그러나 통신 및 처리기술의 발전으로 이제는 이와 같은 처리방식은 경제성이 없을 뿐 아니라 효율적이지도 못하여 특별한 경우나 과거의 방식에서 전환하지 못한 경우를 제외하고는 사용하지 않는다.

결코 컴퓨터의 크기에 따라 이루어지지는 않는다.

클라이언트와 서버 개념을 조금 더 명확하게 이야기하면 이들 사이의 처리 능력을 분담해 효율성을 극대화하자는 것이다. 만약 클라이언트 컴퓨터 쪽이 시간이 남는다면 좀 더 많은 처리를 클라이언트에서 담당하면 되는 것이다.

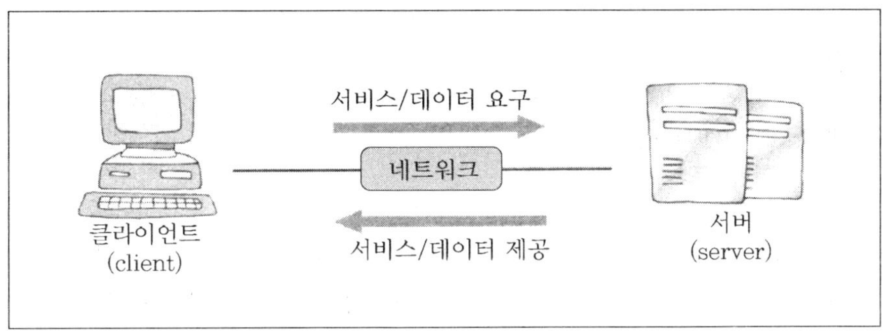

[그림 3-2] 클라이언트와 서버시스템

2) 근거리 통신망

정보시스템의 응용이 서로 상이할지라도 근거리에서 컴퓨터 터미널간의 정보교환은 전자상거래의 활성화에 필수적이다. 이러한 요구에 부응하기 위하여 조직 내에 다수의 컴퓨터간에 통신은 근거리통신망(Local Area Network: LAN)으로 해결할 수 있다.

근거리통신망은 제한된 지리적 영역 내에서 다양한 데이터 통신장치를 상호 연결하는 통신네트워크이다. 따라서 LAN의 지리적 영역이 대부분 한 건물내로 국한되고, 개인이 소유하여 운영하는 예가 많다.

(1) 라우터(router)

둘 이상의 망을 서로 연결할 때 이용되며 송신정보에 담긴 수신처의 주소를 읽고 가장 적절한 통신통로를 이용하여 전송하는 장비이다. 특히 라우터는 다른 컴퓨터에서 전송되어온 데이터가 진행할 경로를 결정하는 일을 한다.

(2) 브리지(bridge)

서로 독립적으로 동작하면서 같은 프로토콜을 사용하는 2개의 LAN을 연결하는 네트워크 장비이다. 2개 이상의 독립된 네트워크 세그먼트(segment)를 결합해서, 결과적으로 하나처럼 보이게 한다. 브리지는 여러 가지 특성에 따라 분류될 수 있으나 일반적인 분류 방법에 따르면 Local과 Remote로 구분된다.

(3) 게이트웨이(gateway)

서로 다른 통신규약(protocol)을 사용하는 망들을 연결하기 위하여 자신의 통신 규약을 상대편의 통신규약으로 바꾸어 주는 장비이다. TCP/IP를 사용하는 인터넷에서 다른 통신규약을 사용하는 컴퓨터망에 연결하려면 게이트웨이가 필요하게 된다.

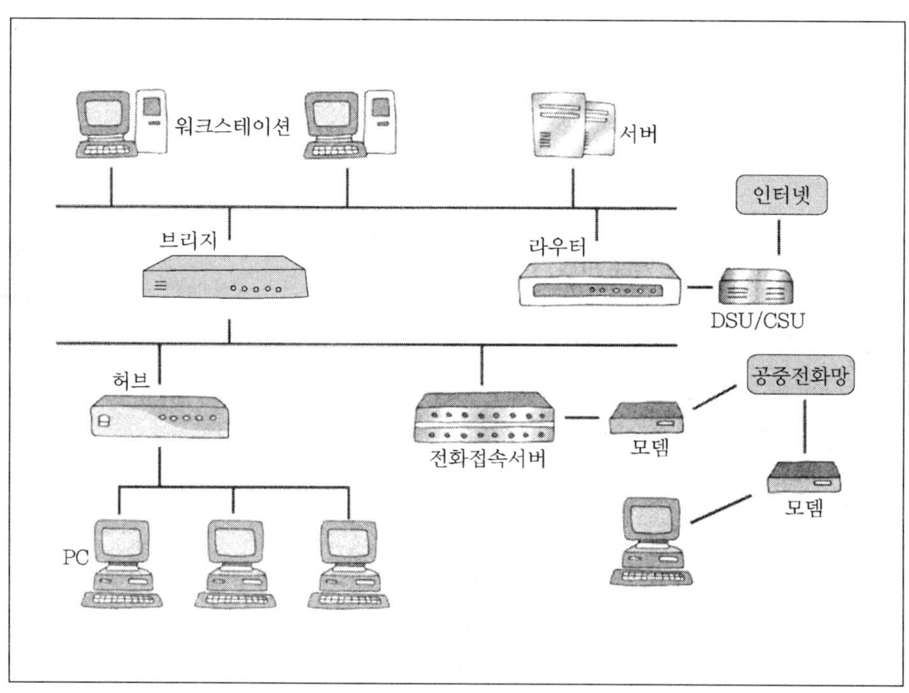

[그림 3-3] LAN 구성도

(4) 허브(hub)

LAN상에서 컴퓨터를 연결하는 방법은 선을 연결하는 방법과 통신규약에 따라 이더넷(ethernet)과 토큰링(token ring)을 사용하는 방법이 있다.[2] 그러나 이러한 모양은 사무실에 케이블을 늘어놓게 되므로 관리가 불편하다. 따라서 허브는 모든 컴퓨터의 선을 LAN과 연결하는 집합 장소로 사용한다. 허브 안에는 연결된 컴퓨터들이 이더넷 혹은 토큰링의 모양으로 연결되도록 회로가 구성되어 있다.

3) 중거리통신망

중거리통신망(Metropolitan Area Network: MAN)은 도시 지역 통신망으로 광케이블과 같은 혁신적인 기술을 이용해서 지하 터널을 통해 하나의 대도시 지역을 연결하는 통신망으로 도시지역통신망이라고도 한다. 통상적으로 직경 50km 이내 대도시 지역에 대한 음성 및 자료 전송서비스를 제공하는 통신망으로 LAN보다는 규모가 크고 WAN보다는 규모가 작은 통신망으로 고속패킷교환서비스(Switched Multimegabit Data Service: SMDS)가 대표적인 MAN이다.

4) 원거리통신망

원거리통신망(Wide Area Network: WAN)은 중거리통신망 보다 광역의 원격 통신망 구조를 구별하기 위한 용어로 광역통신망이라고도 한다. WAN은 보통 직렬 라인으로 연결되어 넓은 지역을 연결하는 네트워크를 말하는 것으로 지방과 지방, 국가와 국가, 또는 대륙과 대륙 등과 같이 지리적으로 완전하게 떨어져 있는 장거리 지역 사이를 연결하고 있는 통신망이다.

---

2) 이더넷(ethernet)은 미국 제록스사와 티지털사, 인텔사가 1980년에 공동 개발한 버스구조의 LAN을 말한다. 토큰 링(token ring)은 완전한 분산 제어 방식으로 token이란 전기적인 표식을 이용하여 네트워크 사용을 결정한다. 네트워크상에 오직 하나의 token만이 존재하며, 이 token을 가진 노드만이 네트워크 사용 권한을 가지고, 독점적으로 네트워크를 사용할 수 있다.

5) 부가가치통신망

부가가치통신망(Value Added Network: VAN)은 1960년대부터 미국에서 나타나기 시작한 것으로, 여러 공중통신사업자로부터 통신회선을 빌려서 여기에 컴퓨터와 통신장비들을 연결시켜 통신망을 구축하고, 이 통신망으로 공중통신사업자가 제공하지 않는 새로운 부가기능을 제3자에게 서비스하는 일을 말한다.

6) 종합정보통신망

기존의 일반전화교환망(Public Switched Telephone Network: PSTN)은 각각의 분리된 통신망을 사용하여 각종 데이터 통신 즉, 전화, 팩스(fax) 등을 처리하지만, 종합정보통신망(Integrated Service Digital Network: ISDN)은 하나로 단일화된 회선을 통해서 음성, 이미지, 텍스트, 동영상 등의 서비스를 디지털화된 방식으로 제공한다.

초기에는 주로 음성이나 정지화상과 관련된 협대역 ISDN이 제안되었으나 최근에는 동영상 및 멀티미디어를 수용할 수 있는 광대역 ISDN이 제안되고 있다. ISDN은 하나의 회선을 통해서 여러 가지 서비스가 종합적으로 제공되며, 디지털 통신이 가능하고 전송속도에 비해서 사용료가 경제적이다. 기존 전화망 서비스는 그대로 유지되면서 데이터는 빠른 속도로 전송되기 때문에 멀티미디어 통신이 가능하다.

7) 비대칭 디지털 가입자망

비대칭 디지털 가입자망(Asymmetric Digital Subscriber Line: ADSL)은 상향전송보다 하향전송에 더 많은 대역폭을 요구하는 인터넷 같은 곳에 적합하도록 하향전송(수신)이 8Mbps, 상향전송(송신)이 640Kbps로 규정되어 있다. ADSL은 한 쌍의 구리선을 사용하여 데이터를 5.5km의 원거리까지 전송이 가능하며, 인터넷 접속외에도 주문형비디오(Video on Demand: VOD) 서비스[3] 분야에 활용이 가능하다.

8) 초고속 디지털 가입자망

초고속 디지털 가입자망(Very high-data rate Digital Subscriber Line: VDSL)은 ADSL에 이어 등장한 초고속 디지털 전송기술의 하나로, 일반 가정에서 기존의 전화선을 이용해 양방향과 빠른 속도로 전송이 가능하고 많은 양의 데이터를 초고속으로 전송할 수 있는 최종단계로 평가되는 기술이다.

우리나라에서는 2000년 1월 처음으로 개발되어 2002년 상용화 단계에 들어섰으며, ADSL과는 달리 가입자에게 필요한 데이터만을 전송하고, 기존의 전화선을 그대로 이용하기 때문에 공급가격이 저렴할 뿐 아니라, 설치공간도 덜 차지한다는 장점이 있다.

4. 인터넷 통신규약

두 개 이상의 컴퓨터가 서로 통신하기 위해서는 데이터 송·수신 방법에 대한 약속이 필요한데 이를 통신 규약(protocol)이라고 한다. 통신규약은 컴퓨터가 서로 정보통신하는 형식과 오류가 검출되는 방식을 결정한다. 인터넷 서비스 공급업체가 필요한 프로토콜을 제공하고 있기 때문에 사용자는 프로토콜을 사용하기 위해서 복잡한 작업을 수행할 필요가 없다.

현재 모든 컴퓨터와 정보통신 장비 제조업체가 받아들여 따를 수 있는 표준을 정립하여 프로토콜를 단순화하려는 노력이 진행되고 있다. 국제표준기구(ISO)는 OSI(Open Systems Interconnection) 모델을 정보통신 프로토콜로 정의했다. OSI 모델은 근거리 통신망(LAN)의 구성을 위한 국제 표준으로 컴퓨터 네트워크의 구조와 자료의 흐름을 구현하기 위해 고안된 7개의 층으로 이루어진 구조이다.[4] 멀티벤더(multi-vendor) 네트워크의 인터페이스를 정의

3) 통신망 연결을 통하여 사용자가 필요로 하는 영상을 원하는 시간에 제공해주는 서비스로 맞춤영상 정보 서비스라고도 한다.

4) 이 7개의 계층은 물리 계층(physical layer), 데이터 링크 계층(data link layer), 네트워크 계층(network layer), 전송 계층(transport layer), 세션 계층(session layer), 표현 계층(presentation layer), 응용 계층(application layer)으로 이루어진다.

할 수 있도록 하고 있으며 이용자에게 이러한 네트워크를 건설하는 데 있어서 개념적인 가이드를 제공한다. 그러나 모든 제조업체가 OSI 모델을 채택하고 있지는 않기 때문에 다양한 프로토콜이 사용되고 있다. 현재 사용되는 대표적인 통신규약을 살펴보면 다음과 같다.

1) TCP/IP

TCP/IP(Transmission Control Protocol/Internet Protocol)는 1960년대에 미국 국방부가 ARPANET용으로 개발한 전송 및 네트워크 계층의 규약으로서 컴퓨터 네트워크에서 가장 많이 사용하는 프로토콜이다. 특히 유닉스(UNIX)[5]에서 사용하는 프로토콜로서 시스템을 직접 액세스(access)할 수 있는 기초적인 네트워크 소프트웨어로 구성되어 있다.

TCP/IP은 이기종 컴퓨터간의 통신 및 자원공유에 사용되며 전쟁상황 같은 네트워크가 손상되는 경우라도 남아있는 네트워크로 통신이 가능하도록 만들어진 신뢰성 있는 통신규약이다.

2) SLIP/PPP

SLIP(Serial Line Internet Protocol) 및 PPP(Point-to-Point Protocol)는 모뎀, 전화선을 이용하는 사용자가 마치 LAN을 사용하는 것처럼 TCP/IP를 사용하여 인터넷에 직접 연결된 것과 같은 효과를 주는 통신규약이다. SLIP/PPP서비스를 지원하는 전화접속 서버는 사용자 컴퓨터와 다른 호스트 사이에 TCP/IP패킷을 교환하여 준다.

5) 유닉스(UNIX)는 1969년 미국의 전신전화회사 AT&T사의 벨연구소에서 개발한 컴퓨터 운영체계이다. 유닉스를 탑재한 워크스테이션의 발매와 함께 보급되어 현재는 개인용, 대형, 마이크로 컴퓨터에 이르기까지 많은 종류의 컴퓨터에서 사용되고 있으며, 특히 프로그램개발, 문서처리, 전자우편 등이 기능이 뛰어나다.

5. 인터넷 표현표준

1) SGML(Standard Generalized Markup Language)

1986년 국제표준(ISO 8879)으로 제정된 마크업(markup) 언어이다. SGML의 개념은 1960년대 후반부터 존재하였으며 언어의 각 요소(element)와 속성(attribute)에 대한 정규적 정의를 작성하는 방식을 통해서 자신만의 태그(tag)를 규정할 수 있도록 하는 데 필요한 메타 언어(meta language)라고 할 수 있다. SGML에 근거해 만들어진 HTML의 획기적인 성공에 힘입어 현재는 SGML 이외의 메타 언어는 거의 언급되지 않고 있다.

SGML의 목적은 텍스트, 이미지, 오디오 및 비디오 등을 포함하는 멀티미디어 전자 문서들을 이기종 시스템들 간에 정보의 손실없이 효율적으로 전송, 저장 및 자동 처리하는 것이다. SGML은 문서의 논리 구조와 내용을 기술하기 위한 언어로 CALS, EC 등 웹의 공개된 표준 체계로 정착되어 많이 사용되고 있다. 그리고 시스템이나 플랫폼(platform)에 독립적으로 동작하고 문서의 구조를 저장할 수 있기 때문에 문서 구조를 기반으로 한 검색 · 저장 등의 다양한 응용에 사용할 수 있다.

SGML은 매우 강력하긴 하지만 그만큼 복잡하며 여러 기능들 중 많은 것들은 거의 쓰이지 않는다. 또한 하나의 SGML 문서는 그 자신만으로는 해석될 수 없으며 마크업 언어의 정의가 담겨있는 문서원형정의(Document Type Definition: DTD)라는 개별적인 문서가 붙어 다녀야 한다. DTD는 SGML에 들어 있는 언어에 대한 모든 규칙들을 담은 것이다. SGML을 해석하는 프로그램은 SGML 문서와 함께 제공된 또는 SGML 문서 안에 포함된 DTD를 이용해서 SGML 문서의 사용자 정의 태그들을 해석하게 된다.

2) HTML(Hypertext Markup Language)

HTML은 1991년에 만들어졌으며 원래 하나의 SGML 애플리케이션으로서 WWW(World Wide Web)상에서 어떤 문서가 표시되는 방식을 규정한 것이다.[6] HTML은 SGML 규칙들, 즉 어떤 태그가 어떤 의미를 가지는지에 대한 약속들의 집합일 뿐이며 그러한 규칙은 공식 DTD 문서에 담겨 있다. HTML의 경우 DTD는 웹 브라우저 자체에 내장되는 경우가 일반적이며, HTML의 규칙은 SGML에 비해 매우 간단하고 크기도 작기 때문에 현재는 일반적인 최종 사용자들까지도 HTML 문서를 쉽게 만들어서 사용하고 있다.

HTML은 문서를 인터넷상에서 전송할 때 HTTP(HyperText Transfer Protocol)라는 프로토콜을 사용한다. HTTP는 인터넷에서 사용되는 TCP/IP라고 하는 일련의 프로토콜들 중 하나이다. HTTP가 인기를 끈 이유는 한 문서에서 다른 문서로 연결(link)하기가 무척 간단하다는 점이었다.

그러나 HTML는 몇 가지 단점도 가지고 있다. 첫째, 태그(tag)가 한정되어 있다. 사용자가 스스로 만든 태그로 문서를 꾸며서 다른 사용자들에게 보여줄 수가 없다. 둘째, 표현을 위한 기술로 태그(tag)에 포함된 내용의 의미를 전달하기에는 부적합하다. 셋째, 평면적(flat)이다. 태그들의 중요도를 직접 지정할 수 없으므로 데이터의 계층 구조를 표현할 수 없다. 넷째, 브라우저가 애플리케이션 플랫폼으로 사용되고 있는 상황임에도 HTML 자체는 현재 개발자들이 추구하는 수준에서의 진보적인 웹 애플리케이션을 만드는데 필요한 기능들을 제공하지 못한다. 다섯째, 클라이언트와 서버 간 통신의 체증을 가중시키고 있다.

3) XML(Extensible Markup Language)

1996년 W3C(World Wide Web Consortium)에서 제안한 것으로서 웹상에서 구조화된 문서를 전송 가능하도록 만든 표준화된 텍스트 형식이다. 이는 인

6) WWW가 인터넷 검색도구의 주류가 된 것은 1993년 6월에 미국의 NCSA의 마크 안드레슨이 제작한 모자익(Mosaic)이 발표되면서 시작되었다. 모자익은 GUI(그래픽 사용자 인터페이스)로 기존의 문자기반방식에서 제공되지 않던 그림이 화려하게 장식되고 음성파일을 가져와서 들려주고 움직이는 영상도 보여줌은 물론 기존의 Gopher, FTP, Telnet 등도 함께 제공하는 종합적인 인터넷의 서비스 브라우저로 등장함으로써 초보자들에게도 쉽게 사용하기 시작했다. 즉 마우스로 선택하여 인터넷을 통해 전세계를 마음껏 여행할 수 있게 된 것이다.

터넷에서 기존에 사용하던 HTML의 한계를 극복하고 SGML의 복잡함을 해결하는 방안으로서 HTML에 사용자가 새로운 태그(tag)를 정의할 수 있는 기능이 추가되었다고 생각하면 된다. 즉, SGML의 장점들을 최대한 수용하는 한편 웹상의 응용을 용이하게 하기 위하여 SGML의 특정 부분을 발췌·요약 처리하여 학습과 애플리케이션상에서의 구현을 쉽게 할 수 있도록 만든 것이다.

따라서 SGML이 가지고 있는 확장(extensibility), 구조(structure), 검증(validation)의 특성을 고스란히 계승하고 있다. 이것이 바로 XML이 HTML과 다른 특징이자 장점이다. 이를 좀 더 자세히 본다면 XML은 다음과 같은 장점을 가지고 있다.

첫째, 정보 제공자는 자기 마음대로 새로운 태그 세트와 속성을 정의할 수 있다. 즉 사용자가 자신의 편의에 따라 새로운 태그 세트를 임의로 만들 수 있는 것이다. 둘째, 문서의 구조는 연속적인 중첩을 허용한다. 즉, XML은 HTML이 지원하지 않는 객체 지향적 구조 혹은 데이터베이스 스키마(database schema)의 구성을 위해 필요한 여러 번의 중첩을 허용하고 있다. 셋째, 문서 구조의 검증이 필요한 애플리케이션을 위하여 문법적인 구별을 문서 안에서 제공할 수 있다. 즉 애플리케이션이 어떠한 문서를 받아들일 때 그 문서의 오류를 쉽게 판단할 수 있게 된다.

〈표 3-2〉 HTML, SGML, XML의 비교

	HTML	SGML	XML
태그 사용	사용자 정의 불가능, 제한적	사용자 정의 가능, 무제한적	사용자 정의 가능, SGML보다 제한적
문서 재사용	불가능	가능	가능
응용 분야	단순한 구조 문서와 내용이 짧은 문서	방대한 내용의 구조를 요하는 기술적인 문서	방대한 내용의 구조를 요하는 기술적인 문서, 웹상 교환문서
문서 작성	간단 용이함	복잡	작성용이
문서 검색	효과적 검색 어려움	정확한 검색 가능, 문서구조 검색 가능	정확한 검색가능, 문서구조 검색 가능
링크	HTML	Hytime	XLL
출력형식언어	CSS	DSSSL	XSL

[그림 3-4] HTML, SGML, XML의 응용범위

4) ebXML(e-business Extensible Markup Language)

전자상거래를 위해 국제연합 산하 UN/CEFACT와 민간 비영리 IT 표준화 컨소시엄인 오아시스(OASIS)가 개발한 확장성 생성 언어(XML) 기반의 개방형 표준이다. 모든 거래 당사자들이 상호 운용성과 일관성이 확보된 환경하에서 안전하게 전자상거래 정보를 전 세계적으로 사용할 수 있는 개방형 기반구조를 제공하는 데 목표를 두고 있으며, 1999년부터 개발을 시작하여 2001년 5월에 확정되었다.

그 주요 특징을 살펴보면 첫째 단순한 비즈니스 문서 교환을 능가하는 비즈니스 프로세스 모델로서의 역할, 둘째 개별 사업자간에 동일한 의미로 자주 사용되는 요소들을 핵심 구성 요소로 정의한 후 참여자 자신이 실제 필요한 부문에 독자적으로 구축 가능, 셋째 산업별 저장소뿐만 아니라 개별적인 저장소의 운영 등이 있다.

5) UNeDocs

UNeDocs는 2008년 UN/CEFACT에서 무역원활화를 위해 통합적인 관점에서 무역 전자문서를 표준화하고 탄력적인 적용이 가능하도록 시도한 프로젝트로 준비기간 및 검증기간을 거쳐 2011년에 승인되었다.

UNeDocs는 그동안 마련된 모든 UN/CEFACT 무역원활화 권고안과 UML[7])을 활용하고 적용되는 문서개발 기술로 국제적인 표준인 XML이나 UN/EDIFACT가 사용된다. 기존의 ebXML과 다른 점은 UNeDocs가 한차원 높은 통합적 접근방법과 탄력적인 구현이 가능하다는 점이다. 예를 들면, 전자무역을 원하는 업체가 EDI의 사용을 원하는 경우 UN/EDIFACT를 사용하여 구현을 하면 되지만 문제는 EDI를 도입할 여력이 없는 업체에게는 어려운 일이다. 마찬가지로 EDI보다 더 저렴하고 공개적인 방법인 XML 기반의 ebXML이 있지만, 이 또한 업체가 종이문서의 사용만 가능하다면 불가능하게 되는 것이다. UNeDocs는 통합적으로 무역에서 사용되는 정보를 분석하여 표준화된 모델로 정의하고, 종이문서, XML 및 UN/EDIFACT 문서로 변환해서 사용하는 방법을 제공하므로 무역업체는 자신의 여력과 능력에 따라 선별적으로 표준화된 수단으로 거래문서를 교환할 수 있게 된다.

분명 UNeDocs는 매우 실용적이고 활용성이 뛰어난 프로젝트이나, 아직은 많은 작업을 거쳐야 한다. 또한 프로젝트의 진행과정에서 폭 넓게 국제적인 무역업계의 요구사항을 반영하고 활용성을 보장해야 하며, 적극적인 홍보를 통해 널리 알리는 작업이 수행되어야 확산이 효과적으로 이루어질 수 있을 것이다.

7) UML(unified modeling language)은 요구분석, 시스템 설계 및 구현 등의 시스템 개발과정에서 개발자간의 의사소통을 원활하게 이루어지게 하기 위하여 표준화한 모델링 언어를 말한다.

제2절 인터넷 서비스

1. 검색엔진

1) 검색엔진의 개념

검색엔진은 인터넷의 각종 사이트에 대한 정보를 보유하고 있는 데이터베이스로서 사용자가 필요한 정보를 찾기 위해 일일이 인터넷을 돌아다니지 않고도 원하는 정보를 찾을 수 있게 해 준다.

여기에는 회사의 URL(Uniform Resource Locator)은 물론 취급하는 상품까지도 쉽게 검색할 수 있도록 하는 것이 특징이다. 각종 검색엔진의 등록에는 자동적으로 등록시켜 주는 웹 호스팅(web hosting) 업체를 활용하는 것이 시간을 절약할 수 있다. 국내외 유명 검색엔진에 웹사이트 소개와 더불어 자동적으로 등록시켜주는 무료 사이트가 있으며, 유료 서비스의 경우는 300개 이상의 검색엔진에 자동으로 등록시켜주는 서비스를 제공하기도 한다.

2) 검색엔진의 종류

(1) 주제별 검색

초보자들이 가장 널리 찾는 방식으로서 찾고자하는 영어 단어를 모르거나 찾고자 하는 정보 등이 광범위할 때 아주 빨리 찾을 수 있는 검색방법이다. 사용자가 찾고자 하는 정보에 대한 지식이 분명하지 않거나 어떤 분야에 대한 검색을 원할 경우는 이런 주제별 검색이 널리 사용되어지고 있다. 주제별 검색에 효율적인 검색엔진으로는 Yahoo, Lycos, Galaxy 등이 있다. 즉 주제별 검색엔진은 큰 주제에서 작은 주제로 점차적 좁혀가면서 찾는 접근방식을 지원하는 검색엔진이다.

(2) 단어별 검색

하나의 데이터베이스에 모든 URL를 저장하고 특정 키워드(keyword)를 입력함으로써 원하는 정보를 찾는 방법이다. 단어별 검색은 모든 검색엔진에서 지원하고 있는 형태로서 현재에 와서 가장 널리 사용되는 방식이다. 초보자뿐만 아니라 숙련자도 이 단어검색을 시행해 빠른 시간 내에 정보검색을 하는 것이 가장 큰 장점이라 할 수 있으며 사용자가 찾고자 하는 정보에 대한 키워드만 알면 쉽게 찾을 수 있는 방식이다.

주제별 검색 방식은 주제를 좁혀나가면서 확실한 정보를 얻을 수 있다는 장점이 있지만 시간이 오래 걸리는 단점이 있다. 단어별 검색은 주제별 검색의 이러한 점을 보완해 줄 수 있는데 찾고자 하는 검색대상의 단어를 입력하면 곧바로 찾아주는 것이 단어 검색의 가장 큰 장점이다. 하지만 검색어의 단어가 틀렸다면 전혀 다른 검색결과를 보여주게 된다. 숙련자라면 아주 쉽게 자신이 찾고자 하는 것을 찾을 수 있는 것이 바로 단어 검색이다. 단어별 검색엔진에는 Altavista, Web Crawer, OpenText 등이 있다.

(3) 메타 검색

이 검색엔진은 자신만의 데이터베이스는 소유하지 않고 사용자가 입력하는 검색어들을 다른 검색엔진들로 보내어 나온 결과를 보여주는 원리를 가지고 있다. 각각 검색엔진의 특성을 구분하여 검색을 진행하던 앞의 주제별이나 단어별 검색엔진을 따로 찾아 다닐 필요가 없는 것이 특징이다. 한 번에 단어 입력으로 여러 검색엔진의 결과값을 한눈에 볼 수 있기 때문이다. 메타 검색엔진에는 Google, CUSI, MetaCrawler, SavvySearch, MeraFind, Cyber411, Profusion 등이 있다

2. 뉴스그룹(Usenet)

뉴스그룹(newgroup)이란 인터넷상에서 공통의 관심을 가진 사람들이 원하는 내용을 게시하고 토론하는 일종의 게시판으로 유즈넷(Usenet)이라고도

한다. 전자우편(e-Mail)이 특정인과 메시지를 주고받는 것이라면 뉴스그룹은 불특정 다수를 대상으로 정보를 교환하는 서비스라고 할 수 있다.

뉴스그룹에는 관심의 대상에 따라 취미, 정치, 과학, 비즈니스 등 수 만개의 세분화된 주제를 가진다. 이용자는 주제별로 형성된 토론그룹에 참여하여 다른 사람들의 기사를 읽어보고 궁금한 점을 질문하거나 다른 사람의 질문에 대해 답변하기도 하고 자신의 의견을 게시할 수 있다. 비즈니스 관점에서 보면 뉴스그룹은 표적시장에 접근할 수 있는 쉽고도 값싼 광고 매체이며 소비자의 반응을 즉각 확인해 볼 수 있는 곳이기도 하다.

1979년 미 듀크대학교의 학생에 의해 개발된 유즈넷은 초기에 유닉스 계열의 컴퓨터 네트워크를 통해 상호 의견을 교환하는 소규모 그룹이었다. 현재 뉴스그룹은 1만 5,000여개의 다양한 그룹이 존재하고 있고 75,000개가 넘는 사이트가 유즈넷 메시지를 서로 교환하는 데 참여하고 있다. 또한 유즈넷 이용자는 약 700만명이 넘을 것으로 예상된다.

웹사이트 홍보를 위한 글을 올리기 위해서는 먼저 적절한 뉴스그룹을 찾는 것이 중요하며 그 후 의미있는 제목을 정한다. 사람들은 제목을 살펴보고 내용을 볼 것인가를 결정하기 때문에 간단하면서도 관심을 끌 수 있는 제목을 정해야 한다. 게시물의 내용이 여러 뉴스그룹에 속하는 경우 같은 내용을 각 뉴스그룹에 중복해서 올려서는 안 된다. 중복 투고를 하면 사람들은 스팸(spam)이라고 생각해 오히려 좋지 않은 결과를 낳는다.

3. 전자우편

전자우편(electronic mail)이란 일반우편과 똑같은 개념이나 발신인과 수신인 사이의 메시지 전달경로가 네트워크(network)이라는 것만 다르며 인터넷 기능 가운데 가장 유용하게 사용되는 서비스이다.

전자우편이 다양한 용도로 활용될 수 있는 것은 기존의 통신수단인 전화와 우편의 장점을 모두 갖추고 있어서 신속·정확하고 저렴하게 메시지의 전달이 이루어지고 그 이용이 간편하다는 점에 있다. 전자무역에서의 전자우편은 종전 무역업체들이 외국의 무역관련기관이나 거래기업에 팩스 또는 우편으로 해오던 거래업무를 전자우편로 대체하게 된 것이다.

전자우편을 이용하는 방법은 IP(Information Provider) 업체들과 제휴를 맺고 전자우편으로 정보를 지속적으로 보내주면서 광고를 함께 게재하거나 자사 사이트 방명록에 게재한 고객들에게 전자우편을 통해 정보 및 홍보 내용을 전달하는 방법을 말한다. 이것은 특정 표적(target)에 효과적으로 정보를 전달할 수 있다는 장점을 갖고 있다.

고객들에게 이미 전자우편을 통한 판촉 활동을 벌이고 있다면, 웹사이트가 업데이트(update)되거나 새로운 제품이 출시될 때 이를 통보받기 원하는지 고객에게 물어봐야 한다. 그리고 고객이 이에 동의하면 고객들에게 전자우편을 보낼 수 있도록 메일 리스트를 만들어두어야 한다. 그러나 이 방법을 어떤 경우에 이용할 것인지 잘 판단할 줄 알아야 한다. 즉, 웹사이트에서 정말로 새로운 제품을 구할 수 있다거나 새로운 이슈가 생겼을 경우에만 이 방법을 이용해야 한다.[8)]

4. 메일링 리스트

메일링 리스트(mailing list)는 사용자가 신문을 구독하는 것과 마찬가지로 전자우편을 통하여 정보를 구독할 수 있는 인터넷 서비스이다.

메일링 리스트는 뉴스그룹과는 달리 정보를 받기 위해서는 잡지를 정기구독 하듯이 가입신청을 하여야 하며, 한번 가입하면 좋든 싫든 계속적으로 메일이 들어온다. 메일링 리스트에 가입하기 위해서는 메일링 리스트의 책임자에게 직접 전자우편을 보내면 간단하게 가입이 되며 무료로 운영된다.[9)] 한번 가입하면 재차 서버와 접속할 필요는 없지만 사용자는 지속적으로 축적되는 메일을 효과적으로 유지·관리하여야 한다.

메일링 리스트에는 공지형과 토론형으로 구분되는데, 먼저 공지형 리스트

8) 레베카 손더스, 아마존의 성공비밀, 세스컴 전략기획팀. 1999, p.80.

9) 남경두, 인터넷마케팅 길라잡이, 정보문화사, 2000.2, pp.148-282.

는 새로운 사이트의 소개나 회사에 대한 새로운 소식을 가입자에게 전해주는 메일링 리스트이다. 다음으로 토론형 리스트는 가입자가 메일링 리스트의 주제에 해당하는 다양한 정보의 교환과 토론을 목적으로 이루어지는 리스트를 말한다.

마지막으로 메일링 리스트의 활용 방안에 관하여 살펴보면 다음과 같다.

첫째, 홍보하고자 하는 목표 그룹을 우선 설정하여 서비스에 가입해 메일링 리스트의 형태나 성격을 충분히 파악하여 게재하는 것이 중요한다. 즉 메일링 리스트의 내용에 반하거나 무분별한 글을 게재하였을 경우 그 실효에 비해 스팸메일로 간주되어질 가능성이 높기 때문이다.

둘째, 다양한 소식 및 인터넷의 새로운 소식을 전해주기 위해 개설된 메일링 리스트에 홍보하는 것도 효과적인 수단이 된다.

셋째, 고객은 정보창고, 사이트 리스트 등의 나열형 정보제공들에 관심을 가지는 취향을 고려하여 이러한 내용을 제공한 후 서명파일이나 자신의 사이트를 홍보하는 것도 효율적인 방법이 된다.

5. 전자 게시판

주로 관공서 앞에 지나가는 행인이 읽을 수 있도록 세워져 있는 게시판과 동일한 기능을 한다. 전자 게시판(Bulletin Board System: BBS)은 주제별로 정보를 교환하고 의견을 개진할 수 있는데 개인이 운영하기도 하고 단체나 회사에서 주관하기도 한다. 그리고 게시판 활용에 매달 어느 정도의 수수료를 받는 곳도 있고 받지 않는 곳도 있다. 전자 게시판은 주로 고객과의 상담이나 상품에 관한 정보를 제공하는 데 주로 이용되는데, 비즈니스에 기여를 하는 분야로는 대외 홍보수단, 고객에 대한 연구, 그리고 상업성 광고를 통한 제품판매로의 연결 등이다. 컴퓨터 관련 첨단분야의 회사들은 고객에게 기술적인 문제를 자문하기 위해서 게시판을 사용하고 있는 곳이 많다.

6. 소셜 미디어

소셜 미디어(social media)는 사람들이 자신의 생각과 의견, 경험, 관점 등을 서로 공유하고 참여하기 위해 사용하는 개방화된 온라인 툴(online tool)과 미디어 플랫폼(media platform)이다. 가이드와이어 그룹(Guidewire Group)의 창업자인 크리스 쉬플리(Chris Shipley)가 처음 이 용어를 사용하였다. 소셜 미디어는 그 자체가 일종의 유기체처럼 성장하기 때문에 소비와 생산의 일반적인 메커니즘이 동작하지 않으며, 양방향성을 활용하여 사람들이 참여하고 정보를 공유하며 사용자들이 만들어 나가는 미디어를 말한다.

소셜 미디어는 접근이 매우 용이하고 확장가능한 출판기법을 사용하여, 사회적 미디어(social media)를 통하여 배포될 수 있도록 설계된다. 사회적 미디어는 방송 미디어의 일방적 독백을 사회적 미디어의 대화로 변환시키는 웹 기반의 기술을 이용한다. 소셜미디어는 지식과 정보의 대중화를 지원하며 사람들을 콘텐츠 소비자에서 콘텐츠 생산자로 변화시킨다.

블로그(Blog), 소셜 네트워킹 서비스(SNS), 위키(Wiki), 손수제작물(UCC), 마이크로 블로그(Micro Blog)로 구분하며, 사람과 정보를 연결하고 상호 작용할 수 있는 서비스를 제공하는 웹 기반의 애플리케이션은 소셜 미디어로 보고 그 범주에 포함시킬 수 있다.

제3절 정보기술 환경의 변화

1. 모바일 컴퓨팅

1) 모바일 컴퓨팅의 의의와 특징

모바일 컴퓨팅(Mobile Computing)는 기존의 전자상거래와 유사한 유형으로 차이점이 있다면 이동성과 휴대성이 부가된 것이다. 모바일 컴퓨팅은 휴대폰, 스마트폰, PDA, 노트북, 기타 무선단말기와 공중 무선통신 네트워크를 이용하여 상품정보를 얻고 관련사항에 거래 처리를 지원함으로써 상품과 서비스의 대가로 지불가치를 이전하게 하는 것으로 정의한다.

모바일 컴퓨팅은 IMT2000[10] 기반기술로 이어질 무선 인터넷 기술 발달과 단말기의 금융결제기능 결합으로 점차 중요성이 부각되고 있으며, 그 영역 또한 정보통신, 금융, 미디어 부문에 이르기까지 산업 전반에 지대한 영향을 미칠 것으로 예상되어 향후 이동통신 단말 및 네트워크를 이용한 모바일 컴퓨팅이 확대될 전망이다. 앞으로는 이동통신 단말기와 무선망을 활용해 이루어지는 모바일 컴퓨팅이 전자상거래를 주도할 것이다.

모바일 컴퓨팅은 B2B(기업과 기업), B2C(기업과 소비자)의 상업적 처리를 포함하는 바 활용대상을 살펴보면 B2B의 경우 모바일 공급관리(자재구입, 주문결제), 사업관리(화물, 트럭위치 관리) 등이 있으며 B2C의 경우 모바일 뱅킹, 증권 매도·매수, 재화 및 서비스의 구입, 티켓팅, 경매 및 광고 등이 있다고 하겠다.

무한한 성장 가능성을 가져오는 모바일 컴퓨팅의 특징으로는 첫째, 컴퓨터를 대체하는 무선단말기를 통해 이루어진다는 점, 둘째, 시간과 장소에 구애 받지 않는 무제한성이 있다는 점, 셋째, 소비자 및 기업의 기대심리가 존재한다는 점 등을 들 수 있다.

2) 모바일 컴퓨팅의 기술

모바일 컴퓨팅 애플리케이션과 서비스 이동경로에는 인프라 장비업체, 소프트웨어업체, 콘텐츠 제공업자, 모바일 네트워크 사업자 등 많은 업체들이 참여해 서비스를 제공하며 이 가운데 실제 애플리케이션의 확장을 위하여 결제기술과 보안기술이 가장 중요한 요소로 간주된다.[11]

---

10) IMT(International Mobile Telecommunication) 2000은 데이터와 동영상을 인공위성을 통하여 제공하는 통신서비스로 고속의 전송속도와 다양한 기술구현이 가능하다. 전 세계 표준화 및 동일 주파수대역을 사용하여 글로벌 로밍을 지향하고 첨단 음성압축·복원기술을 사용하여 음성 품질이 뛰어난 것이 특징이다.

(1) 모바일 결제기술

모바일 결제서비스는 온라인 및 오프라인상에서 이루어지는 각종 전자상거래에서 이동통신 단말기를 이용하여 거래대금을 지불하는 서비스로, 사용자 신원확인, 거래정보의 전달, 인증 등 결제과정이 이동통신망의 일부 또는 전체를 통해 이루어진다. 이 서비스는 이동통신망을 통해 실시간 인증과 전자결제시스템을 연동하는 소프트웨어 방식과 이동전화 단말기에 IC칩을 내장한 하드웨어 방식으로 구분할 수 있다.

소프트웨어 방식은 휴대폰을 통하여 소액으로 결제하고, 이를 추후 휴대폰 요금청구서에 합산 청구하는 방식으로 SMS(Short Message Service)를 이용하는 방식과 ARS(Automatic Response Service)를 이용하는 방식이 대표적이다. 또한 하드웨어 방식은 휴대폰내에 칩을 장착하여 사용하거나, 마그네틱카드에 칩을 내장하여 이를 휴대폰에 꽂아 사용하는 방식이다. 나아가 휴대폰 자체에 사용자의 개인정보, 신용정보, 이용정보 등 각종 정보를 담을 수 있는 칩을 내장하는 형태도 존재한다.

(2) 모바일 보안기술

최근 이동단말기를 이용한 모바일 인터넷 사용이 급증하면서 유선 인터넷과 마찬가지로 기밀성, 무결성, 부인방지를 가능하게 할 수 있는 정보보호서비스가 필요하게 되었다. 그러나 무선상에서 확실한 보안의 확보는 기술적으로 어려움이 존재한다. 이는 모바일에서 네트워크가 가지고 있는 충분치 못한 대역폭, 시간지연 및 연결의 불안전성과 단말기가 가진 낮은 연산능력, 소량의 메모리 등의 문제로 인하여 현재 유선인터넷에서 이용되는 보안 프로토콜 등을 무선단말기에 적용하기가 어렵기 때문이다.

현재 이동통신사에서 제공하는 모바일 컴퓨팅의 경우 대부분 SSL(Secure Socket Layer) 기반의 암호화 방식을 사용한 낮은 수준의 보안체계를 적용하고 있지만, 향후 이보다 안정된 WPKI(Wireless Public Key Infrastructure)[12] 기

11) 김성희 · 장기진, 전자상거래.com, 도서출판 청람, 2010, pp.98-100.

12) 모바일 환경에 적합한 공개키 기반 구조인 WPKI는 인증 서비스를 운영하는데 가

반의 무선인증 서비스를 도입할 것으로 보여 진다.

3) 모바일 컴퓨팅의 활용

최근 이동통신 사업자와 금융기관의 적극적인 제휴, 휴대폰 단말기용 근거리 무선데이터 통신기술의 개발에 힘입어 모바일 컴퓨팅의 가장 대표적인 서비스인 모바일 결제는 점차 그 활용성이 증가하고 있는 추세이다. 이와 함께 모바일 컴퓨팅이 제공하는 주요 기업간 거래(B2B) 서비스 유형을 살펴보면 다음과 같다.

(1) 모바일 오피스

무선 인터넷 단말기를 이용해서 회사에서만 이루어졌던 업무를 회사 외부 즉, 항공기, 차량, 상담 등에서도 작업할 수 있도록 지원하는 서비스를 말한다. 영업사원의 경우 고객에 대한 정보가 분석 및 요약·저장되어 있는 사이트에 이동단말기로 연결해서 실시간으로 정보를 얻을 수 있다는 모바일 오피스의 개념은 이동통신 시스템에서 매우 유용함을 보여주는 예이다.

(2) 모바일 수송관리

기존 오프라인 수송시스템의 관리개념을 모바일 개념으로 확장한 것을 말한다. 기존 수송관리에서는 시간의 제약성이 고객에게 큰 문제가 아니었으나 모바일에서는 신속한 수송관리가 이루어지도록 지능 수송관리가 이루어져야 한다. 따라서 과거의 많은 관리 기록으로부터 추출된 지식이나 관리경험을 시스템에 내장시켜서 모바일 관리가 신속하고 정확하게 이루어지도록 하는 것이 이 분야의 최대 관심사이다.

장 큰 제약이 되어 왔던 소용량 무선 단말기에 기존의 유선에서 사용되어 왔던 X.509 인증서에 비해 상대적으로 부피가 작고 단순한 구조로 구성된 WTLS(Wireless Transport Layer Security) 인증서를 사용하여 무선망 구간의 암호화 및 인증업무를 수행함을 의미한다.

(3) 모바일 공급망관리

모바일 공급망관리(SCM)은 정보통신 기술의 발전에 따라 보다 나은 고객 서비스를 제공하기 위해 고객의 정보, 기업과 고객과의 관계 재정립을 할 수 있게 만드는 분야라고 할 수 있다. 모바일 채널(channel)을 고객 접점으로 하는 타겟 마케팅(target marketing)에 대한 관심이 증가하면서 모바일 공급망관리는 유통, 금융, 제조업 등 모든 업종으로 확산되고 있다. 또한 모바일 공급망관리는 기존의 공급망관리의 채널을 확장시키고 영업망을 효율적으로 관리할 수 있다는 점에서 앞으로 본격적인 시장이 형성될 것으로 기대된다.

2. 유비쿼터스 컴퓨팅

1) 유비쿼터스 컴퓨팅 개요

1988년 미국의 복사기 제조회사인 제록스의 마크 와이저(Mark Weiser)가 '유비쿼터스 컴퓨팅(Ubiquitous Computing)'이라는 용어를 사용하면서 처음으로 등장하였다. 당시 와이저는 유비쿼터스 컴퓨팅을 메인프레임과 퍼스널컴퓨터에 이어 제3의 정보혁명을 이끌 것이라고 주장하였다.

유비쿼터스화가 이루어지면 가정이나 자동차는 물론, 심지어 산꼭대기에서도 정보기술을 활용할 수 있고, 네트워크에 연결되는 컴퓨터 사용자의 수도 늘어나 정보기술산업의 규모와 범위도 그만큼 커지게 된다. 그러나 유비쿼터스 네트워크가 이루어지기 위해서는 광대역통신과 융합(convergence) 기술의 일반화, 정보기술 기기의 저가격화 등 정보기술의 고도화가 전제되어야 한다. 이러한 제약들로 인해 현재 일반화되어 있지는 않지만, 휴대성과 편의성뿐 아니라 시간과 장소에 구애받지 않고도 네트워크에 접속할 수 있는 장점들 때문에 세계적인 개발경쟁이 일고 있다.

한편 유비쿼터스 컴퓨팅의 특징을 살펴보면 다음과 같다. 첫째, 유비쿼터스 컴퓨팅은 반드시 네트워크에 연결되어 있어야 한다. 즉, 유비쿼터스 컴퓨팅은 물리적 공간의 모든 컴퓨터뿐만 아니라 컴퓨팅 기능이 내재된 모든 사물이 서로 연결된 네트워킹이 되어야 한다. 둘째, 비가시성(invisible)이 되어야 한다. 유비쿼터스 정보기술을 실제 적용할 때에는 인간 중심적 컴퓨터가 우리의 생활 주위에 편재되어 있지만, 결코 사용자를 불편하게 하지 않고 사용자가 자신을 이용해 주기를 기다리는 컴퓨팅 환경이어야 한다. 셋째, 가상이 아닌 현실에서 언제 어떤 상황이든 컴퓨터 이용이 가능하여야 한다. 유비쿼터스 컴퓨팅은 장소나 시간에 구애받지 않아야 하며, 단순히 빠른 컴퓨터보다는 사람이 일일이 개입하지 않아도 스스로 알아서 일을 처리하고 인간이 감지하지 못했던 세세한 부분의 정보까지 획득하는 컴퓨팅 환경이 구현되어야 한다. 넷째, 사용자가 처한 상황에 따라 제공되는 서비스도 달라야 한다. 유비쿼터스 컴퓨팅은 특정한 기능이 내재된 컴퓨터가 환경과 사물에 심어짐으로써 우리 주변의 모든 환경이나 사물 그 자체가 지능화될 필요가 있다. 유비쿼터스 컴퓨팅은 사물의 일부로 사물 속에 내재화된 칩과 같은 작은 컴퓨터들은 주변공간의 상황을 인식할 수 있게되며, 공간 속에서 주변환경과 사물들의 변화를 어느 정도 떨어진 거리에서까지 지각, 감시, 추적할 수 있게 되는 환경이다.

2) 유비쿼터스 컴퓨팅 기반 기술

(1) RFID

일단 유비쿼터스가 가능하려면 모든 사물에 일종의 작은 컴퓨터 칩인 전자태그(Radio Frequency Identification: RFID)가 들어가야 한다. RFID는 사물에 부착된 기기를 통해 사물의 실시간 정보를 확인하고 주변 상황정보를 감지할 수 있는 센서로서 능동형과 수동형으로 구분된다. 즉 RFID는 전원공급 여부에 따라 자체 전원을 내장하여 다양한 크기의 메모리와 최대 100m 이내까지 판독이 가능한 능동형 태그와 내장 전원이 없어 가독거리가 상대적으로 짧지만 반영구적이고 비용이 저렴한 수동형 태그가 있다.

(2) USN

유비쿼터스 센서 네트워크(Ubiquitous Sensor Network: USN)는 유비쿼터스 컴퓨팅의 기본 인프라로 주목받고 있는데, 산업과 생활 전반에 걸쳐서 센서(sensor)와 태그(tag)를 보급해 센싱 및 네트워크 기능을 수행한다. 즉, 기존의 사물과 사람간의 네트워크에서 발전하여 모든 사물에 전자 태그를 부착함으로써 사물과 환경을 인식하고 상호간의 네트워크를 통해 실시간 정보 수집·처리 및 활용 등 정보의 이용을 가능하게 한다.

오늘날 무선 기술의 활용도가 점차 확대되고 있는 바 그 중에서도 센서를 이용한 USN은 센서 노드(sensor node)와 리더기(reader)간의 무선통신을 통해 사물과 사물간의 정보 공유를 가능하게 하는 핵심기술로서 관심을 끌고 있다. 이러한 USN 기술을 이용하여 많은 센서 노드로부터 많은 양의 센싱 데이터를 실시간으로 받아서 처리할 수 있다.

(3) BcN

광대역 통합망(Broadband covergence Network: BcN)은 유선·무선, 통신·방송이 융합된 광대역 멀티미디어 서비스를 언제 어디서나 안전하게 이용할 수 있게 해주는 차세대 통합 네트워크이다. 최근 정보통신기술의 급속한 발전으로 음성, 데이터, 영상, 멀티미디어 등 다양한 형태의 정보가 융합되고 네트워크 기술의 발달 및 성능의 향상으로 그 적용 범위가 거의 모든 분야로 확대되고 있다.

(4) IPv6

IPv6(Internet Protocol Version 6)는 현재 사용되고 있는 IP 주소체계인 IPv4를 개선하기 위해 개발된 새로운 IP 주소체계이다. 즉, 인터넷의 빠른 발전으로 인터넷 호스트 수가 급증하였고, 방송·통신의 융합, 유·무선의 통합, BcN, 홈 네트워크 서비스 등에 따라 주소의 사용이 급격히 증가하게 되어 기존 IPv4의 주소체계로는 새로운 수요를 충족시킬 수 없게 됨으로써 출현한 차세대 인터넷 주소체계이다.

(5) IP-USN

IP-USN(Internet Protocol-Ubiquitous Sensor Network)은 기존의 IP 인프라를 바탕으로 이동성과 광범위한 확장성을 제공하는 유비쿼터스 센서 네트워크 서비스를 말한다. 유비쿼터스 센서 네트워크에 IP를 적용함으로써 세계 어느 곳에서나 언제든지 정보를 상호 교환할 수 있고 물류, 재해방지, 군사, 홈 네트워크 등에 폭넓게 활용할 수 있게 된다. IP-USN은 기존의 인프라를 이용하여 안정성과 이동성을 제공받을 수 있으며, 인프라 구축에 대한 추가 비용이 필요 없는 장점을 갖는다.

(6) WiBro

무선광대역인터넷(Wireless Broadband Internet: WiBro)는 모바일 와이맥스(Mobile WiMAX), 무선초고속인터넷, 2.3GHz 휴대인터넷 등으로 풀이된다. 기존의 정보통신부 · 한국정보통신기술협회와 이동통신업체들이 개발한 상용 서비스로 휴대형 무선단말기를 이용해 정지 및 보행 또는 시속 60Km로 이동하는 상태에서도 고속 전송속도로 인터넷에 접속하여 다양한 정보와 콘텐츠를 이용할 수 있다. 즉, 퍼스널컴퓨터, 노트북, PDA 등에 무선랜과 같은 와이브로 단말기를 설치하면 이동하는 자동차 안이나 지하철에서도 휴대폰처럼 자유롭게 인터넷을 이용할 수 있는 서비스이다.

(7) Grid

기존의 인터넷과 차세대 인터넷을 하나의 네트워크로 묶어, 마치 하나의 신경조직처럼 작동할 수 있게 제어하는 가상 슈퍼컴퓨터를 말한다. 한 번에 한 곳만 연결할 수 있는 기존의 월드 와이드 웹과 달리 동시에 여러 곳과 연결해 마치 신경조직처럼 작동하는 인터넷망 구조로서 미국 시카고대학교의 포스터(Ian Foster) 교수가 1988년에 창안하였다.

그리드(grid)는 진공관의 음극과 양극의 중간에서 전류의 흐름을 통제하는 격자(格子)에서 유래한 용어로, 기존의 웹과 차세대 인터넷의 징검다리 역할을 한다는 뜻으로 이런 이름을 붙였다. 인터넷은 이용자가 모든 정보를 담은 서버에서 필요한 정보를 얻는 수직 구조인 반면, 그리드는 동시에 여러 사이트와 연결해 정보를 주고받을 수 있는 수평 구조로 되어 있다. 즉 지구 반대편에 있는 사람의 컴퓨터와 연결해 동시에 같은 연구를 수행할 수도 있고, 한 사람이 찾은 자료를 여러 사람이 동시에 보면서 서로 의견을 나눌 수도 있다. 나아가 한 대의 컴퓨터가 여러 곳에 흩어져 있는 컴퓨터를 원격 조정해 복잡한 계산을 나누어 시킨 뒤 이들을 다시 하나로 합칠 수도 있다.

3) 유비쿼터스 컴퓨팅 서비스

(1) u-Home

u-Home은 유비쿼터스 디지털 홈으로 가정내의 모든 생활 기기가 유무선 홈 네트워크로 연결되어 누구나 기기, 시간, 장소에 구애받지 않고 다양한 서비스를 제공받을 수 있는 가정 환경을 말한다. u-Home에서는 각종 정보 가전 기기의 원격제어, 홈뱅킹, 양방향 홈쇼핑, 에너지 관리, 맞춤형 원격 의료 등의 편리한 서비스가 제공된다.

(2) u-City

기술이 발전함에 따라 농업시대의 농촌은 산업혁명을 거쳐 산업도시로 발전하였고, 컴퓨터, 인터넷, 이동 및 위성통신의 발달과 함께 정보도시로 발전하였으며, DMB, WiBro의 출현과 함께 첨단 지능형 도시인 u-City가 출현하였다.

(3) u-Government

u-Government는 정부의 대국민 서비스와 업무 처리가 언제 어디서나 개인화 · 지능화 되어 기존의 전자정부보다 한 단계 발전되고 서비스 편리성과 업무 효율성이 향상되는 체계이다. 유비쿼터스 정보통신기술을 기반으로 한 전자정부의 최종 목표는 통합과 맞춤형 서비스의 제공이다.

(4) u-Learning

유비쿼터스의 기술을 이용한 u-Learning의 핵심은 일상생활을 하면서 시간과 장소에 구애 받지 않고 학습할 수 있게 함으로써 학습자들의 학습 효율성 및 효과성을 극대화시키는데 있다. 또한 학습자들이 언제 어디서에서나 어떤 단말기로도 학습할 수 있는 교육 환경을 조성해 줄 수 있다.

5) u-Health

u-Health란 의료서비스 이용의 편의성과 효율성을 높이기 위해 유무선 네트워크와 같은 정보통신 기술을 의료산업에 접목하여 언제, 어디서나 예방 · 진단 · 치료 · 사후관리 등이 가능한 건강관리 및 의료 서비스를 말한다. 이러한 u-Health 서비스를 제공하기 위해서는 생체 신호를 측정하기 위한 센서의 정확도 및 신뢰성이 무엇보다도 중요하다.

3. 디지털 환경 기술

1) 웹 서비스

(1) 웹 서비스의 의의

최근 전자상거래가 전체영역을 e-비즈니스화로 확대됨에 따라 기존의 폐쇄된 형태에서 개방화된 형태로 모든 관련 비즈니스 시스템이 웹기반으로 변화가 이루어지게 되었다. 그리고 인터넷망을 기본으로 기업이든 고객이든 모든 형태의 업무시스템들에서 통합적인 요인의 웹 서비스가 각광받으면서 새로운 형태의 유비쿼터스 시대로 진화되고 있다.

현행 웹 서비스(web service)는 근본적으로 전자상거래의 규칙을 바꾸고 있다. 기존의 웹에는 텍스트 데이터와 그래픽만을 지원하기 때문에 그렇게 잘 소프트웨어 상호대화를 지원하지 못하였다. 그러나 현행의 웹은 애플리케이션이 서로 직접 상호동작을 할 수 있고 자동적으로 명령을 수행하는데 더 효율적인 수단이 되었다.

궁극적으로 웹상에서 비즈니스를 하는 기업은 웹페이지의 링크를 게시하는 방법과 동일하게 자신의 애플리케이션은 검색하고, 다른 인터넷 기반의 애플리케이션과 자동으로 상호작용하게 되었다. 따라서 웹 서비스는 프로그램간 커뮤니케이션을 가능하게 함으로써 인터넷 이용을 개선하여 폭넓은 웹 서비스의 채택으로 여러 인터넷 위치에 있는 애플리케이션은 하나의 거대한 정보기술시스템의 일부인 것 같이 직접 상호연결이 가능하게 되었다.

최근 웹상에서 사용자의 참여가 급속도로 증가하고 있는 바 이는 기존의 웹과는 차이가 있는 차세대 웹으로 웹2.0가 나오게 되었다. 웹1.0은 서비스업체의 콘텐츠만 제공하는 포털(portal)을 의미하지만 웹2.0은 사용자에게 웹 애플리케이션을 제공하는 플랫폼(platform)을 의미하며 서비스업체가 블로그, 검색, 지도 등 다양한 기능을 제공하고, 사용자들의 참여로 콘텐츠와 서비스가 창조된다. 웹2.0은 인터넷의 패러다임 변화를 주도하면서 인간 삶의 양식까지 바꾸어 가고 있으며 온라인상에서의 변화를 넘어 상거래 구조와 기업 비즈니스 구조의 근본적인 변혁을 가져올 것으로 예상된다.[13)]

웹서비스는 인터넷 기술을 이용한 표준화된 공개 네트워크를 통해 기업 내 또는 기업간 모든 컴퓨터 시스템을 결합하는 새로운 컴퓨팅 패러다임으로 이를 통해 기업의 수익 증대와 비용 절감이 이루어지도록 지원해 주는 활동이다. 그 특징을 살펴보면 첫째, 시스템 구조가 유연하다. 과거의 메인프레임 또는 기존 클라이언트 · 서버 방식은 폐쇄적이고 서로 묶여져 있는 시스템이었으나 웹서비스는 유연한 구조와 서로 이질적인 데이터 표준을 통하여 유연하게 통합되고 운영된다. 둘째, 사용이 편리하다. 웹서비스는 플랫폼에 구애를 받지 않고 서비스되기 때문에 인터넷을 연결할 수 있는 유무선 단말기, 웹 등을 통해 시간과 장소에 상관없이 다양한 서비스를 제공받을 수 있게 한다. 셋째, 통합 환경을 제공한다. 기존의 내부 또는

---

13) 웹2.0을 잘 반영하여 주는 대표적인 것들로는 세계적인 트랜드를 인정받은 UCC, 사용자가 직접 만들어가는 미디어인 블로그(blog)와 위키피디아(wikipedia), 두 개의 블로그를 서로 연결시켜 주는 트랙백(trackback), 관심있는 블로그의 최신 글 목록을 몇 백개든 한꺼번에 받을 수 있게 해주는 RSS(really simple syndication) 등이 있다.

외부의 서로 다른 애플리케이션과의 통합이 가능해지거나 자동화될 수 있고 새로운 시스템을 구축하는 것이 아니라 기존의 시스템을 통합하여 운영해 줌으로써 기업 또는 비즈니스에 다양한 이점을 제공할 수 있다. 넷째 비용면에서 효율적이다. 웹서비스는 분산 시스템의 애플리케이션간 통합을 개발 도구(tool)로 이용하여 자동적으로 이행함으로써 인건비 및 운영비용을 절감한다.

2) 무선 인터넷 서비스

(1) 무선 인터넷 서비스의 의의

무선 인터넷(Mobile Internet)이란 무선으로 음성 · 데이터 · 영상정보를 송수신할 수 있는 서비스로서, 사용자가 이동하면서 휴대용 무선 단말기와 무선 데이터 통신망을 이용해 인터넷에 접속하여 데이터 통신이나 인터넷 서비스를 이용하는 것을 말한다. 스마트 폰이나 개인 휴대정보 단말기(PDA) 등을 통해 인터넷에 접속하는 것을 무선 이동 인터넷이라 하고, 블루투스(Bluetooth)[14]나 무선 랜(Wireless LAN) 등을 이용하여 인터넷에 접속하는 것을 무선 고정 인터넷이라고 하는데, 일반적으로 무선 인터넷이라 하면 무선 이동 인터넷을 의미한다.

향후 고속 통신기술의 발달로 인해 유선 인터넷에서 제공되는 멀티미디어 형태의 다양하고 풍부한 정보 서비스의 실현 가능성, 무선 인터넷을 통한 기존 전자 제품 및 장비들에 대한 원격 조종을 가능하게 하는 블루투스 기술의 상용화 그리고 무선 단말기에 맞는 프로토콜과 기술이 빠르게 개발되어 활용될 것으로 예상된다.

한편 무선 인터넷은 네트워크, 단말기, 솔루션, 콘텐츠 등의 기본적인 요

---

14) 휴대용 장치간의 근거리통신을 케이블 없이 저가격으로 구현하기 위한 근거리 무선통신기술, 표준, 제품을 총칭하는 용어이다. 블루투스는 작은 크기, 저렴한 가격, 적은 전력소모로 장애물이 있는 경우에도 무선 데이터통신 구현이 가능하며 노트북컴퓨터, 이동전화단말기, 게임기, 디지털카메라, 프린터, MP3 플레이어기기간에 연결된다.

소로 구성되어 있다. 무선 인터넷을 이용하기 위해서는 무선망과의 연동이 필요한데 무선 단말기의 제한된 자원을 효과적으로 사용하기 위하여 WAP(Wireless Application Protocol)방식과 ME(Mobile Explorer)방식의 표준이 널리 사용되고 있다.

무선 단말기를 통한 인터넷 접근은 시·공간을 초월한 정보 접근의 가능성을 제시하지만 단말기 자체와 무선망 성능상의 제한으로 인해 기존 유선 인터넷에서와 같이 멀티미디어를 포함한 다양한 형태의 정보 제공이 어렵다.

유선 인터넷 서비스가 편재성(ubiquity), 접근성(reachability), 보안성(security), 편리성(convenience)이라는 성질을 가지고 있다면, 무선 인터넷 서비스는 여기에 위치성(localization), 즉시 연결성(instant connectivity), 개인성(personality)의 성질이 부가되었다고 할 수 있다.

〈표 3-3〉 무선 인터넷 서비스의 성질

구분	내용
편재성(ubiquity)	어디에서나 실시간 정보검색기능
접근성(reachability)	언제 어디서나 인터넷접속 가능
보안성(security)	개인전용 단말기 이용에 따른 보안기능
편리성(convenience)	간단한 통신도구 이용
위치성(localization)	특정시점에 사용자의 현 위치가 어디인지 분명하게 보여주는 방법
즉시 연결성 (instant connectivity)	빠른 시간내에 필요한 정보를 탐색할 수 있도록 보여주는 방법
개인성(personality)	이동통신 사용자의 개인화와 차별화된 고객서비스

(2) 무선 인터넷 서비스의 특징

무선 인터넷 서비스의 특징을 살펴보면 다음과 같다.

첫째, 무선 인터넷은 장소와 이동에 제약을 받는 유선 인터넷과 달리 언제 어디서든 이용할 수 있어 신속한 정보 취득이 가능하다. 둘째, 무선인터넷은 단말기의 사용자가 분명하게 정해져 있으므로 개인에 대한 차별화된 서비스 제공이 가능하며 사용자의 현재 위치 정보 등을 활용하여 지리정보 서비스나 위치기반 서비스, 내비게이션, 목표광고 등의 고부가가치 서비스 제공이 가능하다. 셋째, 무선 인터넷은 유선 인터넷과 달리 유료 서비스에 대한 거부감이 상대적으로 적고 대부분 이동통신업체 중심의 폐쇄적인 네트워크에서 사용된다. 넷째, 무선 인터넷 단말기로 사용되는 휴대폰은 사용자가 간편하게 소지할 수 있도록 소형으로 제작되기 때문에 전송속도, 화면크기, 키패드(key pad) 크기, 저장용량, 프로토콜 등의 측면에서 유선 인터넷과 비교하여 매우 열악한 기술적 기반으로 서비스된다.

3) 네트워크와 융합 기기

네트워크 융합(network convergence)은 디지털 기술의 발전에 기반하고 있으며, 네트워크간 물리적 융합뿐만 아니라 이를 가능하게 만든 기술의 융합까지 포함하는 개념이다. 즉 방송과 통신의 융합, 유선과 무선의 융합, 음성과 데이터의 통합이 핵심이며 급변하는 경영환경에 대처하기 위한 네트워크의 변화를 의미한다. 네트워크 융합은 이용자의 정보 접근성(accessibility)을 증대시키고, 신규 서비스 창출의 밑바탕이 되며 커버리지(coverage)의 확대, 서비스 비용의 감소를 통하여 소비자의 효용을 증대시킨다. 공급 측면에서는 기존 설비를 최대한 활용하게 되어, 비용절감, 통신자원의 효율적 사용을 가능하게 한다. 또한 네트워크 운용 및 설치비용을 낮추어 시장진입을 촉진시키는 효과가 있다.

한편 기기 융합(device convergence)이란 디지털 기술의 발전과 유비쿼터스 네트워크의 확산에 따라 기존 단말기의 기능이 통합되고 이동성 보장을 위하여 소형화·경량화되는 현상을 의미한다. 예를 들면 디지털 카메라와 휴대폰 생산기술을 동시에 보유한 기업이 복합기능인 카메라 폰을 생산해 기존 휴대폰 생산기업에 대한 우위 역량을 가진다.

향후 디지털 기기들은 임베디드 소프트웨어(embedded software)가 장착된 마이크로프로세서를 통해 지능적인 기능을 가질 수 있게 될 것이다. 아울러 디지털 기기들은 경량화·최적화되고 높은 기기의 신뢰성을 가질 수 있으며 다양한 멀티미디어의 지원이 가능해지고 항상 네트워크에 연결되어 다양한 정보에 접근할 수 있게 된다.

4) 생체 인식

생체 인식(biometrics)은 사용자 신체의 특정부분을 읽고 분석한 후에, 기존에 저장된 데이터와 비교해서 본인임을 확인하고 인증하는 기술을 말한다. 생체 인식은 아이디 카드(ID card)나 비밀번호와는 달리 개인의 고유 신호를 이용하기 때문에 도난이나 분실의 염려가 없고 위조 및 변조가 어렵기 때문에 보안 분야에서 각광을 받고 있으며 금융 서비스, 통신정보, 의료, 치안관리, 전자상거래 등의 분야에도 응용이 가능하다. 생체 인식기술은 안정성 측면에서 다른 개인 인증기법보다 훨씬 높은 기술적 우위를 가지고 있으며 프로세스의 성능 향상에 힘입어 경쟁력이 높아지고 있다.

생체 인식을 이용한 예로는 지문, 음성, 얼굴, 홍채, 손금, 정맥 분포 등 아주 다양하다. 이 중에서 가장 널리 상용화되고 있는 것은 지문 인식(finger scan)이며, 최근에 개발된 정맥인식(vein recognition) 기술은 손등이나 손목 혈관의 형태를 인식하는 기법으로 정확도 측면에서 뛰어나다. 이외에도 생체인식은 사용자의 움직임을 체크하고 이 움직임으로 기기를 제어할 수 있는 용도로도 연구되고 있다. 예를 들어 안구의 움직임이나 눈의 깜박임 등의 신호를 포착해 장애자가 퍼스널컴퓨터를 조작할 수도 있으며, 특수 산업현장에서 조작자가 원거리에서 안전하게 기기를 운영할 수 있는 등 다양한 기술이 개발되고 있다.

연습 문제

1. 인터넷의 정의와 생성에 관하여 간략히 서술하시오.

2. LAN의 구성을 나열하고 설명하시오.

3. 인터넷 통신규약에 관하여 설명하시오.

4. 인터넷 표현표준을 나열하고 설명하시오.

5. 인터넷 서비스의 종류를 열거하고 간략히 서술하시오.

6. 모바일 컴퓨팅의 특징과 기술, 활용에 관하여 간략히 서술하시오.

7. 유비쿼터스 컴퓨팅의 개요와 기반기술, 서비스에 관하여 간략히 서술하시오.

8. 디지털 환경기술을 나열하고 설명하시오.

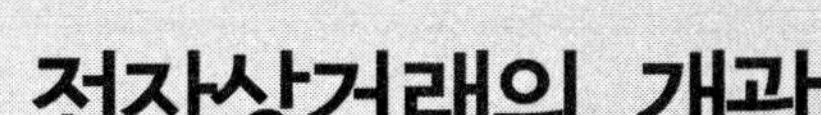

4 전자상거래의 개관

제1절 전자상거래의 개요

1. 전자상거래의 의의

1) 전자상거래의 개념

전자상거래(Electronic Commerce: EC)라는 용어는 미국의 로렌스 리브모어 국립연구소(Lawrence Livermore National Laboratory)에서 사용된 후 1993년 미국 연방정부가 도입하면서 확산되었다. 이 용어에 대한 통일된 개념이 정립되어 있지는 않지만, 일반적으로 "기업, 정부기관과 같은 독립된 조직간 혹은 조직과 개인간에 다양한 전자적인 매체를 이용하여 상품이나 서비스를 교환하는 방식"이라고 정의할 수 있다. 최근에는 정보통신 기술을 활용하여 기업의 생산, 판매, 조달 등 모든 경영활동을 효율화하는 경영혁신전략 수단 또는 전자적 기술과 수단을 활용하여 가상공간에서 이루어지는 거래를 총칭하는 개념으로 이해되고 있다.

다시 말해서 전자상거래는 정형화된 데이터뿐만 아니라 이미지, 비디오, 음성 등과 같은 비정형적인 데이터를 비롯하여 CAD/CAM[1)]과 같은 생산 및 기술 데이터 등이 모두 포함된다. 이러한 각종 데이터를 전자적으로 처리하기 위해 전자문서교환(EDI), 전자우편(E-mail), 바코드(Bar-code), 데이터베이스(Database), 전자게시판(BBS), 전자지불(Electronic Payment) 등 다양한 정보기술이 통합적으로 활용된다.

〈표 4-1〉 전자상거래의 범위

영 역	내 용
계약	잠재고객과 잠재기업 간의 최초계약 체결
정보교환	사전 및 사후판매지원 (제품 및 서비스, 제품사용에 관한 기술지원, 고객문의 지원 등)
전자지불	전자자금이체(EFT), 신용카드, 전자수표, 전자현금 등을 활용
유통	유통관리, 제품출하 추적시스템
가상기업	독립된 기업들이 정보기술을 이용하여 기술, 비용, 정보를 공유
기업프로세스	ERP, 기업과 협력회사가 기업프로세스를 공동으로 소유하고 운영
정보기술	전자우편, 팩스 EDI, EFT, CALS

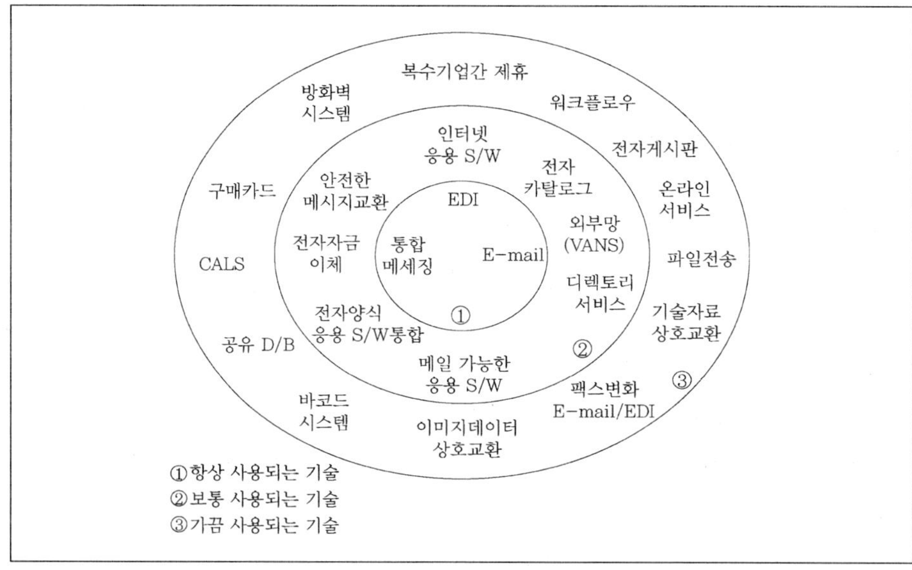

[그림 4-1] 전자상거래의 구성요소

1) CAD(Computer Aided Design)는 컴퓨터의 지원에 의한 설계, CAM(Computer Aided Manufaturing)은 컴퓨터의 지원에 의한 제조를 말한다. 설비, 기기 등 물건을 만들 때 만들고 싶은 물건의 설계를 하고 제조에 필요한 정보를 도면화하여 그 도면에 따라 가공조립하는 것이 순서이다.

전자적인 매체를 이용한 상거래 방식은 광고를 포함하여 거래에 필요한 정보의 교환, 전송 가능한 상품 자체의 전송 및 자금결제 등은 물론 정보의 수집, 배포에서부터 협상, 계약, 주문, 배달 및 대금청구, 지불 등에 적용될 수 있다. 거래대상에는 가구, 의복 등의 물리적인 상품뿐만 아니라 음악, 인쇄물 등 온라인상에서 직접 제공이 가능한 디지털 상품과 서비스도 포함된다.

2) e-비즈니스와 전자상거래의 비교

e-비즈니스는 전자상거래가 생긴 이후에 나온 용어로 21세기의 새로운 메가 트랜드(mega trend)로서 전 세계 경제환경에 엄청난 영향을 주고 있다. 그러나 e-비즈니스에 대해서는 아직 통일된 개념이 정립되어 있지 않은 바 이는 e-비즈니스의 막대한 영향에 비해 그 역사가 상대적으로 매우 짧아 그 연구가 충분히 이루어지지 못했기 때문이다.

e-비즈니스는 전자상거래를 포괄한다. 여기에서 e-비즈니스는 디지털 기술과 네트워크 기술을 기반으로 한 고도의 정보통신을 전략적으로 활용함으로써 기존 비즈니스 모델의 변형 또는 새로운 비즈니스 모델의 창출을 통한 고객 가치의 극대화를 총칭하는 개념이다. 이는 고객의 가치창출을 위해 첨단기술의 전략적 활용뿐만 아니라 기업의 조직 및 경영방식, 급변하는 시장환경의 변화에 따라 유연하게 전략적으로 변화해야 하는 전략지향적 비즈니스를 의미한다. 반면에 전자상거래는 기존의 아날로그 방식과 물리적인 방법을 따라 이루러지던 모든 상거래 가운데 디지털 네트워크 시스템을 이용해 이루어지며, 기존에 비해 상대적으로 고도의 효율성과 효과성을 창출한 모든 상거래를 가리킨다.

〈표 4-2〉 e-비즈니스와 전자상거래의 차이점

주요 요인	e-비즈니스	전자상거래
거래 영역 경계	대부분 기업내부	대부분 기업외부
정보 제어 능력	통제의 크기가 강함	통제의 크기가 약함
상업적 거래	정보의 교환	가치의 교환
내외부 조건	대부분 폐쇄형	대부분 개방형
사업 모델	inside out strategy	outside in strategy
상호교류 분야	기업간 전자상거래, SCM, CRM, KMS	

2. 전자상거래의 배경

1990년대에 들어 정보시스템의 범위를 기업내에서 기업간으로 확대하여 EDI(Electronic Data Interchange)를 통하여 조직간에 전자화된 자료를 교환·공유할 수 있는 방안이 제시되기 시작하였다. 인터넷의 폭발적인 보급에 따라 근래 일반 소비자를 대상으로 하는 인터넷을 이용한 전자상거래가 주목받고 있으며 또한 관련 정보기술이 발전함에 그간 개별적으로 운용되고 있던 정보시스템을 통합 운용하기 위한 기업내 정보화수단으로 SCM과 CRM 등이 각광을 받고 있다.[2)]

최근에는 CALS(Commerce At Light Speed)라는 개념이 도입되어 기업의 업무 프로세스와 정보의 통합관리를 최적화하게 되었다. 기업내 통합(Intra Enterprise Integration)은 전사적 자원관리(Enterprising Resource Planning: ERP)[3)]를 통하

---

2) SCM(Supply Chain Management)은 원재료의 수급에서 고객에게 제품을 전달하는 자원과 정보의 흐름 전체를 경쟁력 있는 업무의 흐름으로 관리하는 것을 말한다. 즉 사내와 사외의 공급망을 통합하여 계획하고 관리하며, 각 단위 시스템의 통합과 연동을 전제로 하고 있다. 이것은 기업 내부의 전사적 자원관리(ERP) 내지 물류관리를 기업 외부와의 공급망 전체로 확장한 것이라고 이해할 수 있다.
CRM(Customer Relationship Management)은 데이터베이스 마케팅, 1 : 1 마케팅, 관계형 마케팅 등의 연장선상에서 고객 데이터의 세분화를 통해 신규고객 획득, 우수고객 유지, 고객가치 증진, 잠재고객 활성화, 평생 고객화 등을 추구한다.

3) 전사적 자원관리는 표준업무절차에 맞춰 전사적 차원에서 구매, 재고, 생산, 영업, 물류, 재무, 회계 등 모든 기업업무를 최적화 및 통합관리하는 기업통합정보시스템

여 이루어지고 기업간 통합(Inter Enterprise Integration)은 EC(Electronic Commerce)를 통하여 이루어지며 이 두 가지를 통합한 개념이 CALS라고 보는 시각이 지배적이다.

3. 전자상거래의 특징

전자상거래가 인터넷 사용인구의 급속한 증가와 함께 새로운 시장으로 부각됨에 따라 기업이나 소비자에게 적지 않은 영향을 미치고 있으며, 기존의 전통적 상거래 방식과는 다른 특징을 가지고 있다. 그 특징을 살펴보면 다음과 같다.

1) 불특정 다수와의 대량거래

전자상거래는 1:1의 거래관계도 있겠지만 대부분 불특정 다수를 대상으로 광고를 하고, 여러 사람들의 동시 또는 일시의 계약을 하는 다수 당사자간 거래형태를 갖는다. 예를 들어 하나의 홈페이지에 상품 판매광고를 하고 불특정 다수의 구매자는 동시 또는 일시에 구매청약을 하게된다. 이때 구매자가 누구인지 알 필요는 없고, 구매자의 구매의사와 구매능력만 확인하고 구매승인을 하면 된다.

2) 비대면성 거래

수요자는 인터넷 등을 통해 자신이 원하는 상품의 정보로서 구매의사를 표시하고, 판매자는 네트워크를 통해 주문을 받아 전자방식에 의한 대금결제 승인이 떨어지면 바로 제품을 송부하므로 비대면성의 특징이 있다.

을 말한다.

3) 개방성 및 국제성

전자상거래는 특정 기업간에 표준화된 방식에 의하여 이루어지는 전자문서교환(EDI)이나 광속교역(CALS)과 같이 폐쇄형 네트워크도 있지만, 최근 비약적으로 그 이용 규모가 확대되고 있는 인터넷을 이용한 전자거래에서는 누구든지 거래의 당사자로 참가할 수 있고 전체적인 네트워크의 관리자가 존재하지 않는 개방형 네트워크이므로 거래공간이 무한히 확대된다.

4) 정보의 디지털화

전자상거래에서는 거래에 필요한 의사표시나 정보가 전자화된 디지털신호로 교환된다. 이와 같이 디지털 신호화된 정보가 컴퓨터와 통신망의 연결에 의하여 방대한 거래 데이터를 처리할 수 있게 된다. 그리하여 기존의 대화자나 편지, 전화 등에 의한 거래에 비하여 국경을 초월한 광범위한 공간에 순식간에 정보를 쉽게 전파하는 것이 가능하게 되었다.

〈표 4-3〉 전자상거래와 전통적 상거래의 비교

	전자상거래	전통적인 상거래
유통채널	기업 ↔ 소비자	기업 ↔ 도매상 ↔ 소매상 ↔ 소비자
거래지역	전세계	일부지역
거래시간	24시간	제약된 영업시간
수요파악	온라인으로 수시 획득	영업사원이 획득
마케팅 활동	쌍방향 통신의 1대 1 마케팅	구매자 의사에 상관없는 일반적인 마케팅
고객대응	고객 수요를 신속히 포착	고객수요 포착이 어렵고 지연대응
판매거점	사이버 공간	판매공간 필요
소요자본	웹서버 이용, 홈페이지 구축 등에 적은 자금 소요	도·소매 영업점 운영에 많은 자금 필요

4. 전자상거래의 형태

1) 기업간 거래(Business to Business: B2B)

기업의 사설망이나 부가가치통신망 등의 네트워크상에서 주로 EDI를 사용하여 기업간에 주문, 송장수령, 지불을 하는 것으로 무역, 제조 등의 분야에서 많이 활용되고 있고 점차 타업종으로도 확산되는 추세이다. 기업간 전자상거래는 개방적인 가상공간에서 온라인을 통한 불특정 다수의 공급자와 수요자간에 거래가 이루어진다. 이에는 화학, 철강, 자동차 등 산업별로 특화된 수직적인 거래시장과 여러 업종이 복합된 수평적인 거래시장으로 구분할 수 있다.

이와 같은 기업간 전자상거래는 정보획득을 통한 기업의 가능성을 높이며, 기업간 공급과 수요 및 판매구조의 효율화를 도모한다. 이는 거래비용의 감소와 거래의 투명성 증진, 유통속도의 개선 및 공동제품 개발의 참여 등을 통한 기업간 공조(collaboration)를 활성화시키는 동인으로 작용한다.

2) 기업과 개인간 거래(Business to Consumer: B2C)

사이버 공간을 통해 기업과 개인 소비자간에 상품의 탐색 및 판매, 대금결제 등의 상거래가 발생하는 것을 의미한다. 인터넷 쇼핑몰이나 인터넷 뱅킹, 증권 사이트, 공연·여행 관련예약, 인터넷 방송 및 신문 등이 그 대표적인 예라고 할 수 있다.

3) 기업과 정부간 거래(Business to Government: B2G)

정부조달 업무를 중심으로 공급자인 기업과 수요자인 정부간에 발생하는 전자상거래다. 조달관련 상품 및 서비스의 입찰에서부터 실제 공급·결제·사후 서비스 등에 이르기까지의 활동과 수출입절차 및 통관업무, 각종 인허가와 세금징수관련 서비스, 공공 데이터베이스의 구축과 이용 등이 그 사례들이다.

4) 정부와 개인간 거래(Government to Consumer: G2C)

소비자가 필요로 하는 각종 상품이나 서비스를 정부가 제공하는 형태로, 주로 B2G에서 설명한 업무들이 정부와 기업 대신 정부와 개인간에 이루어지는 경우를 말한다. 각종 민원서류의 발급 및 대 국민 행정서비스 등이 대표적인 예에 해당된다.

위의 네 가지는 가장 흔히 사용되는 형태를 중심으로 간단하게 구조화된 것으로서, 최근에는 이러한 골격을 유지하면서도 다양한 변화 및 복합화 추세가 일반화되고 있다. 예를 들면 개인과 개인간 거래(Consumer to Consumer: C2C)의 등장이 그것이다. 현재 개인간의 거래는 활성화되어 있지 못하지만 급속히 확산되어 갈 것으로 전망된다.

개인간 거래의 가장 큰 특징은 실수요자간 편리하고도 값싸게 상품을 구입할 수 있다는 것인데 이는 인터넷을 통해 실시간으로 실수요자간 정보가 공유됨으로써 유통업체 또는 쇼핑몰 업체의 일방적인 가격설정의 틀을 벗어나서 보다 합리적인 대응형 거래를 지향할 수 있다고 하는 장점에 기인한다.

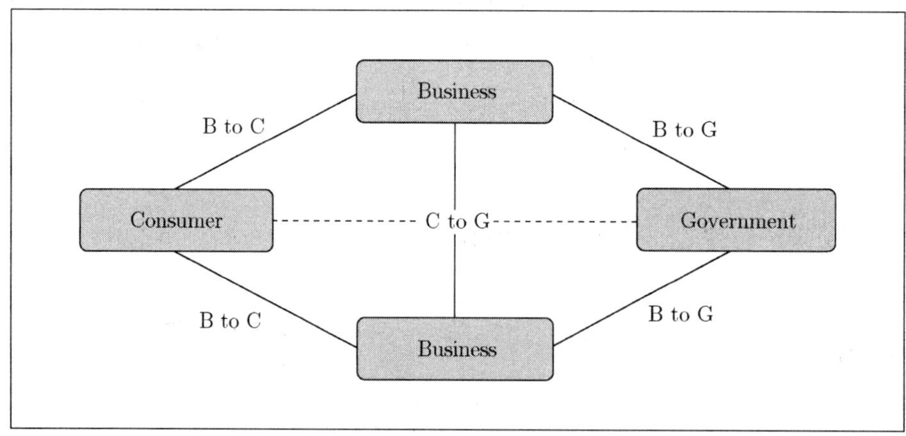

[그림 4-2] 전자상거래의 형태

5. 전자상거래의 유형

전자상거래의 사업모델에 따라 다음과 같이 5가지의 유형으로 나누어질 수 있다. 첫째 포털(portal)로 인터넷의 여러 사이트를 포괄하여 종합적인 안내서비스를 제공하는 사이트를 말한다. 대표적인 포털로는 Yahoo, MSN, AOL, Naver, Google 등이 있다. 둘째, 판매(shopping)는 인터넷을 이용하여 가상의 상점을 운영하는 것이다. Amazon, Walmart Online 등이 대표적인 기업이다. 셋째, 중개(trading)란 구매자와 판매자를 연결해 주는 역할을 수행한다. 경매를 전문으로 하는 eBay나 Priceline, 증권거래 전문으로 하는 E*trade 등이 대표적인 기업이다. 넷째, 내용(content)이란 Disney나 New York Times, 온라인 TV, 영화, 오락, 게임, 음악 등 인터넷을 도구로 소비자가 필요로 하는 정보를 전달하는 기능을 수행한다. 마지막으로 접속(access) 서비스는 인터넷 사용을 위한 통신망 운영과 접속서비스로서 AOL, AT&T 등이 있다.

〈표 4-4〉 전자상거래의 유형

유형	모형	주요기업	주요성공요인
포털	인터넷의 관문서비스로 검색기능과 안내기능	AOL, MSN, Yahoo	선점효과, 무료서비스, 고객기반 확대, 광고유치, 내용물의 다양화 등
판매	상품과 서비스의 판매	Amazon	저가공세, 구매에서의 규모의 경제성, 물류의 효율적 운용, 재고의 최소화, 맞춤서비스 제공
중개	상품과 서비스의 거래 중개기능	E*trade, eBay, priceline	선점효과, 고객기반 확대, 신용보장, 중개프로세스의 개선
내용	정보, 연예, 오락, 교육 제공	Disney, Time-warner, New York Times	독창적인 아이디어, 고객의 수용에 맞춤서비스 제공, 다양한 접속수단
접속	인터넷 사용자를 위한 접속서비스 제공	AOL, AT&T	빠른 접속방법, 다양한 내용 포털 서비스 제공

출처, 장세진, 글로벌경영, 박영사, 2011, p.26

제2절 전자상거래의 추세

1. EDI

1) EDI의 개념

정보통신기술이 발전함에 따라 처음으로 정보통신 서비스의 하나로 등장한 것이 전자자료교환(Electronic Data Interchange: EDI)이다. EDI는 서로 다른 기업이나 조직간에 표준화된 상거래서식 또는 공용서식을 서로 합의된 통신표준에 따라 컴퓨터간에 교환함으로써 상호간에 같은 내용을 재입력하지 않고 즉시 업무에 활용할 수 있는 새로운 정보 전달방식을 말한다.

EDI의 도입은 1968년 미국의 운송데이터 조정위원회(Transportation Data Coordination Committee: TDCC)가 기존의 산업별 표준에 대한 해석원칙을 확립하기 위하여 설립되었다. 그 후 운송관련 서류를 전송하는데 사용할 공통언어 또는 표준을 개발하여 1975년에 최초의 표준을 발표하였으며 그 후 항공, 육운, 철도, 해운 등의 표준을 후속적으로 개발하였다.

이런 개발 과정을 거치다가 1987년 3월 UN에서 EDI표준인 UN/EDIFACT (Electronic Data Interchange for Administration, Commerce and Transport)가 제정되었다. EDIFACT는 그 명칭이 의미하는 바와 같이 행정, 상업, 운송에 관한 전자자료교환이다.

이러한 EDI는 당초 무역진흥을 위하여 개발·활용되었으나 그 적용범위는 점차 확대되어 매우 다양화되었다. 결국 EDI는 무역물품의 이전을 원활히 하기 위하여 사용되는 본래의 취지로부터 두 개의 컴퓨터 시스템간에 표준화된 모든 데이터를 교환하는 목적까지 확대·발전하게 되었다.

한편 한 기관이나 조직에서 EDI가 실현되면 여러 가지 효과를 조직내외에서 얻을 수 있다. 이런 효과는 조직의 전범위에 걸쳐 장기적인 영향을 끼치게 되므로 EDI는 소위 현대기업의 전략정보시스템(strategic information system)의 일환으로 추진되기도 한다. 구체적으로 EDI의 효과들에 대해서 설명하면 다음과 같다.

첫째, 대외적으로 거래상대자 또는 고객으로부터 신속하고 정확한 대응을 이끌어 낼 수 있다. 모든 거래가 컴퓨터통신에 의해 수행되므로 수작업으로 할 경우에 발생할 수 있는 각종의 오류와 지연을 방지하고 정확·신속한 거래정보의 교환이 가능하게 된다.

둘째, 내부적으로는 거래활동을 위한 준비과정에 소요되는 시간을 단축하고 재고투자를 감소킬 수 있다. 사실 EDI는 무재고(zero inventory) 또는 적시재고시스템(just-in-time inventory system)을 실현시킬 수 있는 유력한 수단으로 주장되기도 한다.

셋째, EDI에 의한 거래는 해당 거래조직간에 자금에 관한 정보의 유통시간을 단축함으로써 거래에 참여하는 모든 당사자들이 현금 또는 유동성자산의 증가를 향유할 수 있다.

넷째, 조직 내부의 의사결정과정에 더 신속하고 정확한 자료를 제공함으로써 조직 의사결정의 질을 향상시킬 수 있다.

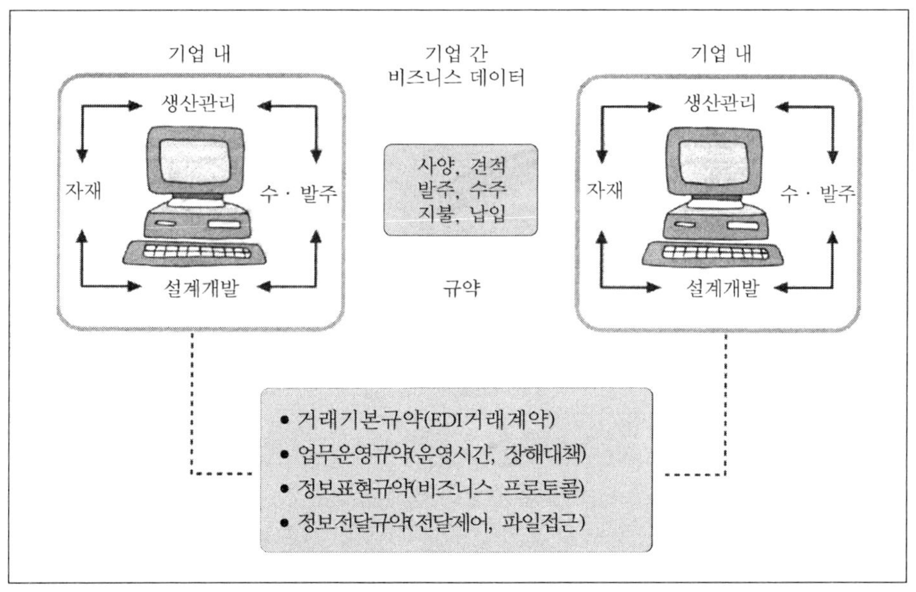

[그림 4-3] EDI의 개념

2) EDI의 구성요소

전자적으로 문서를 생성하고 전송하기 위해서는 EDI 표준, 사용자시스템, 통신네트워크, 당사자 거래약정의 4요소가 갖추어져야 한다.

(1) EDI 표준

EDI 사용자간에 교환되는 전자문서의 내용과 구조, 통신방법 등에 대한 규칙과 지침을 제공하는 것으로서 당사자간에 전자문서가 자유롭게 유통될 수 있도록 보장하는 일종의 통일된 공통언어를 말한다.

EDI 표준은 용도에 따라 전자문서표준, 통신표준으로 구분된다. 전자문서표준이란 전자적으로 전달될 수 있는 문서, 전자문서에 포함되는 정보, 정보의 순서와 형태, 정보 각 부분의 의미 등에 대한 지침이 포함된다. 통신표준은 컴퓨터를 통한 전자문서의 송수신규약으로 어떤 정보를 어떻게 보낼 것인가 하는 방법에 대한 합의를 말한다.

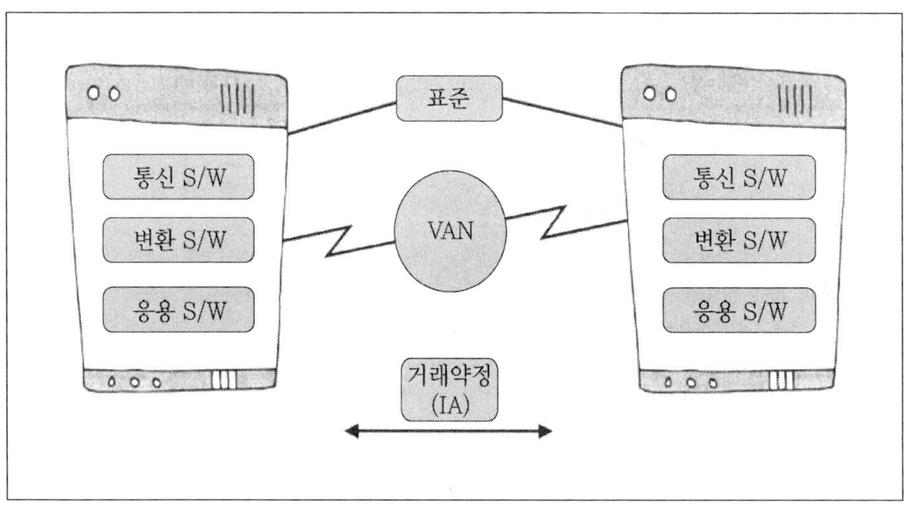

[그림 4-4] EDI의 구성요소

(2) 사용자 시스템

이는 당사자간에 정보교환을 가능하게 해주는 사용자들의 통신, 변환 및 응용 소프트웨어와 하드웨어를 말한다. 그러나 EDI를 실행하기 위해서 갖추어야 한 특별한 하드웨어는 없다. 대부분의 회사는 일반 업무처리용 컴퓨터를 보유하고 있고 소형 컴퓨터가 널리 보급되어 있어 필요한 EDI 소프트웨어만 구입하여 운용하면 EDI를 실행할 수가 있는 것이다.

EDI 소프트웨어는 각 회사마다 다른 양식으로 표현된 데이터를 EDI 표준에 맞는 양식으로 변환시켜 주며 변환된 EDI 문서를 통신표준에 맞는 전자메시지로 변환시키는 기능을 수행한다. 여기에는 사용자가 문서를 입력, 편집 및 출력하는 응용소프트웨어, 다양한 응용시스템에서 작성된 문서를 정형화된 표준형태로 변환시키는 변환소프트웨어, 표준메시지의 전자신호를 전송해주는 통신 소프트웨어 등이 있다.

구체적으로 보면 응용소프트웨어는 사용자가 문서작성시 표준화된 전자문서의 각 항목을 체계화한 문서로 전송하기 위하여 편집하고 수신 전자문서를 조회, 출력하는 데에 이용된다. 변환 소프트웨어는 EDI표준과 연결되는 프로그램으로서 작성한 문서를 EDI 표준양식으로 변환하는 것이다. 이 소프트웨어는 사용자의 양식을 표준양식으로 변환하는 기능과 표준형식에서 사용자의 형식으로 변환하는 기능을 모두 제공한다. 통신 소프트웨어는 시스템간에 데이터를 송수신할 때 사용하는 소프트웨어이며 전화선 또는 전용선을 통하여 가능하도록 지원한다.

(3) 통신네트워크

전자문서가 거래상대방의 컴퓨터로 전달되기 위해서는 통신망을 갖추고 있어야 한다. 물론 거래상대방과 직접통신망을 개설하기도 하지만 여러 가지 비용이나 통신의 보안문제가 발생하기도 한다. 따라서 비용문제로 대부분의 경우 제3자 네트워크를 통해 EDI를 활용하는 경우가 많다. 여기서 흔히 제3자 네트워크를 부가가치통신망(Value Added Network: VAN)[4]이라고 한다. 사용자들은 VAN을 이용하여 국내외를 막론하고 시내전화비용만으로 통신을 할 수 있으며, 한번의 접속으로 다수의 수신인에게 다양한 문서를 전송할 수도 있다.

(4) 당사자 거래약정

EDI는 단순한 기업 내부의 업무처리 전산화가 아니라 전혀 다른 업무처리 시스템을 가진 거래 상대방과의 자료교환이기 때문에 EDI로 업무처리를 하는데 따른 제반 사항에 대해 당사자들이 사전에 거래 약정을 맺는 것이 중요하다.

거래약정은 크게 네트워크약정(N/A)과 사용자간의 거래약정(I/A)으로 나누어지는데 이를 살펴보면 다음과 같다.

① **네트워크 약정**(Network Agreement: N/A) : 사용자와 VAN간의 EDI 서비스 이용약정으로서 전자무역의 경우 무역업체, 은행, 관세사, 선사, 보험사 등의 사용자가 무역업무를 EDI로 처리하기 위해 한국무역정보통신(KTNET)과 같은 VAN 서비스 제공업자와 맺는 이용약정을 말한다.

이 약정 속에는 이용자에 관한 인적사항 뿐만 아니라 요금부담자, 비밀번호, 수발신인 식별자 및 접속방법 등에 관한 사항들이 기재되도록 되어있다. 즉, 서비스의 종류 및 내용, 사용자 ID, 비밀번호 및 수발신인 식별자 값, EDI 서비스 이용요금 및 부과방법, EDI 업무처리상 에러 및 분쟁발생시 해결절차 등이 포함되어 있다.

② **거래약정**(Interchange Agreement: I/A) : 사용자와 사용자간의 EDI 거래약정을 말한다. EDI로 업무를 처리할 전자문서 및 표준에 대한 합의라든지, 해당 업무별 사용자 명시 및 수발신인 확정과 EDI 서비스 제공업자 및 데이터 통신망 합의, 전자문서 송수신 및 예상 응답시간 합의, 서비스 이용료 등 비용부담에 대한 합의, 업무처리상 에러 및 분쟁 발생시 해결절차 등을 포함하고 있다.

---

4) 부가가치통신망이라고 함은 전문 데이터베이스 등에 비용을 내고 액세스할 수 있도록 하여 특정서비스를 제공하는 통신망으로서 통상 공중네트워크에서 쉽게 찾을 수 없는 정보나 서비스를 유료로 제공한다.

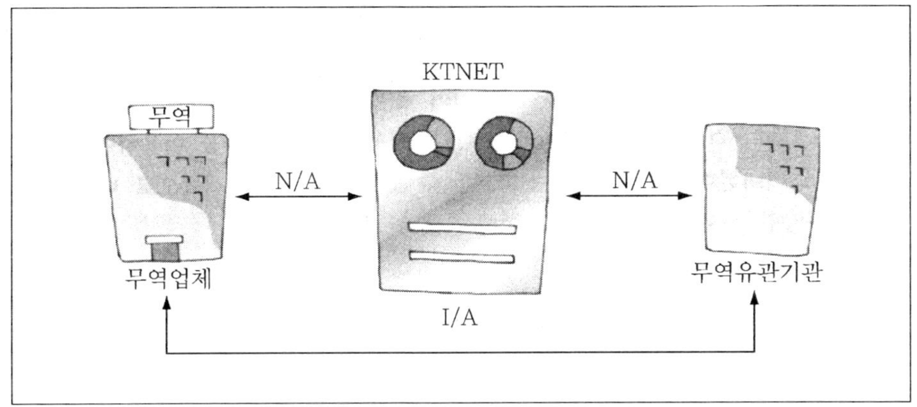

[그림 4-5] EDI당사자 거래약정 구성도

3) 인터넷 EDI의 등장

인터넷의 급속한 확산으로 통신비용과 접근성에 대한 사용자들의 인식에 변화가 일어났다. 전통적 EDI(VAN EDI)의 문제점은 표준의 권고에도 불구하고 EDI사업자들은 서비스에 따라 산업별 또는 기업별로 별도의 독자적인 형태를 갖는 EDI를 구축하고 있다는 것이다. 그러므로 정해진 특정 대상을 제외한 여타의 영역에서는 자유롭게 접속해서 원하는 정보교환이나 전자거래에 참여할 수는 없다는 치명적인 표준 부재의 문제점을 가지고 있다. 즉, EDI를 실현하기 위하여 상호간의 약정과 기술규격들이 통일되어야 하는데 커다란 비용과 노력이 요구되기 때문에 VAN EDI는 관련 기업 및 기관들만이 중심이 된 폐쇄성이 강한 시스템을 구축하고 있다. 이런 변화로 인하여 VAN서비스에 기반한 EDI를 도입하여 활용하던 많은 기업들은 인터넷 EDI로의 전환을 검토하게 되었다.

(1) 개방형 EDI

EDI가 해결해야 할 과제 중의 하나가 이기종의 컴퓨터 시스템간의 정보교환을 지원하고 과학, 의료, 금융 등 다양한 형태의 정보도 무리없이 처리해야 하는 것이다. 이러한 관점에서 개발된 것이 개방형(open) EDI인데, 이는 이질적인 거래형태, 정보기술 및 데이터구조를 지닌 거래주체 사이에 공공표준을 활용하여 상호 운영하는 전자자료교환을 의미한다. 이 방식의 EDI는 몇 가지 기본조건이 필요하다.

첫째, 거래당사간에 일정한 합의가 있어야 한다. 여기에는 거래당사자간의 업무내용 및 의무 등이 명확하게 기술되어야 한다. 둘째 일정한 규칙에 의거하여 수행되어야 한다. 규칙이란 개방형 EDI에 참여하는 모든 당사자들이 수행할 역할을 말한다. 셋째 자동적으로 교환이 이루어져야 한다. 이는 시스템간의 정보교환으로서 컴퓨터 프로그램화가 가능함을 의미한다. 넷째 거래당사자의 현상태를 기술해야 한다. 이는 개방형 EDI에 의한 거래가 필요한 정보만을 대상으로 거래환경의 특성을 파악하는데 필요하다. 다섯째 거래당사자의 자율성을 보장해야 한다. 개방형 EDI는 당사자의 자율성이 보장되지 않는 한 성립되기 어렵기 때문이다. 여섯째 다수의 거래시 동시처리가 가능해야 한다. 이는 복수의 거래를 동시에 처리할 수 있도록 기술적 지원이 필요하다.

(2) 대화형 EDI

대화형(interactive) EDI는 기존의 배치파일(batch file) 형태로 전송되는 EDI의 한계점을 극복하기 위하여 고안된 것으로 신속한 회신을 제공한다. 이 방식의 EDI는 사용자가 접속을 유지한 상태에서 EDI 회신문서를 기다림으로써 회신속도가 매우 신속하고 문서의 길이도 짧은 것이 특징이다. 따라서 응용프로그램간의 상호 동작성, 요청과 회신의 연속성, 처리속도의 신속성 등이 요구된다.

여기서 상호 동작성은 프로그램간에 특정업무를 처리하기 위하여 두 시스템이 서로 다른 역할을 상호 협조하에 수행하는 것을 의미하고 통상 일련의 메시지 교환으로 이루어진다. 또한 요청과 회신의 연속성은 대화형 EDI의 필수적인 요소로 메시지의 교환이 연속적인 대화형태로 이루어짐을 말한다. 마지막으로 신속성은 시스템의 구성요소들이 문서의 송수신을 신속하게 처리하는 것으로 모든 통신매체에 해당된다.

이러한 EDI는 예약 및 화물정보의 조회, 금융기관에서의 계좌조회 및 자금이체 등에 활용됨으로써 즉각적인 업무처리를 가능하게 할 수 있다.

〈표 4-5〉 VAN EDI와 Internet EDI의 비교

	VAN EDI	Internet EDI
장점	• 보안과 인증이 용이하고 속도가 빠름	• 별도의 전용회선과 소프트웨어 설치비용, 송신료가 발생하지 않아 저렴함 • 누구나 사용가능한 개방형임 • 사용자가 특정 전자문서의 구조를 만들어 사용할 수 있도록 구성되어 있기 때문에 다른 업무프로그램의 호환성이 매우 높음
단점	• 무역업체가 전용선을 구축해야함 • 새로운 소프트웨어를 설치해야함으로 추가비용이 발생함 • 전자문서 전송위주이기 때문에 멀티미디어로 작성된 자료를 전송하는데 어려움이 발생함 • 국내에서만 이용되고 해외에서는 접속이 어려움 • 가입되고 인증된 무역업체만 사용가능함 • 변환프로그램을 설치해야만 다른 업무프로그램과 호환이 될 수 있음	• 무역업체가 실시간 무역업무를 처리하는데 어려움이 발생함 • 보안이 어렵고 속도가 느림

2. CALS

1) CALS의 개념

CALS(Commerce At Light Speed)는 여러 단계에 걸쳐 발전을 해왔고 용어도 변화되어 왔다. 따라서 간단하게 정의를 하기가 어려워 학자마다 다양한 정의를 내리고 있다. 그러나 이를 정의하면 기업들의 제품의 설계, 획득 및 운

용지원과정에서 발생하는 모든 자료와 정보를 디지털화하여 종이없는 자동화된 환경을 제공함으로써 업무의 과학적, 효율적 수행과 정확하고 신속한 정보공유 및 유통체계를 통해 제품 획득, 운용지원 비용 절감 및 시간 단축과 종합적인 품질경영 능력을 향상시키고자 하는 경영혁신 개념이다.

CALS를 통해 서류에 의존하는 기술정보를 디지털 정보로 생성·교환하는 환경으로 전환하고, 업무처리 절차의 근본적인 재구성을 통해 개별적으로 자동화, 전산화된 체계를 연계·통합시켜 정보 데이터베이스(database)를 구축함으로써 관련 기관 및 업체간의 정보공유 환경을 실현할 수 있다.

2) CALS의 발전단계

CALS는 1982년 미국 국방성이 막대한 국방 예산과 운영 유지비의 절감 방안을 강구하던 중, 무기체계 연구개발 장기화에 따른 문제점이나 서류관리를 포함한 물류지원상의 비합리적 절차와 제반관리 활동의 문제점 등 여러 가지 사안에 대한 해결방안을 지원하기 위한 프로젝트로 출발했다.

CALS 개념은 군의 무기체계를 지원하는 개념에서 출발했지만, 이제는 제품의 생산계획으로부터 폐기에 이르는 모든 활동을 디지털 정보기술의 통합으로 구현하는 산업화전략이라는 표현으로 바뀌고 있다. 이에 따라 CALS의 개념도 다음과 같이 많은 변화를 가져왔다.

(1) Computer-aided Logistics Support(1982)

이 개념은 무기체계의 군수지원에 관한 것으로 초기에 미국 국방성이 군의 정보화를 위해 프로젝트로 수행하던 개념과 같으며, 무기체계의 설계·제작·보급·조달을 위해 디지털 정보의 통합과 정보공유를 통한 신속한 자료처리 환경을 구축하는 전략을 말한다.

(2) Computer-aided Acquisition & Logistics Support(1988)

이는 무기체계의 군수지원 뿐만 아니라 획득과정을 포함하는 총체적 군수지원 개념이다. 따라서 정보기술의 통합을 통한 자료의 신속화는 물론 전자거래(Electronic Commerce)라는 정보통신 서비스를 부가해 무기, 군수품의 구매와 수발주 등 기업과의 거래에 응용하는 시스템이다.

(3) Continuous Acquisition & Life-cycle Support(1993)

이는 제품의 수발주와 구매절차로부터 생산과 유통 그리고 폐기에 이르는 전체 수명주기를 관리할 수 있는 체계를 지원해 주는 총체적 관리를 근간으로 한다. 이를 계기로 민간 산업제품의 생산을 목표로 한 제조업 분야의 산업정보화 전략으로 등장하여 모든 산업에 적용할 수 있다는 개념으로 변천하였다. 특히, 동시공학(Concurrent Engineering) 개념[5]의 생산과정을 강조해 품질관리와 제품제작 기간의 단축 등을 장점으로 모든 산업에 적용되고 있다.

(4) Commerce At the Light Speed(1994)

이는 앞에서 언급한 경우와 접근하는 시각에서 차이가 있다. 이미 설명한 개념은 적용하는 분야를 점차 전체 산업으로 넓히면서, 동시에 구현체계의 범위 역시 다양한 분야의 통합 전략으로 보는 반면, 이 개념은 통신에 의한 정보의 전달과정에 주목했다는 것이다.

국가정보통신망의 초고속화 계획과 인터넷 사용의 확산과 더불어 세계를 연결하는 초고속통신망의 기반 환경이 실용화 단계에 도달함으로써 광속거래의 의미로 이해하는 개념의 발전이 이루어졌다. 이것은 곧 기업간 또는 기업내의 전자문서교환(EDI) 방식이 서로 다른 두 지점간의 문서 송수신을

5) 동시공학(同時工學)이란 하나의 제품이 만들어지기까지 순차적으로 거치는 여러 단계의 각 과정을 정보통신망과 전산시스템으로 묶어 동기화(同期化)함으로써 개발기간과 비용을 줄이는 개념을 말한다. 1980년대 미국의 항공기 업체들이 처음 시작한 것으로 최근 각광받고 있는 CALS의 실현수단으로서 급속히 확산되고 있다. 동시공학을 구현하기 위해서는 각 부서가 독립적으로 운영하던 컴퓨터 지원 설계(CAD)·제조(CAM)·엔지니어링(CAE)·실험(CAT) 등 전산시스템을 하나로 통합·공유할 때 가능하다. 또 각종 제품정보를 한 곳에 모아둔 생산자료관리(Product Date Management: PDM) 시스템과도 연계해야 하며, 특히 동시공학이 효과를 거두기 위해서는 부품업체들과도 정보통신망으로 연결돼야 한다. 동시공학이 고도로 발전하면 컴퓨터 안에서 시제품을 개발하고 테스트까지 마친 뒤 곧바로 생산라인을 거쳐 사용제품을 출시할 수 있게 된다.

위한 EMI(Electronic Messaging Interchange) 등을 통해 기술도면이나 형상을 포함하는 전자상거래로 개념이 발전한 것을 의미한다.

3) EDI와 CALS의 비교

전자상거래는 EDI를 이용한 생산, 유통, 물류업체간 상거래 데이터의 전자적 교환은 물론 최근 인터넷의 활성화와 함께 최종 소비자와의 전자적인 상거래도 포함하고 있다. 따라서 전자상거래는 EDI보다 상위 개념으로 보는 것이 일반적이다.

CALS는 1982년 미국의 컴퓨터에 의한 병참지원에서 출발하여 조달업무, 제품수명주기 관리, 기업통합 등의 개념이 추가되면서 1994년에는 광속 상거래로 확대 · 발전되어 왔다. 초기의 CALS가 종이 위주의 정보체계를 디지털화하고 서로 다른 시스템간의 데이터 교환을 위한 표준에 역점을 두었다면, 최근의 CALS는 기업간 비즈니스 프로세스의 스피드화를 통한 글로벌한 정보사회에 대처하려는 전략적 의미가 점차 강조되고 있다. 또한 CALS는 광속 상거래의 의미로 사용되면서 기존의 응용분야에 인터넷을 이용한 광고, 전자적인 매체를 이용한 소액의 자금결제 등이 포함된 전자상거래와 유사한 개념으로 확대 발전되고 있다. 최근에는 CALS와 EC가 혼합이 되어 CALS/EC라는 용어로 사용되기도 한다.

CALS/EC는 모든 조직간에 비즈니스와 관련된 디지털 정보의 통합 데이터베이스를 통하여 제품의 전체 수명주기에 관련된 정보가 실시간에 유통될 수 있는 환경을 구축하고, 또한 가상기업의 실현을 통하여 새로운 경쟁력을 창출하는 것을 목표로 하고 있다.

한편, EDI는 CALS의 중요한 구성요소 중의 하나이다. 실제로 CALS 표준의 구성요소 중 전자상거래를 위한 표준으로 EDI 표준을 그대로 수용하고 있다. 현재 기업들간의 CALS 도입을 위한 전 단계로서 EDI 도입이 활발하게 이루어지고 있다. 따라서 EDI는 상거래를 위한 CALS/EC의 핵심요소로서 여전히 중요한 위치를 차지하고 있는 것이다.

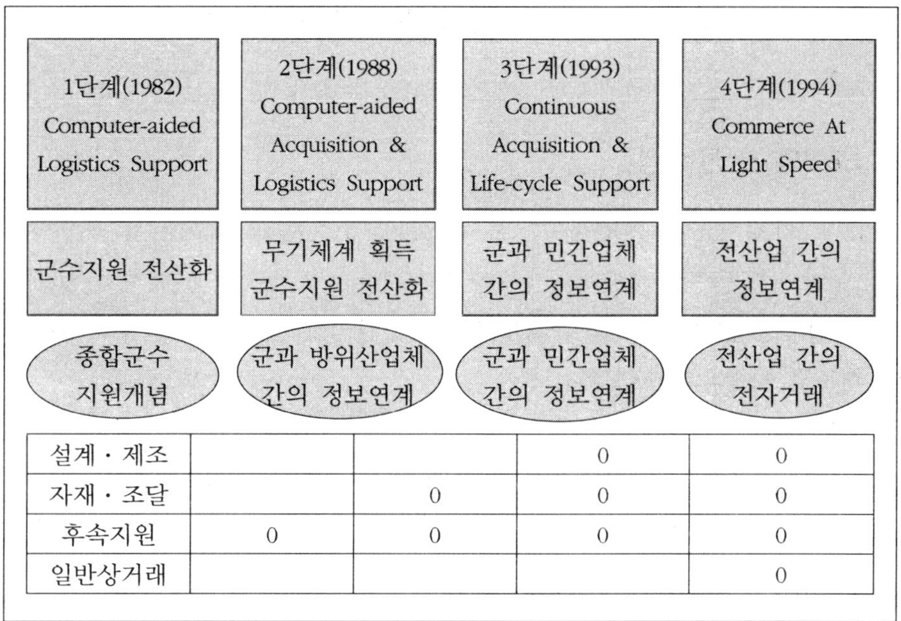

설계 · 제조			0	0
자재 · 조달		0	0	0
후속지원	0	0	0	0
일반상거래				0

[그림 4-6] CALS의 용어변천

3. ERP

1) ERP의 개념

전사적 자원관리(Enterprise Resource Planning: ERP)는 고객주문을 받고 제품을 생산, 출하, 회계처리에 필요한 기업전반의 자원을 규명하고 계획하는 회계지향적 정보시스템이라고 정의할 수 있다. ERP는 협의로는 구매와 생산관리, 물류, 판매, 회계 등의 기업활동 전반에 걸친 업무를 통합한 기업정보시스템의 패키지 소프트웨어(package software)를 말한다. 그러나 광의로는 고객, 하청회사 등 상하위 공급체계와 회사내 연관부서의 업무를 동시에 고려하여 시시각각 변하는 기업활동과 정보기술의 변화에 대응할 수 있게 해주는 것으로도 볼 수 있다. 결국 ERP는 생산, 자재, 구매, 영업, 인사, 회계 등 일련의 기업활동에 필요한 모든 자원을 하나의 체계로 통합하여 관리하고 업무를 보다 원활히 수행할 수 있도록 지원하는 통합정보시스템이다.

2) ERP의 추진배경

ERP는 자재소요량계획(Material Requirement Planning: MRP)에서 비롯된다. 1960년대 초에 등장한 MRP는 제품을 구성하는 모든 요소 즉 원자재, 반조립품, 완제품 등에 대한 자재수급계획과 생산관리를 통합시킨 최초의 체계적인 제조정보 관리기술이었다.

MRP시스템은 기준정보를 근거로 어떤 제품이 언제, 어느 곳에서 필요한지를 예측하고, 모든 제조활동과 관리활동이 그 같은 계획에 근거하여 진행되어 기업 자원의 비능률적인 활용이나 낭비를 제거할 수 있도록 해 주었다.

그러나 초기의 MRP 시스템은 확고한 개념의 미정립, 컴퓨터와 통신 기술의 부족, 데이터베이스 기술의 미흡 등으로 시스템을 구현시키기에는 여러 가지로 부족한 점이 많았다.

1980년에 이르러 소품종 대량생산의 제조환경이 다품종 소량생산의 형태로 전이되었으며, 고객 지향의 업무체계가 각광받기 시작하면서 수주, 판매, 재무관리 등의 기능이 보다 중요하게 되었다. 그리고 컴퓨터 기술의 발달로 데이터베이스나 통신 네트워크가 중요한 기술로 등장하였다.

이와 같이 주변 여건이 변하면서 MRP는 큰 변화를 맞게 되었다. 생산현장의 데이터와 제조자원의 용량제한을 고려하고, 자동화된 공정 데이터의 수집 등의 기능이 추가되어 실현 가능한 생산계획을 제시하면서 제조활동을 더 안정된 분위기에서 가장 효율적으로 관리할 수 있는 제조자원계획(Manufacturing Resource Planning: MRP II)이 탄생되었다.

1990년대에 들어 컴퓨터 기술의 발전이 더욱 가속화되고, 글로벌 경쟁체제로 들어서면서 급변하는 경영환경에 IT자원을 이용한 첨단의 경영기법인 ERP라는 개념에 주목하게 되었다.

3) ERP의 특징

최근 ERP는 전체 비즈니스를 좀 더 효율적으로 혁신시켜 경쟁력 강화를 이루기 위한 기업들의 관심을 끌게 되었는데 그 ERP의 특징을 살펴보면 다음과 같다.

첫째, 통합업무 시스템이다. ERP시스템의 가장 큰 특징 중의 하나는 영업, 생산, 구매, 재고, 회계, 인사 등 회사내의 모든 단위업무가 통합되어 상호 긴밀한 관계를 가지면서 실시간(real time)으로 처리된다는 것이다. 또한 업무를 실시간에 통합적으로 처리할 수 있게 됨에 따라 영업, 설계, 생산, 관리가 거의 동시에 이루어지는 이른 바 동시공학(concurrent engineering)도 가능하게 된다.

둘째, 세계적인 표준 업무 프로세스이다. ERP시스템은 첨단 경영기법을 연구하고 세계 초일류 기업의 선진 프로세스를 벤치마킹(benchmarking)하여 만들어졌기 때문에 ERP에서 구현된 기준 자체가 업무의 표준이 될 수 있다. 이러한 표준 프로세스의 도입을 통해 기업체들은 별도의 투자없이 자동적으로 리엔지니어링(Business Process Reengineering: BPR)를 하게 되는 효과를 얻을 수 있다.

셋째, 그룹웨어(groupware)와 연동이 가능하다. 그룹웨어는 다수의 사람이 서로 협력하면서 공동으로 진행하는 지적인 작업을 지원하기 위한 소프트웨어이다. 일반적으로 전자결재 시스템이라고 불리우고 있는 그룹웨어들은 전자메일 · 전자게시판 · 공용 데이터베이스 등을 기본으로 하면서 전자결재 기능을 통해 작업 흐름의 자동화를 실현시켜 주고 있다.

넷째, 모수치 지정(parameter setting)에 의해 개발되어 진다. ERP시스템이 기존에 비해 빠른 시간내에 구축이 가능해지고 유지 · 보수 부담이 크게 줄게 된 것은 모수치 지정이라는 기능이 있기 때문이다. ERP시스템은 개발시 해당업무 프로세스와 관련하여 상정할 수 있는 대부분의 거래유형을 포함시켜 놓고 있다. 따라서 업종별, 기업규모별로 천차만별인 세계 도처의 기업에 적용이 가능할 뿐만 아니라 시스템을 통한 업무수행 중에 조직과 업무가 변화되더라도 새로운 시스템을 개설할 필요없이 기본적으로 모수치 변경을 통해 대응이 가능하다.

다섯째, 확장 및 연계성이 뛰어난 개방 시스템이다. 기존 경영정보시스템(MIS)이 폐쇄적인 구조로 설계되어 시스템의 확장 및 다른 시스템과의 연계가 제대로 이루어지지 않은 반면, ERP시스템은 기본적으로 개방시스템 구조로 어떠한 운영체제 · 데이터베이스에서도 잘 운영되도록 설계 되어있다. 특히 EDI, CALS, EC와 같은 응용 · 전문영역의 패키지와 쉽게 조화를 이룰 수 있어 고도화되고 복잡해지며 급변하는 경영환경에 응용 및 전문 영역에도 적극 대응할 수 있게 된다.

여섯째, 글로벌 대응이 가능하다. ERP시스템은 어떤 특정 국가에 특정 기업의 표준 프로세스를 구현시켜 놓은 것이 아니라 각 사업별 유형에 따라 가장 모범적인 프로세스를 내장하고 있어 글로벌 대응이 가능하다.

4. SCM

1) SCM의 개념

공급망관리(Supply Chain Management: SCM)의 개념은 1980년대에 등장한 개념으로 고객의 요구에 맞춰 자재조달에서부터 생산, 판매, 유통에 이르기까지 공급채널 전체의 기능 통합과 최적화를 지향하고 있다. 인터넷의 광범위한 보급은 모든 유통경로를 정보시스템으로 통합하는 것을 용이하게 하고 있다.

기업들은 SCM을 통해 지금까지 각 부문별 또는 기업별 최적화에 머물렀던 정보, 물류 및 자금관련 업무를 가치사슬 전체의 관점에서 재검토하여 정보의 공유화와 비즈니스 프로세스의 근본적인 변혁을 도모할 수 있다. 최근 전자상거래상의 SCM은 가상기업안에서 공급사슬의 각 주체들이 유연성과 신속성을 유지하면서 마치 하나의 회사인 것처럼 네트워크형으로 통합되어 운영되는 가치사슬상의 공급망 관리 채널이라고 할 수 있다.

〈표 4-6〉 ERP와 SCM의 비교

구분	ERP	SCM
구축 유도요인	전사적 자원활용 조정의 필요성	고객의 욕구를 충족시키기 위해 회사내 모든 자산 활용을 동시화할 필요성
목표	회사 내부 각 부문에서 일어나는 거래내역을 통합관리	거래나 실행을 관리하는 것이 아니라 총괄적 의사결정을 지원할 수 있는 계획관리
조정의 폭	회사 내부활동	회사 내부활동, 공급업자, 판매업자, 최종고객
고객수요계획	주문에 대한 반응중심, 고객요구사항 중심, 수요판단 중심	예측중심, 시뮬레이션중심, 타당성있는 계획 및 최적계획 중심
계획의 폭	자재소요, 생산능력	자재소요, 공장, 인력, 제약사항, 수요, 유통
계획 방법	직렬적 계획	병렬적 계획

2) SCM의 특징

SCM과 ERP는 상호 긴밀한 관계를 갖고 있다. 즉, ERP시스템에서는 기업의 업무를 구매, 재고, 판매, 생산, 회계, 인적자원관리 등을 기능적으로 분류하여 기능간의 자원활용을 극대화하도록 프로세스를 개선하는 데 초점을 둔다. 이에 반해 SCM은 원자재 및 부품공급업체, 물류업체, 고객간에 정보와 물리적 제품의 흐름이 원활히 진행될 수 있도록 관리하는 것이다. 그러므로 ERP와 SCM은 상호보완적인 관계를 가진다.

SCM의 특징을 살펴보면 다음과 같다. 첫째, 최초 공급선에서 최종 소비자에게 이르기까지 전체 공급사슬을 포괄한다. 이러한 공급사슬의 얼마나 많은 부분을 관리할 필요가 있는가는 제품의 복잡성, 공급업자의 수, 원자재의 가용성 등 여러 가지 요인에 의해 좌우된다. 둘째, 독립적 조직간에 공동운영이 필수적이기 때문에 조직간 관계관리가 중요하다. 핵심 공급선과는 파트너십 형태의 보다 긴밀한 관계가 형성되는 것이 보편적이다. 생산라인의 중단을 피하기 위해서 중요한 구성요소들은 당해 구성원과 밀접한 관계를 유지하는 가운데 관리되어야 한다. 셋째, 제품, 정보 및 운영활동의 흐름이 양방향적이며 자원의 효율적인 이용과 경쟁우위의 확보뿐 아니라 높은 고객가치의 제공을 목표로 한다.

5. CRM

1) CRM의 개념

고객관계관리(Customer Relationship Management: CRM)은 고객과 관련된 기업의 내부 및 외부자료를 분석・통합하여 고객 특성에 기초한 마케팅 활동을 계획하고 지원하며 평가하는 과정을 의미한다.

CRM이 대두되기 시작한 것은 1990년 후반인데 기업들이 지속적인 성장유지를 위해 수익성 높은 고객들을 파악, 획득 및 유지하려는 경쟁활동의 시대적 흐름과 맞아 떨어져 각광을 받게 되었다.

또한 CRM은 단순한 전산시스템만 구축하는 것이 아니라 전사적인 경영혁신과 연동해서 기업활동의 중심에 제품대신 고객을 대체하는 것이다.

경제 과정에서 필수품이 부족하던 시절에는 단순한 기능의 규격화된 상품을 대량으로 생산하여 매스컴을 통해 광고하면 상품이 팔렸다 하지만 시간이 지나면서 필수품에 대한 수요와 공급이 균형을 이루고 품질의 차이도 거의 없어지게 되자 고객들은 자기기호에 맞는 상품을 찾기 시작했다.

기업들도 고객의 요구가 다양하게 변한다는 사실을 깨닫고 세분시장에 맞는 상품을 기획생산하기 시작했다. 이에 집중적인 마케팅을 전개함으로써 효과를 극대화 시킬 필요성이 CRM을 등장 하게 만들었다.

CRM에 있어서 세가지 주요 구성은 새로운 고객의 확보, 기존고객으로 부터의 수익성 강화 그리고 고객의 유지이다. 이들 각각은 고객관계에 각기 다른 영향을 가지며 기업과 고객의 삶을 더욱 강화시킬 수 있다.

2) CRM의 특징

CRM은 고객의 평생에 걸쳐 여러 단계별로 고객에 맞는 관계를 구축하고 유지하거나 강화함으로써 고객으로부터의 최대 수익을 실현하려는 기본적 목적을 가지고 있다. 그 특징을 살펴보면 다음과 같다.

첫째, 고객중심적이어야 한다. 고객에게 필요한 제품, 서비스는 물론 차별화된 보상 등 적절한 혜택을 제공하여 고객과 관계관리에 중심을 두는 고객지향적인 경영방식이다.

둘째, 장기적 이윤을 추구한다. 즉 한번에 큰 수익을 올리기 보다는 고객과 평생을 같이하면서 필요로 할 때마다 수익을 창출하는 장기적 경영이다.

셋째, 고객과 기업의 만족을 한꺼번에 추구한다. 고객의 욕구를 만족시킬 수 있는 제품과 서비스를 제공하여 고객의 만족을 바탕으로 기업의 이윤을 추구하므로 고객과 기업이 상호 만족할 수 있는 상호이익적 신뢰경영이다.

넷째, 조직체계의 변화를 수반한다. CRM을 위해서는 기업의 모든 내부 프로세스와 활동들이 고객을 향해서 배치되고 조직화되어야 하며 고객의 편의와 고객의 가치실현을 위하여 모든 기업의 활동이 고객방향으로 통합되어야 한다.

CRM은 기존의 DBM(DataBase Marketing)이나 1:1 Marketing에서 다루게 되는 것 보다 폭넓은 차원에서 논의되고 있다. 솔루션 측면에서는 CRM은 데이터웨어하우징, 데이터마이닝 등을 포괄하고 있으며[6] 마케팅 정보시스템과 SFA(Sales Force Automation), Call Center를 모두 망라하고 있다는 점에서 영업, 마케팅, 서비스의 고객관리 프로세스를 포괄하고 있다고 볼 수 있다. 또한 기술적 측면에서 프로세스 외에도 1:1 마케팅이나 관계마케팅(relationship marketing)의 개념을 포함하고 있다.

---

6) 데이터웨어하우징이란 정보 창고에서 의사결정에 필요한 정보를 적시에 발굴해 나가는 과정이라 할 수 있다. 또한 데이터마이닝은 기업이 보유한 데이터안에서 일반적인 데이터 획득 기법들이 미처 발견하지 못한 데이터들간의 숨겨진 패턴을 찾을 수 있도록 해주는 것으로 인공지능분야의 기계학습이론에 근거를 둔다.

이러한 개념들과 마케팅 수단의 발달은 기업들이 사용하였던 시대별 고객관리방식을 살펴봄으로써 이해할 수 있는데 다음 〈표 4-7〉과 같다.

〈표 4-7〉 CRM의 시대적 변천

	Selling (1970년대)	CS (1980년대)	DBM (1990년대 초반)	CRM (1990년대 후반)
대고객 관점	수동적 구매자	선택적 구매자	개성화, 다양화된 구매자	능동적 파트너
고객과의 관계	전체시장에서 일방적 공급	고객만족도 측정, 일방적 관계	그룹화된 고객과의 일방적 관계	개별고객과 쌍방향 의사소통
고객 관리	단순영업 위주	영업과 판매위주 서비스	IT 기술팀 위주	전사적 관리

주 : CS = Customer Satisfaction, DBM = Database Marketing

1990년대 후반 들어 고객관리가 기업의 성과와 생존에 직접적 영향을 미치게 되어 CRM의 시대가 열렸고, 이러한 CRM으로의 진화는 고객으로부터 요청의 변화와 정보기술의 혁신으로 인한 기업 영업 수단의 변화에 기인한다.

6. KMS

1) KMS의 개념

지식관리시스템(Knowledge Mangement System: KMS)은 조직 또는 기업이 가지고 있는 지식을 공유하여 체계적, 효율적으로 관리함으로써 조직의 경쟁력 제고 및 부가가치 극대화에 활용되는 통합정보시스템이다. 궁극적으로 지식의 분배, 공유와 검색에만 있는 것이 아니라, 지식의 생성 과정을 지원하는 역할을 담당해야 한다.

이에 따라 KMS의 기능은 매우 포괄적인데, 지식의 포착 및 저장, 검색 및 도출, 개인과 그룹에 맞는 주요 정보의 전송, 지식의 분류 및 구조화, 공유 및 협력, 맞춤정보의 제공, 해결 및 권고안 제시, 기존의 애플리케이션 통합, 유지, 보수 기능 등이 그것이다. 나아가 개개인의 지식을 추출하는 작업, 자료를 분류하는 작업 등을 해야 한다.

2) KMS의 특징

최근 국내외에서 출시되고 있는 KMS 솔루션의 주요 특징을 살펴보면 다음과 같다. 첫째, KMS는 웹기반의 포털시스템으로 발전해 나가고 있다. 인터넷 사용이 보편화됨에 따라 인트라넷과 메일 서비스를 포함하여 전자결제 등의 업무 프로세스를 포괄적으로 처리하도록 웹기반의 포털 사이트를 구축할 수 있도록 지원한다. 둘째, KMS는 인트라넷, 전자문서관리시스템, 그룹웨어와 같은 기반기술에서 ERP, SCM, CRM과 같은 응용기술까지 포함할 수 있다. 특히 인트라넷과 그룹웨어는 지식경영을 위한 기반 기술로써 지식공유와 활용 이전 활동을 지원한다.[7)]

한편 KMS의 본격적인 구축 및 이론적 가시화를 위해서는 아직까지 많은 해결 과제들이 남아 있다. 즉, 노하우, 경험 등의 암묵적 지식을 어떻게 추출하여 명시적 지식으로 변화시킬 것인가, 다양한 형태의 지식들을 어떠한 구조로 구성해야 하는가, 어떻게 지식을 측정하고 그 가치를 회계장부상에 반영할 것인가, 기존 정보시스템의 데이터베이스로부터 어떤 지식을 도출할 것인가, 그리고 지식공유의 한계점이기도 한 보안 및 지적재산권 문제 등이 연구과제로 남아 있다.

제3절 전자상거래의 정보보호

1. 보안

전자상거래의 보안이라 해서 기본적인 컴퓨터 네트워크의 보안과 다른

7) 전자문서관리시스템(electronic document management system: EDMS)은 다양한 형태의 문서와 자료를 그 작성부터 폐기에 이르기까지의 모든 과정을 일관성있게 전자적으로 통합 관리하기 위한 시스템을 말한다. 그룹웨어(groupware)는 기업 전산망에 전자우편과 전자결재시스템 데이터베이스 프로그램을 결합하여 조직사이의 의사소통을 원활하게 하고, 업무효율을 높일 수 있도록 만든 컴퓨터 프로그램을 말한다.

것은 아니다. 일반적으로 쇼핑몰시스템에는 외부에서 인가받지 않은 사람의 침입을 방지하는 침입차단 시스템으로 방화벽(firewall)을 설치한다. 그러나 방화벽이 있다하더라도 네트워크를 통해 오가는 거래정보, 지불정보, 사용자 개인정보 등이 완벽하게 보호되는 것이 아니고, 그야말로 시스템을 위한 침입 차단정도의 보안만을 지원하기 때문에 전자상거래 보안이 다 되었다고 안심할 수는 없다.

전자상거래 보안에 있어서 궁극적인 목적은 컴퓨터 데이터베이스나 디스크에 저장된 정보, 혹은 네트워크를 타고 흘러 다니는 정보의 외부 유출을 막는 것이다. 정보의 보안을 위해서는 정보를 암호화해서 통신하는 것만이 유일한 해결책이라고 할 수 있다. 전자상거래에서 거래정보, 개인정보, 개인의 금융정보, 금융거래나 상거래를 위한 비밀번호 등 중요한 디지털 정보가 수없이 생성되고 저장된다. 이런 중요한 정보를 암호화함으로써 도용이나 오용을 막을 수 있고 위험으로부터 이용자를 보호할 수 있다.

1) 보안 요소

보안상의 취약점을 보완하기 위한 암호화 기술에는 다음과 같은 기본요소가 요구된다.

(1) 진정성(authentication)

정보를 보내오는 사람의 신원을 확인하는 것으로 정보의 근원을 보증함을 말한다. 이와 같은 진정성의 확보는 거래 당사자가 실제로 유효하게 교환되어진 정보와 결합할 수 있음을 보증함에 따라 향후 분쟁의 소지에 따른 법적 증거로서 유효한 입증자료로 활용될 수 있다.

(2) 기밀성(confidentiality)

전달 내용을 제3자가 획득하지 못하도록 하는 것을 의미한다. 즉, 거래 당사자간 전자매체를 통하여 교환되는 정보는 당사자 이외에는 확인할 수 없도록 보증함을 의미한다.

(3) 무결성(integrity)

정보전달 도중에 정보가 훼손되지 않았는지 확인하는 것으로 정보의 정확성 및 완전성에 관한 것으로 정보의 교환 중에 제3자에 의하여 변경되거나 손실됨이 없이 전송 초기의 정보와 동일하고도 완전한 것임을 보증하는 것을 의미한다.

(4) 부인방지(non-repudiation)

정보 제공자 또는 수신자가 정보 제공사실을 부인함을 방지하는 것을 의미한다. 즉 상품 또는 서비스 제공자가 주문된 사실을 부인하여 상품이나 서비스를 제공하지 않거나 이용자가 거래사실을 부인하여 대금지불을 거부하는 것 등의 경우를 방지하는 역할을 한다. 거래사실 등을 기초로 이루어지는 조세 부과나 거래 당사자간의 법적 분쟁을 해결하기 위해서도 부인방지는 매우 중요한 역할을 하게 된다.

2) 보안 표준

(1) SSL

1994년 Netscape사가 개발한 SSL(Secure Socket Layer)은 네트워크 계층에 별도의 보안계층을 추가하여 모든 응용프로그램에게 네트워크 투명성을 제공할 수 있도록 한 보안 표준으로 응용프로그램 자체가 별도의 보안 프로토콜을 구현할 필요가 없게 된다.

SSL은 신뢰성 있는 암호화기법을 사용하며, 메시지의 암호화와 상대방의 인증을 지원한다. 그러나 비즈니스 환경에서 SSL의 유용성 여부는 의심의 여지가 있다. 이 프로토콜은 전자상거래의 필수요건인 메시지 수신자 확인 기능을 제공할 수 없기 때문이다. 수신자 확인기능을 구현할 수 없는 이유는 메시지가 아닌 자료 열을 암호화하여 수신자가 특정 메시지에 서명을 할 수 없기 때문이다. SSL이 클라이언트 인증 기능을 수행할 수 없다는 사실도 기업간 상거래에 SSL을 적용할 수 없는 치명적인 단점으로 지적되고 있다.

(2) SET

SET(Secure Electronic Transaction)는 1996년 Visa 및 Master 카드사의 주도하에 정보업체의 협력을 통해 제정된 정보 보안표준 체계이다. 전자지불시스템과 관련한 표준으로서 SET는 국내외의 전자상거래에서 인터넷을 이용하여 상품을 구매하는 구매자의 신용카드 정보를 구매자의 전용시스템으로 암호화하고, 암호화한 정보를 입력할 경우 판매자의 전용시스템을 통해 카드회사에 정보조회를 할 수 있도록 함으로써 안전하고도 신뢰성 있는 지불을 하고자 만들어진 정보 보안 표준체계이다.

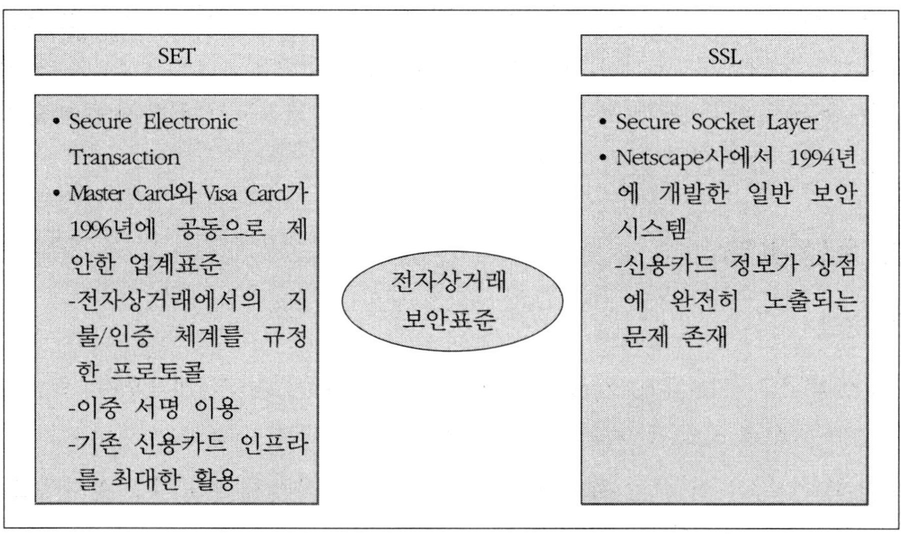

[그림 4-7] 전자상거래 보안표준

2. 암호화

전자상거래에서는 원거리의 거래자를 식별하고 그 거래의사의 진정성을 담보해야 하는 것 이외에도 거래의 안정성과 허락 없는 데이터의 접근과 변조를 방지할 수 있는 기술적 조치가 필수적이다.

암호화는 정보보안의 구현기반으로서 의의가 있는데 그 양태로 보아 정보의 교환, 전자결제, 전자서명 및 전자인증 등의 표준기술에 따라 특성을 달리할 수 있으나 하나의 특정한 분야에 관련될 수는 없다. 암호화는 정보보안 요소를 토대로 이를 구현함을 목적으로 하고 있는데 전자상거래 환경의 신뢰성과 안정성을 제공하는 구체적 수단으로서 특성을 갖는다.

암호화 기법에는 동일한 키를 암호화(encryption)와 복호화(decryption)에 모두 사용하는 비밀키 암호화 방식과 암호화와 복호화에 서로 다른 키를 사용하는 공개키 암호화 방식이 있다.[8]

1) 비밀키 암호화

비밀키(secret key) 암호화, 즉 대칭키는 송신자와 수신자측에서 공히 동일한 암호키를 사용하는 방식이다. 암호키는 송신자측의 데이터를 암호화하여 수신자측에서 동일한 암호키를 이용하여 풀어야만 데이터 해독이 가능하게 된다.

비밀키 암호화는 암호화와 복호화에 같은 키를 사용하는 방식으로 공개키방식에 비해 속도가 빠르고 비교적 알고리즘(algorithm)[9]이 간단하며 파일의 크기가 작아 하드웨어로 구성시 회로가 간단해지는 경제적인 이점 때문에 아직까지 널리 사용되고 있다. 그리고 알고리즘의 내부 구조가 간단한 치환과 순열의 조합으로 되어 있어서 시스템 환경에 맞는 적절한 암호 알고리즘을 쉽게 개발할 수 있다. 그러나 정보교환 당사자간에 동일한 키를 공유하여야 하므로 여러 사람과의 정보교환시 많은 키를 유지 관리하여야 하는 어려움도 존재한다.

---

8) 암호화란 본래의 정보를 제3자가 알아보지 못하도록 암호로 바꾸는 것을 말하고 복호화는 암호화와 반대로 암호문을 본래의 정보로 바꾸는 과정이다.

9) 알고리즘은 문제를 해결하기 위해 정해진 일련의 절차이다. 프로그램을 작성하는 기초가 되며, 컴퓨터를 동작시키기 위해서는 어떻게 입력하고 입력된 정보를 어떻게 처리하며, 얻어진 데이터를 어떠한 형태로 출력, 표시하는가 등의 알고리즘을 프로그램으로 완전히 기술해야 한다.

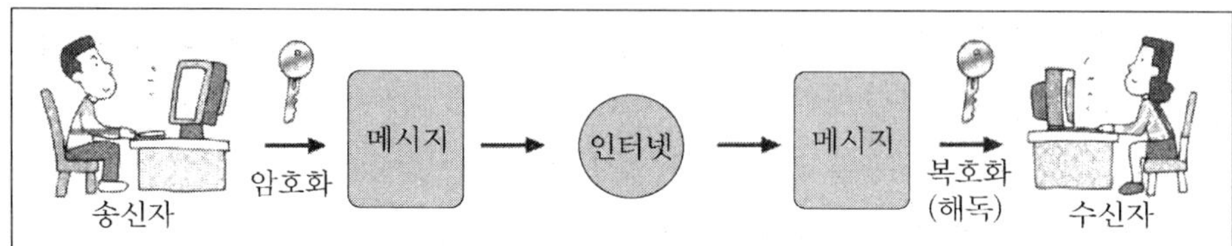

[그림 4-8] 비밀키: 대칭형

현재 대표적인 비밀키 암호화 표준으로 DES(Data Encryption Standard)가 있다. IBM사에서 개발한 이 DES는 1977년 암호화 표준기술로 공식 지정된 바 있으나, 보안상의 문제로 자주 비밀번호를 변경하거나 중복적으로 DES를 암호화하는 등 절차가 복잡하여 현재 UNIX운영체제의 패스워드를 암호화하거나 각국의 전자자금이체 시스템에만 널리 이용되고 있다.

2) 공개키 암호화

공개키(public key) 암호화, 즉 비대칭키는 전자상거래에서 안정성을 일층 기할 수 있는 방식으로 산술적으로 연관되어진 두 개의 키를 사용하여 하나는 암호화하고 다른 하나는 해독에 이용된다. 즉, 사용자들간에 합의된 상호연결방식이 존재하며 누구든지 사용할 수 있는 공개키(public key)와 소유자만이 알 수 있는 개인키(private key)라는 한 쌍의 키로 구성되어있다.

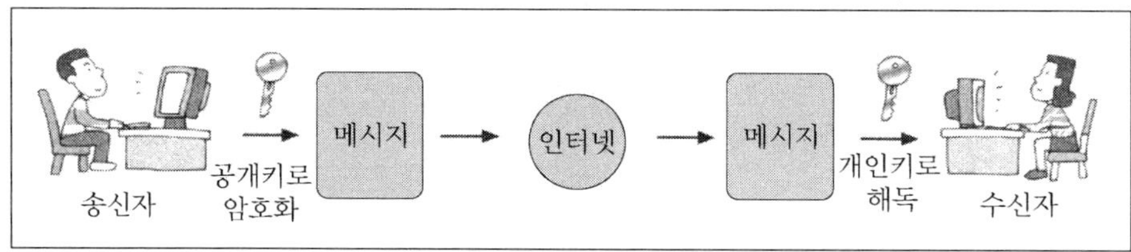

[그림 4-9] 공개키: 비대칭형

보통 메시지를 발신인이 공개키를 사용하여 암호화 할 수 있는 반면 그 메시지의 암호를 해독하는데 필요한 비밀키는 수신인만이 알고 있어 수신인만이 메시지 내용을 해독할 수 있다. 공개키 암호화 방식을 통하여 손상

없는 안전한 데이터 전송이 가능하고, 발신인과 수신인의 신분을 확인할 수 있을 뿐만 아니라 해킹방지와 분쟁의 해결을 꾀할 수 있다. 공개키 암호화 방식의 경우 아직까지 표준화된 방식은 없지만 1978년 RSA가 사실상 표준으로 널리 사용되고 있다.[10)]

3) 해쉬함수

해쉬함수(hash function)는 일방향 함수의 성질에 메시지 압축기능이 더해진 것으로서 전자서명하고자 하는 문서를 항상 일정한 출력 값을 갖도록 압축하는데 주로 사용된다. 공개키 암호 알고리즘을 이용하여 문서에 전자서명하고 이를 검증하는 경우 공개키 암호 알고리즘의 특성으로 인해 많은 시간이 소요되기 때문에 문서를 사전에 작은 크기로 압축하여 전자서명을 한다면 문서의 검증에 걸리는 시간을 많이 절약할 수 있게 된다.

해쉬함수는 일방향 함수이기 때문에 복호화가 별도로 수반되지 않으며 이 점을 활용해서 해쉬함수는 암호화를 위해 주어진 정보로부터 매우 큰 숫자인 해쉬 값을 만들어 내되, 반대로 이 해쉬 값으로부터 원래의 정보를 복귀해 내기는 매우 어렵게 되어 있다. 따라서 해쉬함수는 주어진 문서에 대해서 항상 유일한 출력값을 생성하여 문서의 위·변조를 방지하는 무결성(integrity)을 보장하여 준다.

3. 전자서명

1) 전자서명의 개요

전자서명이란 전자문서를 작성한 작성자의 신원과 당해 전자문서가 그 작성자에 의하여 작성되었음을 나타내는 전자적 형태의 서명이다. 즉, 전자문서를 작성한 자의 신원과 전자문서의 변경여부를 확인할 수 있도록 비대

10) 미국 MIT 공과대학의 Ronald Rivest, Adi Shamir, Leconard Adeiman 등 3인의 성(姓) 머리글자로 이들이 공동개발한 RSA법이라는 암호와 알고리즘과 그것을 사용하는 RSA 공개키 암호방식(public key cryptosystem)으로 잘 알려져 있다.

칭암호화 방식을 이용하여 전자서명키로 생성한 정보로서 당해 전자문서에 고유한 것을 말한다. 일반적으로 전자서명은 크게 두 가지 의미로 나뉘어질 수 있다. 광의의 전자서명으로서 Electronic Signature를 의미하며 협의의 전자서명으로서 Digital Signature를 의미한다.

전자의 가장 일반적인 예는 전자펜을 이용한 그래픽 기반의 서명 방식이다. 즉, 전자문서에 대한 전자결재를 수행하는 경우 송신자는 전자펜을 이용하여 전자문서의 결재란에 자신의 수기서명과 동일한 서명을 기입한 후, 수신자에 송신한다. 이후 전자서명된 문서를 수신한 수신자는 시각적으로 전자서명의 진위를 확인한 후 전자문서의 접수여부를 결정하게 된다.

후자는 공개키 암호기술에 기반을 두는 방식으로서 사용자는 자신만이 알고있는 전자서명 생성키를 가지고 수학적 방식의 연산을 통하여 자신만의 고유한 전자서명 값을 계산한 후, 그 결과를 수신자에게 송신한다. 수신자는 송신자가 제공하는 전자서명 검증키를 사용하여 전자서명 값의 진위여부를 수학적 연산 방식으로 확인할 수 있으며, 올바른 결과 값이 나오는 경우에만 전자문서를 접수한다.

최근 선진 각국에서 시행 또는 제정 중에 있는 전자서명법은 일반적으로 후자(後者)의 개념을 법적으로 인정하고 있으며, 이것은 전자(前者)의 개념이 안전 · 신뢰성 측면에서 많은 취약점을 가지고 있기 때문이다. 〈표 4-8〉

〈표 4-8〉 Electronic과 Digital Signature의 비교

구분	Electronic Signature	Digital Signature
내용	전자펜을 이용한 수기서명 모사방식의 전자서명	비대칭형 암호기술을 이용한 전자서명
서명자 인증	불만족	만족
위조불가	불만족	만족
변경불가	불만족	만족
부인불가	불만족	만족
안정성	안정성에 대한 객관적 증명이 어려움	안정성에 대한 정량화 접근방식의 증명이 가능함

은 Electronic Signature와 Digital Signature를 안전·신뢰성 측면에서 비교·분석한 것이다.

전자서명 운영의 효율화를 위해서는 전자서명 비밀키가 안전하게 보관되어야 하며 전자서명 공개키와 그 키를 소유한 사람이 일치해야만 한다. 만약 전자서명 생성키가 분실된다면 인감도장의 분실과 동일함을 의미하는데 수기서명은 서명자와의 관계가 물리적으로 입증이 되지만 디지털서명은 새로운 문제가 발생할 수 있다. 이러한 문제는 송신자 및 수신자 모두에 의해 신뢰받는 제3자로 하여금 전자서명키와 그 키를 소유하는 사람의 신원을 입증하게 함으로써 해결이 가능하다.

또한 전자서명 알고리즘은 안전·신뢰성 보장을 위해 기본적인 요구사항을 만족해야만 한다. 전자서명 알고리즘은 공개키로부터 개인키가 계산되는 것이 실행 불가능해야 하며, 전자서명은 메시지 내용, 서명자의 검증키, 그리고 사용자 정보에 의존되어 생성되어야만 한다.

2) 전자서명의 효력

전자서명은 사람의 손에 의하여 작성된 서명 또는 인장에 의한 날인과 동일한 효력을 지닌다. 이로써 전자서명은 서명 또는 기명·날인과 같이 전자문서의 진정성을 확인하는 주요한 표지(標識)가 된다. 또한 전자서명은 기술적으로 매우 정치한 기술적, 논리적 요소를 통하여 이루어지는 것이므로, 전자서명이 서명자로 표시된 사람의 서명이라는 사실, 전자서명된 전자문서는 서명자에 의하여 확실하게 성립된 것이라는 사실, 전자서명된 전자문서는 전자서명이 이루어진 후에는 수정되거나 변경되지 않았다는 사실이 추정된다.

다만 디지털서명의 경우에 디지털서명을 생성하기 위하여 사용된 암호화기법 또는 일방적 해쉬함수에 의한 요약추출물 알고리즘(algorithm) 등 기술적 요소들의 안정성이 신뢰할 수 없게 되었다거나, 전자서명에 관련되어 사용된 보안절차가 기술의 진보, 수행방식의 하자 등의 이유로 인하여 그 신뢰성이 일반적으로 인정받지 못하게 되었다거나, 또는 실제로 전자서명이

서명자에 의하여 작성되지 않았음에 대한 반대사실의 증거를 가지고 상대방은 위와 같은 추정을 번복할 수 있으며, 이러한 이치는 다른 전자서명의 경우에도 동일하다고 하겠다.

한편 전자서명의 효력에 관하여 전자서명법은 “다른 법령에서 문서 또는 서면에 서명, 서명날인 또는 기명날인을 요하는 경우, 전자문서에 공인전자서명이 있는 때에는 이를 충족한 것으로 본다”고 규정하고 있다. 전자서명, 특히 디지털 서명은 당해 전자문서에 고유한 것으로 위조·변조가 극히 어려우며, 인증기관의 인증에 의하여 그 신뢰성이 담보되므로 서명이나 기명날인과 동일한 효력을 인정할 수 있는 것이다.

3) 전자서명의 생성과 검증과정

먼저 전자서명의 생성과정을 살펴보면 서명하고자 하는 전자문서를 해쉬 알고리즘을 통하여 전자문서 해쉬 값을 생성하고, 전자문서 해쉬 값에 자신이 소유하고 있는 전자서명 생성키와 전자서명 알고리즘을 적용하여 전자서명을 생성시킨다. 그리고 전자문서와 전자서명 및 인증서를 수신자에게 전송한다.

한편 전자서명 검증과정을 살펴보면 전자서명을 생성한 사람의 전자서명 검증키의 정당성을 인증서를 통하여 검증하고, 수신된 전자문서의 해쉬 값을 생성한 후 전자문서 해쉬 값에 서명한 사람의 전자서명 검증키와 전자서명 알고리즘을 적용하여 전자서명을 검증하게 된다.

4. 전자인증

1) 전자인증의 개요

전자서명법에서는 인증이란 “전자서명 검증키(공개키)가 자연인 또는 법인이 소유하는 전자서명 생성키(개인키)에 합치한다는 사실 등을 확인·증명하는 행위를 말하고, 인증업무라고 함은 인증서의 발급 및 인증관련 기록의 관리 등 인증역무를 제공하는 업무를 말한다"라고 함으로써 인증행위를 디지털서명에 사용되는 공개키의 귀속 여부의 확인에 중점을 두고 규율하는 태도를 취하고 있다.

결국 이러한 인증행위는 첫째로 개인키와 공개키의 상응관계, 개인키 서명자의 귀속관계를 객관적으로 확인하고, 둘째로 이러한 확인사항을 인증서 발급과 인증취소목록의 공시를 통하여 대외적으로 공개하는 것을 중요한 요소로 한다.

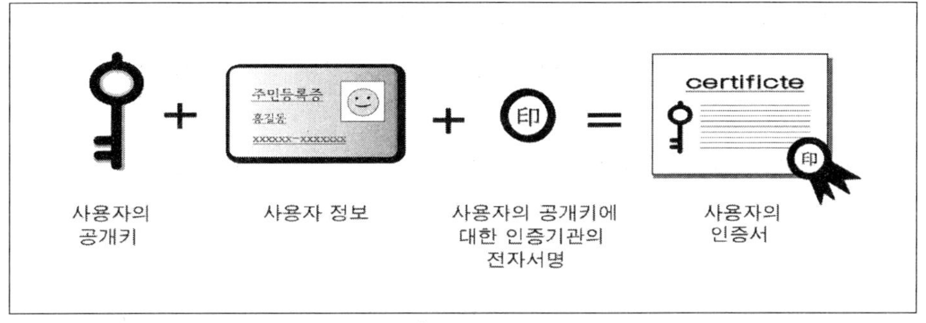

[그림 4-10] 공인인증서 형태

2) 인증기관의 역할

인증기관은 전자서명과 관련하여 공개키 인증, 신분확인, 시간날인, 증거확보, 배달매개, 분쟁해결의 기능을 수행한다. 그 역할의 세부적 내용을 살펴보면 다음과 같다.

첫째, 공개키 인증(public key certification) 기능을 수행한다. 공개키 인증은 특정 비밀키에 대응하는 특정 공개키가 특정인에 의해 소지되고 있음과 그 한 쌍의 키가 특정시간에 유효함을 인증기관이 증명하는 것을 말한다.

둘째, 신분확인(identity certification) 기능을 수행한다. 신분확인은 원래 메시지 작성자가 자신의 이익을 위해 메시지에 서명을 한 경우에 인증기관이 원래의 메시지 작성자의 신분을 증명하는 것을 말한다. 이러한 신분 확인은 공개키의 인증기능을 통하여 이루어지는 효과이다.

셋째, 시간날인(time stamping) 기능이라고 하는데, 시간날인기능은 신뢰성 있는 계시(計時)장치를 보유한 인증기관이 특정한 시간과 날짜에 메시지가 발신되었음을 증명해주는 인증기능을 말한다.

넷째, 증거확보(evidence retention) 기능을 수행한다. 증거확보는 인증기관이 인증작업을 수행하면서 각각의 디지털 서명에 관한 자료들을 보관하는 것을 말한다. 이렇게 인증기관이 디지털서명과 관계된 자료를 보유함으로써, 실제 분쟁이 발생하였을 경우에 당사자는 객관적으로 신뢰성 있는 증거로써 본 자료를 이용할 수 있게 된다.

다섯째, 배달매개(delivery internediation) 기능이다. 이는 일정한 환경하에서 인증기관이 인증기능에 더하여 송신인과 수신인간에 중개자 또는 배달대리인으로서 배달매개의 기능을 하는 경우를 말한다. 이러한 배달매개기능을 통하여 송신인은 특정 메시지가 수신인에게 정확하게 배달될 것이라는 신뢰를 가지며, 수신인은 원래의 메시지 작성자로부터 온 메시지임을 확신할 수 있다.

여섯째, 분쟁해결(dispute resolution) 기능이다. 인증기관은 분쟁해결에 있어서 중재자로서의 역할을 수행함으로써 분쟁해결기능을 담당한다. 이러한 분쟁해결기능은 공개키 인증이나 시간날인 등과 같은 인증기관의 기술적인 역할이 아니라 법적인 측면에서 수행되는 역할이다.

기본적으로 인증기관은 서비스를 운용함에 있어 신뢰할 수 있는 시스템을 사용해야 하고 인증실무준칙(certificate practice statement), 인증서의 효력정지 및 취소 등에 관한 공시를 해야 한다. 또한 인증기관의 운영과 인증서의 신뢰에 따른 위험발생을 부담하기 위한 재정적 능력을 보유해야 하며, 인증서의 발행, 중지, 취소에 대한 기록과 보관의무도 가져야 한다.

우리나라의 경우 1999년에 제정된 전자서명법에 따라 국가 최상위 인증기관으로 한국정보보호진흥원이 발족된 바 있고, 그 하부구조로 한국정보인증(주), (주)코스콤, 금융결제원, 한국정보사회진흥원, 한국전자인증(주), 한국무역정보통신 등 6개의 공인인증기관이 지정되어 있다.

3) 인증 절차

인증절차를 살펴보면 첫째, 사용자는 자신의 전자서명 생성키(개인키) 및 전자서명 검증키(공개키)를 생성한다. 둘째, 사용자은 인증기관을 방문하여 자신의 신원을 증명하고, 전자서명 검증키에 대응한 전자서명 생성키를 소유하고 있는 사실을 제시한다. 셋째, 인증기관은 전자서명 검증키와 그 키에 대응하는 사람의 신원을 확인한 후, 신원이 확인되면 인증서(certificate)를 발행한다. 여기서 인증서란 공개키와 신원이 증명된 사람과의 관계를 증명하는 전자적 기록으로, 인증서에는 인증기관, 가입자, 가입자의 전자서명 검증키 등의 정보를 포함하고 인증기관의 서명을 붙이는 것이 보통이다. 넷째, 인증기관은 가입자에게 인증서의 내용을 확인시키고, 인증관리체계를 통해 인증서를 모든 사람에게 접근 가능한 형태로 유지한다. 여기서 인증기관이 관리하는 인증관리체계에는 취소 또는 정지된 인증서의 목록이 포함되어야 한다.

제4절 전자결제와 전자화폐

1. 전자결제

1) 전자결제의 의의

전자결제(electronic settlement)란 전자상거래를 이용하여 가상 쇼핑몰에서 물품을 구입한 후, 가상 쇼핑몰과 계약이 체결되어진 은행간에 온라인을 통하여 대금결제가 이루어지는 것으로서, 이러한 전자대금결제는 실시간 처리와 판매자에게 인증코드를 보냄으로써 개인뿐만 아니라 소비자 및 거래은행간의 거래시 안전한 환경을 제공하여 상품과 서비스의 구매를 용이하게 해준다.

전자상거래는 시간과 공간을 초월하여 전세계를 하나의 시장으로 연결하고, 판매자와 구매자 모두에게 거래의 편리성을 제공한다. 또한 일반상거래에서와 달리 판매자는 고객에 대한 정보를 기초로 개별마케팅이 가능하며, 인터넷을 새로운 분배채널로 이용할 수 있다. 특히 인터넷을 통한 전자상거래에서는 다양한 제품과 가격에 대한 정보를 쉽게 입수할 수 있고, 거래가 신속하게 이루어지며, 거래비용이 감소되어 효율적 시장이 형성될 수 있다.

이러한 전자상거래가 활성화되기 위해서는 대금결제방식이 인터넷상에서 이루어져야 하는데, 만약 이렇게 되는 경우에는 대금결제가 짧은 시간 내에 이루어질 수 있고 처리비용 역시 저렴해지기 때문에 구매자와 판매자의 편의성을 더욱 제고시킬 수 있다.

현재 인터넷 상거래에서 구현되고 있는 전자대금결제 시스템은 신용카드를 처리하는 신용카드 지불시스템, 인터넷에서 통용되는 현금을 만들어 상거래에 이용하는 전자현금 시스템, 수표를 인터넷상에 구현한 전자수표 시스템 및 전자자금이체 시스템 등이 있다.

이러한 전자대금결제시스템은 첫째, 암호방식을 이용하여 보다 안전한 결제시스템을 구축하여 거래당사자간에 신뢰성을 제공하는 등의 다양한 보안장치가 마련되어야 한다. 둘째, 개인의 정보 및 익명성을 유지할 수 있어야 한다. 셋째, 소액결제를 지원할 수 있어야 하고, 처리비용도 경제적이어야 한다.

2) 전자결제의 특성

전자상거래를 위해 사용되고 있거나 개발되고 있는 전자결제 시스템들은 기존의 시스템에 비하여 다음과 같은 특성을 가진다.

첫째, 기존의 대금결제방식에 비하여 대금결제가 아주 편리하게 이루어진다. 기존의 결제시스템이 전화나 직접 지불방식을 이용하고 있는 반면, 전자결제 시스템은 네트워크에서 직접 지불하거나 신용카드를 이용해서 손쉽게 처리할 수 있다.

둘째, 안전하게 대금결제를 할 수 있다. 전자결제 시스템은 국제적 보안

표준인 SET(Secure Electronic Transaction)를 적용하고 있는데, SET는 인터넷과 같은 개방된 네트워크에서 안전하게 상거래를 할 수 있도록 보장해 주는 통신보안 프로토콜로서, 우리가 일상생활에서 이용하는 신용카드 거래체계를 인터넷 상거래에서도 안전하게 이용할 수 있도록 하고 있다.

셋째, 현재로서는 적용범위가 제한적이다. 현재 인터넷 상거래에서 발생하는 보편적인 대금결제방식은 신용카드를 사용한 방식으로, 이것은 카드 소지자만이 이용할 수 있어 구매욕구는 강하나 신용카드를 사용할 수 없는 경우에는 사용이 제한되어지고 있다. 그리고 전자화폐의 경우 법제도적인 문제로 인하여 부분적으로 이용되고 있을 뿐 아직은 실용화되지 못하고 있다.

3) 전자결제의 발전배경

전자대금결제의 발전배경에는 먼저 정보통신기술의 발전으로 다양한 매체가 출현하게 됨으로써 생활의 편리성을 가져와 고객은 다양한 정보서비스를 요구하게 되었으며, 금융업무에 있어서도 이러한 매체를 이용하여 업무의 효율성을 높이고 있다.

첫째, 전화는 고객이 은행에 가지 않고도 금융업무를 할 수 있도록 하는데, 특히 스크린 폰, 음성인식 비디오 등을 이용하여 새로운 형태의 금융서비스를 하고 있다. 그리고 퍼스널 컴퓨터를 이용한 통신은 가정 및 기업에서 금융업무를 가능하게 하고 있으며, 컴퓨터 스크린, 스마트 폰과 결합된 ATM, 가상은행 등의 발달은 은행업무를 더욱 효율적이고 편리하게 하고 있다.

둘째, 인터넷의 이용 확산을 들 수 있다. 인터넷은 범세계적인 네트워크들의 집합으로 전세계를 공동생활권으로 묶어 다양한 정보를 실시간으로 처리할 수 있게 한다. 이는 음성, 데이터 영상 등의 멀티미디어 정보를 대용량, 초고속으로 전송 가능하게 하는 정보 초고속도로의 구축과 퍼스널 컴퓨터 보급의 확산으로 인터넷 이용은 더욱 증가하고 있는 추세이다.

인터넷은 내부정보 교환 및 제도연구 등 각종 정보수집이 용이하며 거래처간 지원 및 마케팅활동을 통하여 영업을 활성화시킬 수 있다. 그리고 해외지점 관리, 해외 신용 및 시장동향조사가 용이하여 국제업무를 편리하게 할 수 있고, 저렴한 비용으로 전세계에 광고할 수 있게 하여 홍보활동에 큰 효과를 가져온다.

은행업무에도 큰 변화를 가져와 전세계 은행을 마치 하나의 은행처럼 이용할 수 있게 하며 은행은 실제적인 점포없이 영업을 하면서 적은 비용으로 고객을 만족시킬 수 있게 되었다. 또한 가상공간을 통하여 신속·정확한 처리를 통해 효율성이 증진되었으며, 고객에게는 전세계의 은행서비스를 제공받을 수 있어 편의성이 증진될 수 있다.

셋째, 일상생활 전반에 걸친 전자결제 서비스의 확산을 들 수 있다. 인터넷의 활발한 이용은 가상쇼핑몰에서 상거래를 증진시키고 있다. 소비자는 쇼핑몰에 제품과 목록을 보고 구입신청을 하면, 제품 생산자는 소비자의 주문에 따라 제품을 판매하게 되고, 소비자는 컴퓨터를 이용하여 대금을 결제한다. 컴퓨터를 이용하여 대금이 결제되는 수단으로서 전자화폐가 사용되는데, 이는 기존 신용카드의 단점인 보안성을 강화한 것으로 전자화폐사가 은행, 소비자, 판매자간에서 중개역할을 담당하게 된다. 물론 전자결제는 퍼스널 컴퓨터 뿐만 아니라 상점의 판매시점관리(point of sale: POS) 단말기, 전화기, 무선호출기 등이 이용되고 있으며, 결제수단도 현금, 수표 이외에 신용카드, 선불카드, 직불카드, 스마트카드 등으로 확산되고 있다.

4) 전자결제의 영향

전자대금결제는 사이버 공간상에 존재하는 가상은행을 통하여 은행업무를 수행하기 때문에 실제 영업점은 없다. 따라서 전자대금결제를 수행하는 경우에는 다음과 같은 영향을 미칠 수 있다.

첫째, 은행은 새로운 지점의 개설에 따른 비용이 들지 않고 컴퓨터 및 주변기기, 통신장비와 소수의 인력만으로도 창업이 가능하다.

둘째, 경영비용이 적게 들고 금융거래에 소요되는 비용이 저렴하여 예금자에게도 고율의 이자를 지급할 수 있고, 차입자에게는 저리로 대출할 수 있다.

셋째, 은행의 네트워크를 통하여 시간과 장소의 제약이 없어지기 때문에 고객은 편리성을 제공받을 수 있으며, 은행은 전금융기관 공동 이용, 기반구축을 가능하게 함으로써 복합금융상품의 개발 및 고객에게 다양한 서비스 제공이 가능하게 된다. 또한 국가적인 차원에서 금융VAN서비스의 선진기술 도입 및 기술향상에 크게 기여 할 수 있다.

넷째, 전자대금결제가 이루어지는 경우 인터넷상의 가상은행에서 대차된 결과를 즉시 확인할 수 있어 전자상거래가 활성화 되며, 은행이 보유하고 있는 다양하고도 유익한 정보를 통신망을 통하여 이용할 수 있게 된다.

따라서 전통적인 은행에 비하여 상대적으로 높은 경쟁력을 가질 수 있고, 언제나 외부고객에게 개방되어 있으므로 광범위한 금융서비스와 고부가가치 금융정보를 제공할 수 있다.

5) 전자결제시스템

전자상거래를 성공적으로 구현하여 운영하기 위해서는 광범위한 거래영역과 다양한 비즈니스 기능을 매개하는 전자지불시스템의 지원이 필요하다. 일반적으로 전자결제란 상품 또는 서비스에 대한 대가를 전자적인 수단을 통하여 지급, 결제하는 것을 말한다. 현재까지 전자상거래에 있어서 중요한 결제수단은 은행지로방식과 병행하여 신용카드에 의한 대금결제방식이 주로 행해지고 있다. 그러나 전자상거래가 네트워크에 의한 상거래 행위라는 점에서 다분히 불충분한 방법이라고 할 수 있다.

전자결제시스템(electronic settlement system)은 여러 금융기관의 계좌간 자금이체를 자동적으로 처리하여 물품대금을 지급하는 시스템이다. 대금결제방법은 금융기관마다 상이하나, 일반적으로 제시된 신용카드를 검색하여 고객의 은행계좌를 기록하면 물품대금이 자동적으로 고객의 계좌에서 판매업자의 구좌로 이체되어 결제된다. 따라서 고객은 많은 현금을 보유할 필요가 없고 계좌에서 허용하는 한 원하는 액수만큼 구매할 수 있다. 또한 판매업자도 보유할 현금이나 수표의 양을 줄일 수 있어 보안에 대한 우려를 하지 않아도 된다.

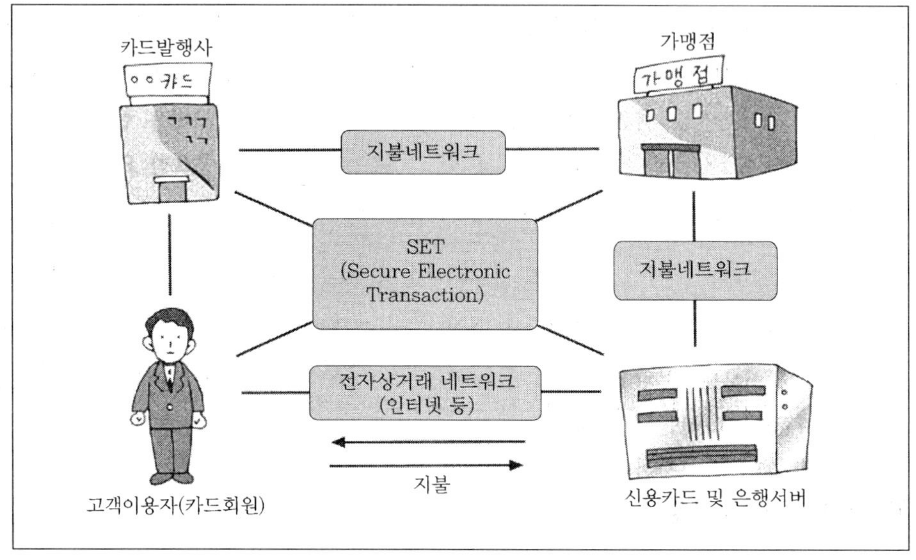

[그림 4-11] 전자결제시스템

2. 전자화폐

1) 전자화폐의 의의

전자화폐는 지폐 또는 동전의 형태가 아닌 전자형태로 화폐가치를 저장한 것으로 즉시적인 지급과 교환이 가능한 지급수단이다. 동전이나 지폐와 같은 현재의 화폐는 발행이나 폐기에서부터 보관이나 수송 시에도 적지 않은 비용발생과 함께 도난의 위험을 늘 안고 있다. 특히 정보화 시대를 맞이해 인터넷 등을 이용한 전자상거래가 크게 활성화되면서 원격지 송금이 불편한 현재 화폐의 단점을 보완한 여러 가지 형태의 전자화폐들이 주목을 받고 있다. 하지만 아직까지는 전자화폐의 사용이 크게 활성화되지 않았고, 다양한 시도가 이루어지는 시점이기 때문에 화폐가 가져야할 가장 기본적인 조건인 범용성이 떨어지는 것이 현실이다. 즉, 언제 어디서나 누구나 공통적으로 사용할 수 있을 만큼 아직은 전자화폐의 기능이나 종류가 표준화되어 있지 않다는 뜻이다. 따라서 현재는 전자화폐를 발행하거나 유통하는 업체나 기관의 가맹점으로 가입되어 있는 상점이나 서비스 업체에서만 한정적으로 사용할 수 있기 때문에 현재 사용중인 화폐와 비교할 때 범용성은 크게 떨어진다.

그러나 비교적 위조나 변조 등의 위험성이 적고, 강력한 보안기능이 적용된 전자화폐는 도난이나 분실했을 경우에도 안전하다는 큰 장점을 가진다. 무엇보다 전자화폐를 사용하면 10원 단위의 소액결제나 금액이 큰 경우에도 간편하게 사용할 수 있기 때문에 거래 과정에서 잔돈을 돌려받을 수 없는 전자상거래에서 특히 유용하다. 물건이나 서비스를 제공하는 판매자 입장에서도 현금을 관리하는데 필요한 시간이나 비용을 절약할 수 있고, 빠르고 확실하게 대금 결제가 이루어지기 때문에 판매 효율을 높일 수 있다. 특히 전자화폐를 통해 이루어진 매출 내역을 이용해 판매나 재고 관리에도 응용할 수 있고, 이를 마케팅에 활용할 수도 있다.

전자화폐가 일반화되면 은행과 같은 금융기관의 입장에서도 적지 않은 이익을 볼 수 있다. 현재와 같은 현금 중심의 거래 구조에서는 창구를 통한 입출금 업무가 상당히 큰 비중을 차지한다. 이런 이유 때문에 요즘도 은행에서는 현금인출기를 이용하거나 인터넷이나 전화 등을 통해 입출금이나 자금이체를 하는 경우 수수료를 할인해주거나 감면해 주고 있다. 따라서 전자화폐가 활성화된다면 기존의 입출금 업무보다도 비용을 대폭 절감할 수 있고, 전자화폐를 이용한 다양한 부가서비스나 상품을 통한 수익도 기대할 수 있을 것으로 보인다.

물론 이렇게 전자화폐가 활성화되고 지금의 화폐를 완전히 대체하기까지는 적지 않은 시간이 필요할 것으로 보인다. 이를 위해서는 화폐로서 가져야할 기본적인 조건을 충분히 만족시킬 수 있는 전자화폐 솔루션(solution)의 개발과 표준화를 통한 범용성을 갖는 것이 필수적이다.

2) 전자화폐의 유형

전자화폐는 기준에 따라 여러 가지로 분류될 수 있지만 크게 가치저장수단에 따라 IC카드형과 네트워크형으로 분류된다. 이는 전자화폐를 직접 소지하거나 인터넷을 통해 온라인으로 송부할 수 있어야 함을 의미한다. 따라서 IC카드나 인터넷은 그 자체로서 전자화폐를 의미하는 것이 아니라 단순한 가치저장수단으로 전자화폐를 보유하는 것이다.

(1) IC카드형

IC카드형 전자화폐는 가치를 나타내는 디지털 자료를 IC(Integrated Circuit)카드에 보관하는 형태의 전자화폐로 대면거래에 있어서 이용될 수 있다. 또한 화폐가치의 이전가능성에 따라 개방형과 폐쇄형으로 나눌 수 있는데 개방형은 카드 상호간 가치이전이 가능한 반면 폐쇄형은 불가능하다. IC카드형 전자화폐에는 Mondex,[11] VisaCash가 있으며 IC카드에 인증서, 전자화폐를 담아 지불하는 방식이다.

한편 IC카드는 프로그램화된 정보를 저장할 수 있기 때문에 스마트카드(smart card)라고도 한다. 즉, IC카드는 정보처리능력을 보유하여 빈번하게 변화하는 자료를 저장하는데 적합하고, 암호화 알고리즘의 저장시 이용되어 디지털 서명과 신분 확인에도 활용될 수 있다.

또한 IC카드는 이동이 가능하고, IC카드 판독기와 자료표시기를 갖춘 전화선을 이용하여 전자화폐를 출금할 수 있어 전자상거래뿐만 아니라 일반 소매점에서도 사용이 가능하다.

---

11) 몬덱스 카드(mondex card)는 1990년 영국에서 개발된 전자화폐로 전화, 인터넷, ATM 등을 통해 일정금액을 충전해서 사용하며 현재 전세계 80여 개 국가에서 사용되고 있다. 몬덱스카드를 현금처럼 사용하기 위해서는 먼저 전자화폐 입출금기나 몬덱스 전용 전화기를 통해 거래은행의 계좌로부터 몬덱스 화폐를 인출해 IC카드에 저장해야 한다. 이 때 저장할 수 있는 전자화폐의 금액은 제한되어 있기 때문에 다 쓰고 나면 재충전해서 사용하게 된다. 상품 구입 후 상점에 설치된 전용 단말기를 통해 지불이 이루어진다. 즉, 단말기에 카드를 삽입하면 카드에서 전자화폐가 상점의 단말기로 이체되고, 카드에서는 자동으로 사용한 금액만큼 전자화폐가 빠져나가게 된다.

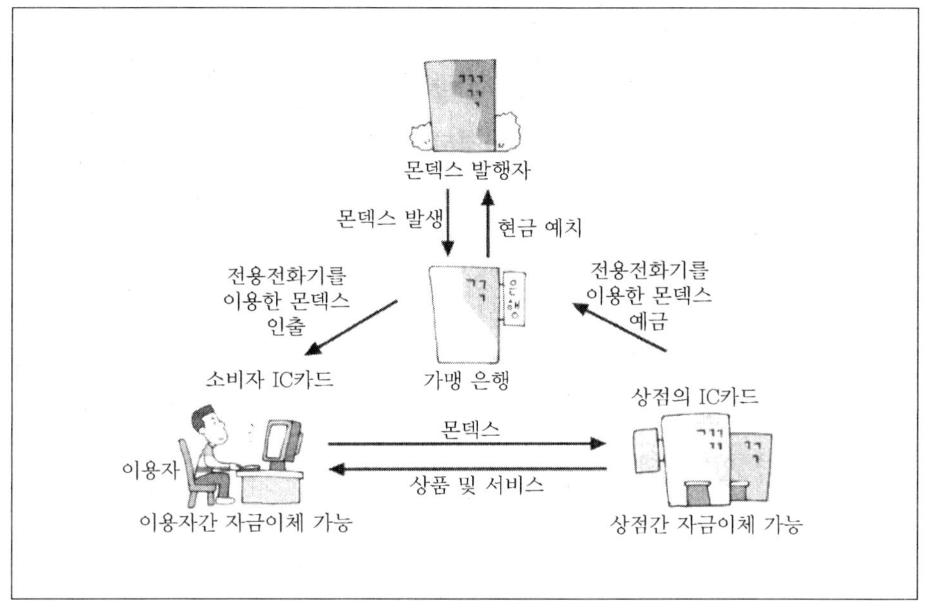

[그림 4-12] 몬덱스의 결제메커니즘

(2) 네트워크형

네트워크형 전자화폐는 인터넷과 같은 통신망을 통하여 거래은행의 예금을 인출하여 공중통신망의 은행계좌 또는 공중망과 연결된 컴퓨터에 화폐가치를 저장하였다가 전자상거래의 대금을 지급하는 것이다.

따라서 네트워크형 전자화폐는 컴퓨터를 통해서만 화폐가치를 저장하고 인터넷을 통해서 자금이체가 가능하다. 대표적인 형태로 E-Cash, CyberCash가 있다.

네트워크형 전자화폐의 장점은 자신의 컴퓨터에다 전자화폐용 소프트웨어만을 입력하면 되기 때문에 보급을 위한 초기 투자비용은 그다지 크지 않다고 볼 수 있다. 그러나 결제정보가 인터넷과 같은 개방된 통신망을 통해 전달될 경우 정보의 유출 가능성이 존재한다는 결함을 지닌다.

결과적으로 인터넷 전자화폐가 활성화되려면 IC카드와 인터넷이 통합되어야 하는데 기술적으로는 IC카드로부터 컴퓨터에 자금이체가 가능하다.

〈표 4-9〉 IC카드형과 네트워크형 전자화폐

구 분		화 폐 명	발행 기관	주요 특징
IC 카드형	현금형	Mondex	내셔널 웨스트민스터 미들랜드 은행 등의 공동출자회사	전용기기 또는 몬덱스용 전화기를 이용하여 카드간 가치이전 가능 1995년 7월이후 실험사용
	선불카드형	Visa Cash	다수의 미국지방은행	1996년 ATM, 전화기 등을 통해 가치재충전이 가능한 카드를 발행
네트 워크형	현금형	E-Cash	네덜란드의 디지캐시사와 미국의 마크트웨인 은행	네트워크에 가상의 화폐를 생성시켜 전자결제에 이용 1995년부터 실용화
	신용카드형	First Virtual	미국의 First Virtual	일종의 회원등록처럼 신용카드번호를 사전에 등록하고 전용의 회원번호에 따라 인터넷상의 결제
		Cyber Cash	미국의 사이버캐시사	무상으로 제공된 암호통신 소프트웨어을 이용하여 인터넷상의 결제
	전자수표형	Net Bill	미국의 카네기멜론 대학	인터넷상에서 기존의 가계 당좌수표 사용이 가능

자료 : 한국전자거래표준원, 전자지불시스템 표준화를 위한 국내외 기술동향, 1998.

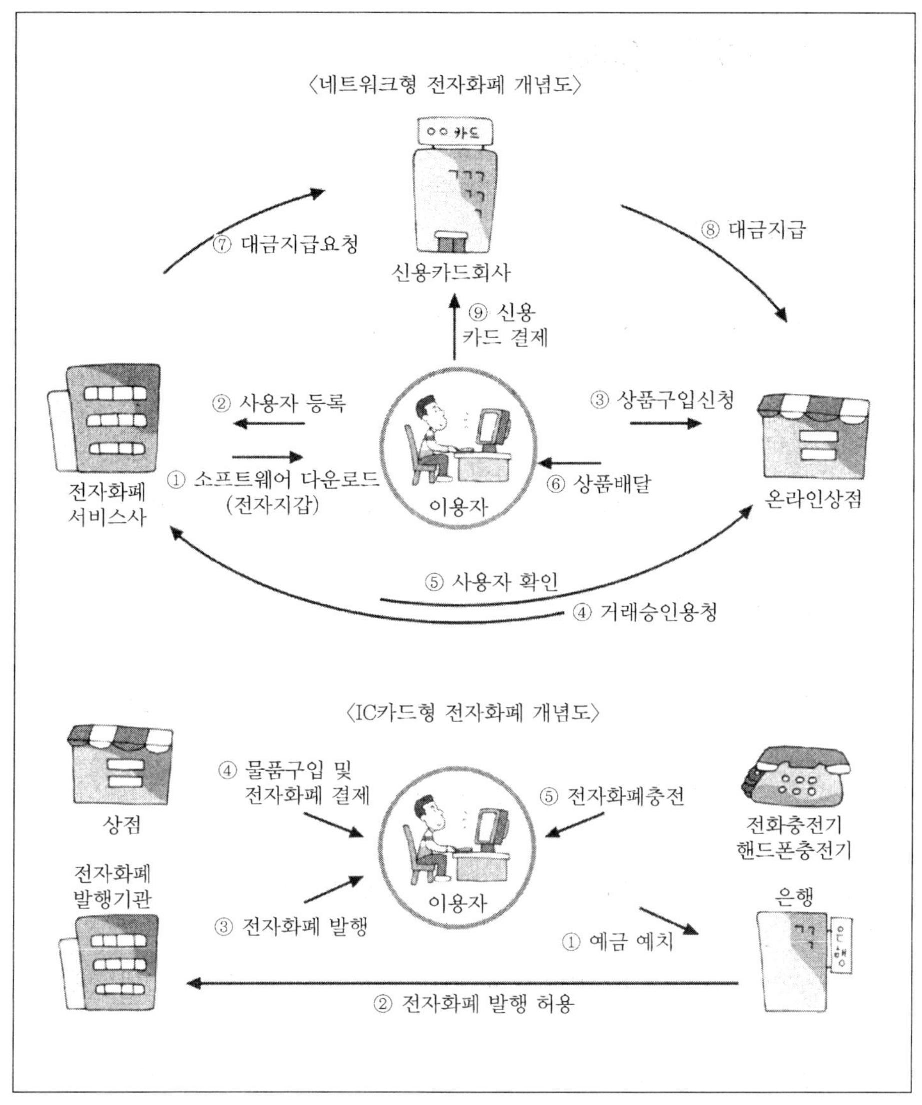

[그림 4-13] 전자화폐 개념도

연습 문제

1. 전자상거래의 개념, 배경, 특징을 간략히 서술하시오.

2. 전자상거래의 형태와 유형을 설명하시오.

3. EDI의 개념과 구성요소를 설명하시오.

4. CALS의 개념을 설명하고 그 발전단계를 나열하고 서술하시오.

5. CALS를 EDI와 비교하여 설명하시오.

6. ERP, SCM, CRM, KMS를 각각 열거하고 그 개념과 특징을 설명하시오.

7. 보안요소와 보안표준을 각각 열거하고 서술하시오.

8. 비밀키 암호화와 공개키 암호화를 비교 설명하시오.

9. 전자서명의 개요와 효력에 관하여 간략히 서술하시오.

10. 전자인증의 개요, 역할, 인증절차에 관하여 간략히 서술하시오.

11. 전자결제의 의의, 특성, 발전과정, 영향에 관하여 간략히 서술하시오.

12. 전자화폐의 의의와 유형에 관하여 설명하시오.

5 무역자동화와 전자통관 · 물류시스템

제1절 무역자동화의 개관

1. 무역자동화의 의의

무역자동화(trade automation)란 종전처럼 사람이 서류를 직접 들고 은행, 수출입단체, 세관 등을 일일이 다니거나 우편, 팩스(fax) 등을 통해 무역업무를 처리하는 대신에 전자문서교환(EDI) 방식에 의해 컴퓨터로 사무실에서 빠르고 간편하게 무역업무를 처리하는 것을 말한다. 다시 말해 수출입에 관련된 각종 행정 및 상거래서류를 컴퓨터가 읽을 수 있는 표준화된 전자문서의 형태로 바꾸어 컴퓨터로 주고받음으로써 궁극적으로는 종이서류 없는 무역(paperless trade)을 실현하는 것을 의미한다.

지금까지의 전통적인 무역업무 처리체계는 무역업체와 세관, 항만, 선사, 은행 등 무역유관기관이 마치 거미줄과 같이 복잡하게 얽혀 있어서 인력과 시간의 낭비가 많았다. 따라서 거래당사자들은 독자적인 전산망을 구축하거나 사람이 서류를 가지고 일일이 다니면서 무역절차를 밟아야만 했었다.

그러나 무역자동화시스템의 도입으로 무역자동화사업자(KTNET)가 수출입절차 전반에 걸쳐 중앙에서 무역업체와 무역유관기관을 유기적으로 연결하여 무역관련 각종 전자문서와 무역정보를 24시간 중계, 전송하게 된다. 이와 같은 무역자동화시스템은 전자문서와 통신방법에 관한 국제표준을 따르고 있기 때문에 컴퓨터 기종에 상관없이 거래상대방과 정보교환이 가능할 뿐만 아니라 국가기간전산망, 기존의 민간 부가가치통신망(Value Added Network: VAN)은 물론 국제무역망과도 연결이 용이하여 무역업체와 무역유관기관은 지역이나 시간에 제약받지 않고 국내는 물론 외국과의 무역업무를 컴퓨터에 의해 신속 정확하게 처리하는 것이 가능하다.

무역자동화는 무역절차의 간소화와 무역정보의 신속한 유통을 실현하고 무역업무의 처리시간과 비용을 절감하여 국제경쟁력을 높임으로써 국민경제의 발전에 이바지함을 목표로 하고 있다. 그 세부적인 목표는 무역업무 처리시간의 단축, 관련비용의 절감, 효율적이며 자동화된 무역환경의 조성, 산업 국제경쟁력의 강화 등에 있다.

2. 무역자동화업무 처리방식

무역자동화는 기존의 종이서류를 통한 무역업무 처리방식과 다음과 같이 여러 가지 면에서 차이를 보이고 있다.

1) 컴퓨터통신에 의한 표준화된 전자문서 사용

무역자동화의 경우 컴퓨터가 읽을 수 있도록 일정한 형태로 표준화 내지 구조화된 전자문서(electronic documents)가 사용된다. 또한 서류의 양식은 다르다 할지라도 동일한 내용의 데이터는 새로운 서류작성시 컴퓨터에 의해 자동 입력됨으로써 반복 작성 내지 재입력에 따른 오류의 발생을 최소화할 수 있다.

데이터통신망을 통해 사무실에서 컴퓨터로 상대방에게 매우 빠르고 정확하게 전달함으로써 서류의 전달 및 업무처리에 관련한 불필요한 분쟁을 예방할 수 있다.

2) 무역자동화사업자의 존재

무역자동화사업자가 수출입절차 전반에 걸쳐 무역업체와 무역유관기관을 유기적으로 연결하여 무역관련 각종 전자문서와 무역정보를 24시간 중계 · 전송해 준다. 따라서 거래당사자들은 독자적인 전산망을 구축하거나 사람이 서류를 가지고 일일이 다닐 필요가 없이 국내는 물론 외국과의 무역 업무를 손쉽게 처리하는 것이 가능하다.

3) 전자서명의 사용

무역자동화의 경우 컴퓨터에 의해 자동으로 생성되는 전자서명(digital signature)에 의해 서류 작성자의 식별과 전송된 데이터의 정확한 전달 여부를 확인하게 된다. 전자서명은 전송된 데이터의 양과 거래당사자가 사전에 약정한 수발신인 식별자 값을 근거로 전자서명 알고리즘에 의해 자동 생성되는데, 만일 이 전자서명 값이 일치하지 않으면 수신인은 전자문서의 수령을 거부할 수 있다.

4) 다단계 보안대책을 통한 위조 · 변조 불가능

무역자동화시스템은 사용자마다 고유번호와 비밀번호를 부여하고 교환되는 각종 전자문서와 무역정보를 사서함별로 관리하므로 권한이 없는 타 업체에서는 접속이 불가능하다. 그리고 업무처리를 위한 시스템에의 접근을 통제하고 사용자의 신분을 확인하는 접근통제장치가 있으며, 전자문서 작성시 자동적으로 일련번호가 매겨질 뿐만 아니라 데이터의 양이 자동적으로 계산되어 전자문서와 함께 전송된다. 또한 수신자가 전자문서를 찾아가면 수신했다는 통지가 발신자에게 자동 통보되고 무역자동화 지정사업자는 특별법에 의해 3년간 자료를 보관하도록 되어 있어 데이터의 불법노출이나 송수신 사실을 부인할 수가 없게 되어 종이서류에 비해 훨씬 안전하다.

3. 무역자동화의 현황

무역자동화는 기본적으로 상역, 외환, 통관, 운송, 보험 등 수출입절차 전반에 걸쳐 모든 무역업체와 무역유관기관이 컴퓨터로 업무를 처리할 수 있도록 신뢰성이 있고 보안 및 안전성이 보장된 사용자 중심의 시스템 구축에 역점을 두고 있다.

이러한 기본목표에 따라 우리나라는 1991년 12월에 무역자동화 촉진에 관한 법률을 제정 · 공포하였고, 1992년 11월에 무역자동화시스템을 개통하여 1994년 1월부터 상역 및 외환부문의 서비스를 먼저 개시하고, 그 이후 1999년까지 모든 무역부문으로 서비스를 확대하였다.

1) 표준전자문서 개발

EDI 방식에 의한 무역자동화를 위해서는 표준화된 전자문서의 개발이 선행요건이다. 따라서 EDI에 필요한 한국표준전자문서(Korea Standard Messages : KRSM)의 개발 및 보급을 위해 지식경제부(구 통상산업부), 국토해양부, 관세청, 해운항만청, 한국은행 등 총 33개 위원기관으로 '한국 EDIFACT 위원회(KEC)'가 구성, 운영되고 있다. KEC는 '무역업무자동화 촉진에 관한 법률'에 규정된 바에 따라 무역자동화와 관련된 각 부문의 단계별 전자문서의 개발범위와 일정을 확정, 공고함으로써 무역자동화를 촉진하고 있다. 또한 KEC는 산하에 사무국인 '한국 EDIFACT 표준원(KEB)'을 비롯하여 전자문서개발, 심사평가, 법률제도, 교육홍보 등 4개의 전문위원회를 구성하여 표준전자문서의 개발 및 보급 등을 담당하고 있다.

2) 무역자동화시스템 구축

무역자동화는 사용자간에 다양하고 복잡한 거래관계 발생이라는 무역 자체의 특성과 무역자동화특별법에서 규정한 보안성 및 공공성 때문에 일반 VAN이 제공하는 EDI서비스보다 훨씬 엄격하고 안전한 서비스를 요구한다.

이러한 다양한 요구사항들을 만족시키기 위해서는 24시간 중단 없는 시스템의 운영, EDI 전자문서의 보안 유지, 저장 및 추적을 통한 감사기능의 확보, 광범위한 사용자 그룹을 수용할 수 있는 개방형 시스템의 구현 등이 필요하다. 따라서 무역자동화 지정사업자인 한국무역정보통신(Korea Trade Network: KTNET)에서는 정보통신 관련 전문가들로 구성된 자문위원회의 자문을 받아 현업에서 그 성능이 실증된 주전산기와 전자문서 중계시스템(Message Handling System: MHS)을 도입하여 신뢰성이 있고 보안성 및 안전성이 보장된 사용자 중심의 시스템을 구축하였다. 특히 사용자가 자신이 보낸 전자문서를 상대방이 찾아갔는지, 또 자신에게 어떤 전자문서가 와 있는지 직접 조회해 볼 수 있는 전자문서 조회시스템(Message Status Reporting System: MSRS)은 매우 독특한 시스템이라고 할 수 있다. 이 밖에 X.400 Gateway 시스템을 통해 국내 및 외국의 다른 EDI망의 사용자들을 서로 연결시켜 전자문서를 주고받을 수 있도록 했으며, 장애처리 및 사후관리, 사용자의 EDI 도입지원 등을 위해 서비스를 운영하고 있다.

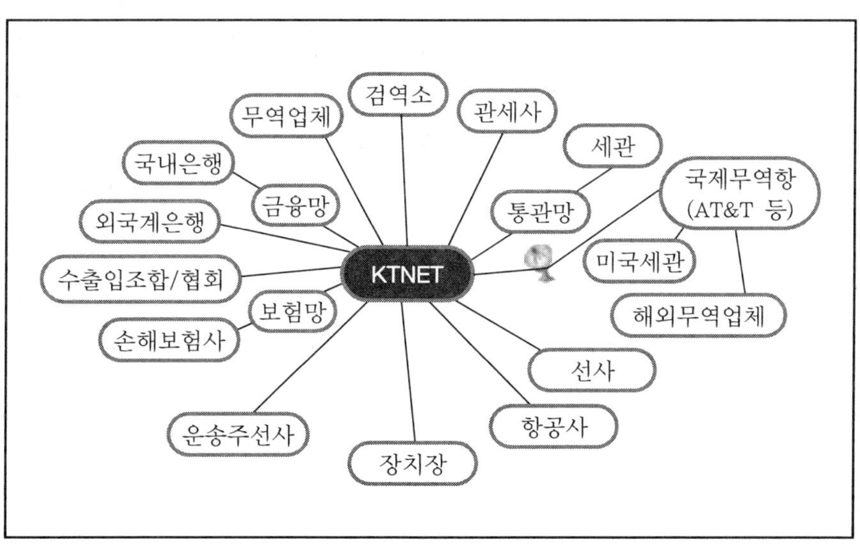

[그림 5-1] 무역자동화시스템 구성도

3) 무역자동화 환경조성

무역자동화는 기존의 무역업무 처리방식의 일대 변혁이라는 점에서 사용자의 수용태세가 매우 중요한데, 이것은 지속적인 인식제고 및 EDI 관련 전문교육을 필요로 한다. 따라서 KTNET에서는 산하에 무역자동화 및 EDI 전문교육센터를 설립하여 무역업체와 무역유관기관의 경영자, 관리자 및 실무자 등을 대상으로 계층별로 다양한 인식제고 교육 및 무역자동화 실무교육을 실시하고 있다. 이와 함께 전산담당자를 대상으로 기존에 구축된 내부업무처리시스템을 EDI 방식으로 통합하기 위한 시스템 개발과정과 같은 기술적인 전문교육을 제공하고 있다. 또한 순회설명회, 현지방문 특별교육 및 EDI 소프트웨어 전시회의 개최를 통해 무역자동화의 기반을 조성하고 확산을 주도하였다.

4) 종합무역망의 구축 및 상용서비스

무역자동화 환경의 조성, 시범사업의 실시와 함께 KTNET은 종합무역자동화 서비스를 제공하기 위한 보다 적극적인 활동을 전개하였다. 1992년 11월 관세청과 'EDI형 통관자동화시스템 구축, 운영에 관한 기본협정', 1993년 6월 금융결제원과 '무역망과 금융망 접속에 관한 기본협정', 그리고 1994년 5월 한국물류정보통신(KL-Net)과 '물류망 중계서비스 협정'을 각각 체결하였다. 이러한 노력의 결과 1998년 12월 무역자동화 서비스 완성식을 가지게 되었다.

이에 따라 KTNET을 중심으로 금융망, 통관망, 물류망이 상호 연계됨으로써 종합무역자동화 서비스를 제공할 수 있는 기본틀이 갖추어지게 되었다.

4. 무역자동화 특별법

무역자동화가 효율적으로 추진되기 위해서는 EDI에 필수적인 표준 전자문서의 개발 및 보급, 전자문서에 대한 법적 효력과 증거능력의 인정, 각종 무역정보에 대한 보안 및 안전대책 등 EDI의 순수한 법적 측면뿐만 아니라 무역자동화 서비스 제공업자의 요건, 무역절차의 개선 등 정책적·제도적 지원이 필요하다. 이를 위해서는 대외무역법, 외국환관리법, 관세법 등 30여 개에 달하는 무역관련 법령의 개정이 필요한데, 동시에 이것을 실현한다는 것은 현실적으로 불가능하므로 무역절차와 제도개선을 위한 별도의 조치가 요구되었다.

이러한 여러 가지 필요성에 입각하여 지식경제부는 관계부처와 협의를 거쳐 1991년 12월 31일 특별법인 '무역업무자동화 촉진에 관한 법률'을 제정하였다. 이 법의 제정을 통해 무역자동화는 더욱 가속적으로 추진되게 되었으며, 무역 이외의 다른 분야에서도 EDI가 확산되는 계기가 되었다.

무역자동화 특별법은 총 7장 29조 및 부칙으로 구성되어 있는데, 제1장은 총칙으로서 법률의 목적, 용어의 정의 및 적용범위를 규정하고 있고, 제2장은 무역자동화 사업자의 자격, 사업자의 지정, 지정의 결격사유 및 지정의 취소 등을 규정하고 있다. 제3장은 무역자동화망의 구성, 이용과 관련하여 무역자동화 사업자의 사업계획 승인 및 무역자동화망의 이용 등을 규정하고 있다.

제4장은 전자문서의 표준화 및 효력 등에 관한 것으로서 전자문서의 표준화 계획, 전자문서의 형식과 효력, 전자서명의 효력, 도달시기, 인허가 신청시의 제출서류에 관한 특례 등을 규정하고 있으며, 제5장은 전자문서 및 무역정보의 보안관리, 전자문서 및 무역정보의 공개 등에 관한 규정하고 있다.

제6장은 보칙으로서 권한의 위임, 보고, 검사 및 지도감독 등에 관해 규정하고 있으며, 마지막 제7장은 벌칙조항으로서 전자문서의 위조, 변조 등에 대한 벌칙을 규정하고 있다.

제2절 무역자동화 서비스

한국의 무역자동화 사업은 한국무역정보통신(KTNET)을 중심으로 수출입 관련 무역, 통관, 물류, 유통업무 등의 처리절차를 EDI방식으로 자동화하고 모든 무역유관기관을 연결하는 무역자동화망을 구축하는 것을 목표로 하고 있다.

먼저 상역 및 외환부문은 수출입승인, 신용장개설 및 통지업무, 입출금통지, 계산서, 외화자금 이체업무, 수입화물선취보증(L/G),[1] 수입화물선취승낙 등 무역업체와 은행 또는 수출입승인기관 사이의 업무가 서비스되고 있으며, 통관부문은 수출입신고 및 수리업무, 수출입화물관리업무, 관세환급 등이 무역업체와 관세청간에 서비스되고 있다.

보험 및 물류 부문에서는 무역업체와 보험 및 물류업체간의 적하보험신청 및 발급통지업무, 선적요청 및 선하증권 발급통지업무, 선적서류 도착통지업무 등이 서비스되고 있다. 이같이 국내에서 자동화가 가능한 수출 46개 단위업무와 수입 26개 단위업무인 총 72개 단위업무가 100% 자동화되어 KTNET의 무역자동화시스템을 통해 전자문서로 처리되고 있다.

1. 수출절차별 서비스

1) 신용장의 발행업무

신용장의 발행은 수입상의 요청과 지시에 따라서 발행은행이 신용장을 발행하는 것으로서, 발행은행은 발행의뢰인의 신용상태 및 담보능력을 고려하여 발행한다. 이와 관련하여 한국무역정보통신(KTNET)은 신용장 발행업

1) 화물은 수입지에 도착하였음에도 불구하고 환어음과 선적서류가 수입지에도 도착하지 않은 경우가 있다. 이 경우 수입상은 선하증권이 없이 외국환은행의 보증장을 선박회사에 제출하고 화물을 수취할 수 있는 방법이 있는데, 이러한 보증장을 화물선취보증장(Letter of Guarantee: L/G)이라고 한다.

무를 EDI방식으로 서비스하고 있다.

업무절차는 다음과 같다. 먼저 수입상이 신용장발행신청 전자문서를 발행은행에 전송하게 되면, 동 은행은 수입상에게 신용장발행 응답 전자문서로 해외 통지은행에게는 SWIFT(Society for Worldwide Interbank Financial Telecommunication)[2] 전문으로 변환하여 전송하게 된다. 사용되는 전자문서는 다음과 같다.

① 신용장발행신청: APP700, ② 신용장조건변경신청: APP707, ③ 신용장발행응답: INF700, ④ 신용장조건변경응답: INF707 ⑤ 계산서: FINBIL(수수료통지서)

무역자동화 도입에 따른 신용장 발행업무의 효과를 살펴보면 다음과 같다.

첫째, 도입 전에는 신용장을 발행하기 위하여 신용장발행신청서, 매매계약서, 수입승인서 등의 확인서류를 제시하여야만 신용장발행이 가능하였으나, 무역자동화를 도입함으로써 신용장발행신청서만 작성하여 EDI로 송신함으로써 신용장발행에 있어 첨부서류의 제출이 면제된다.

둘째, 도입 전에는 신용장 수령시 수익자가 직접 은행을 방문할 필요가 있었지만, 무역자동화를 도입함으로써 자신의 사무실에서 EDI로 신용장원본을 수신할 수 있다.

셋째, 도입 전에는 신용장발행에 있어 법정서식의 사용 및 관리상의 부담이 있었으나, 무역자동화를 도입함으로써 보통의 A4 용지에 Free Format형태로 출력하여 신용장을 사용할 수 있다. 이때 사용되는 신용장에 대하여 유관기관에서 유효한 문서로 인정된다.

넷째, 도입 전에는 해외 수익자에게 신용장통지까지 장기간이 소요되었으나, 무역자동화를 도입함으로써 은행이동시간 및 발행은행에서 재입력절차가 생략되기 때문에 통지기일이 2일내지 3일로 단축된다.

2) SWIFT는 컴퓨터와 범세계적인 통신망을 연결하여 국제금융, 외환거래 등에 수반되는 국제은행간 메시지의 전송 및 교환을 신속, 정확, 안전하게 처리하는 컴퓨터 정보통신망이다.

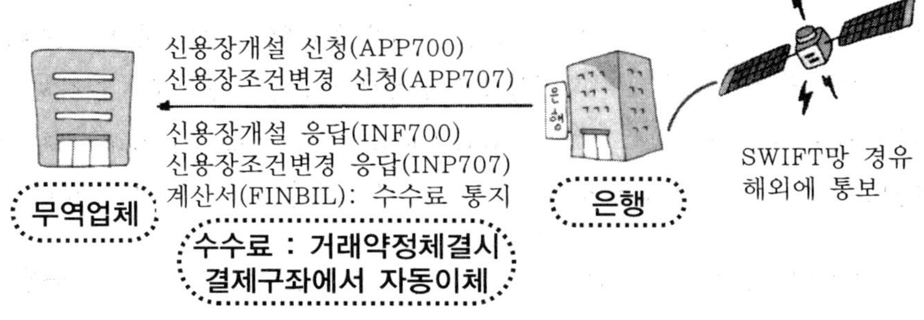

[그림 5-2] EDI에 의한 수입신용장 개설

2) 신용장의 통지업무

신용장 발행업무와 마찬가지로 신용장 통지업무도 EDI방식으로 서비스하고 있으며, 수출상은 수신한 신용장을 직접 출력하여 사용하고 있다.

EDI방식에 의한 신용장 통지업무 절차는 다음과 같다. 먼저 국내 신용장 통지은행은 해외 신용장 발행은행으로부터 수신한 SWIFT 전문을 전자문서로 변환하여 국내 수출상에게 송신하면, 수출상은 국내은행으로부터 이를 통지받아 신용장을 자가 출력하여 사용한다. 이때 출력한 신용장은 원본으로 인정되어 사용할 수 있다. 신용장통지 수수료는 자동이체 또는 익월 일괄후취 등의 방법으로 은행에 할인되어 납부된다. 사용되는 전자문서는 다음과 같다.

① 신용장(선)통지: ADV700(ADV705) ② 신용장조건변경통지: ADV707
③ 해외양도신용장통지: ADV720 ④ 타행통지신용장통지: ADV710

무역자동화 도입에 따른 신용장 통지업무의 효과를 살펴보면 다음과 같다.

첫째, 도입 전에는 전화, 팩스(fax)로 신용장을 통지한 다음, 수익자가 은행을 방문한 후 신용장원본을 수령할 수 있었다. 그러나 무역자동화를 도입함으로써 수익자는 사무실에서 EDI로 신용장을 수령 후 직접 출력하여 이를 원본으로 사용할 수 있다. 또한 기존의 서류와는 달리 정형화된 신용장을 수신함으로써 무역관리시스템이나 경영정보시스템(MIS) 등에 활용 가능하다.

둘째 무역자동화를 도입함으로써 도입 전과 비교하여 신용장 통지수수료가 경감된다.

[그림 5-3] EDI에 의한 신용장 통지업무

3) 수출승인업무

과거에는 대부분의 물품이 수출승인을 요했으나, 현재 수출승인을 요하는 업무가 수출쿼터품목으로 축소되었다. 이 처리절차는 수출업체가 수출승인신청서(APPEXP)를 수출승인신청 조견표(EXTABL)와 함께 승인기관에 송신하면 승인기관은 수출승인서(EXPLIC)를 수출업체에 송신함으로써 이루어진다.

4) 내국신용장업무

내국신용장(Local L/C) 업무는 수출자가 수출용 원자재 또는 완제품를 구매하기 위하여 은행에 지급보증 의뢰 및 결제를 하는 업무로서 여기에 수반되는 내국신용장, 물품매도확약서(offer sheet), 세금계산서, 인수증, 환어음도착통지 및 매입 등의 업무를 제도 개선하여 EDI 방식으로 서비스하고 있다.

EDI 방식의 경우 개정된 '한국은행 무역금융 취급절차 및 취급세칙'에 따라 무역업체는 내국신용장개설신청서(LOCAPP)를 작성하여 은행에 전송하면

은행은 내국신용장개설통지서(LOCADV)를 수혜자인 국내물품공급자에 직접 보내거나 개설의뢰인을 통해 출력된 내국신용장 전자문서를 전달하도록 한다. 이때 출력된 내국신용장은 서류제출방법에 관한 특례고시에서 정하는 바에 따라 발급문서 표시 후 사용하여야 하며, 어음매입시 내국신용장 사본은 원본대조 확인을 날인하여 개설은행으로 송부한다.

내국신용장거래시 발생되는 모든 서류를 EDI 방식으로 처리함으로 입력시간을 단축할 수 있으며, 개설을 위한 은행방문이 불필요해져 신속한 업무처리가 가능하다. 개설은행은 내국신용장 발행시 이중입력이 거의 배제됨에 따라 업무의 효율성 증가 및 내부시스템 효율화에 기여할 수 있다. 수혜업체는 내국신용장을 EDI로 수신후 직접 출력하여 사용하기 때문에 은행을 방문하던 시간을 절약할 수 있고, 기존의 은행지점장의 확인도장 날인 대신에 업체의 인감날인을 사용한다.

또한 기존에는 업체를 방문하여 관련서류를 전달하고 수령하였지만, 무역자동화에 따라 업체에서 모든 서류를 송수신하기 때문에 업체방문이 필요 없고, 매입 서류를 회사의 컴퓨터에서 직접 출력하여 사용함으로 신속한 업무처리를 통한 전체 업무처리시간 단축으로 자금회전의 효율화를 기할 수 있다.

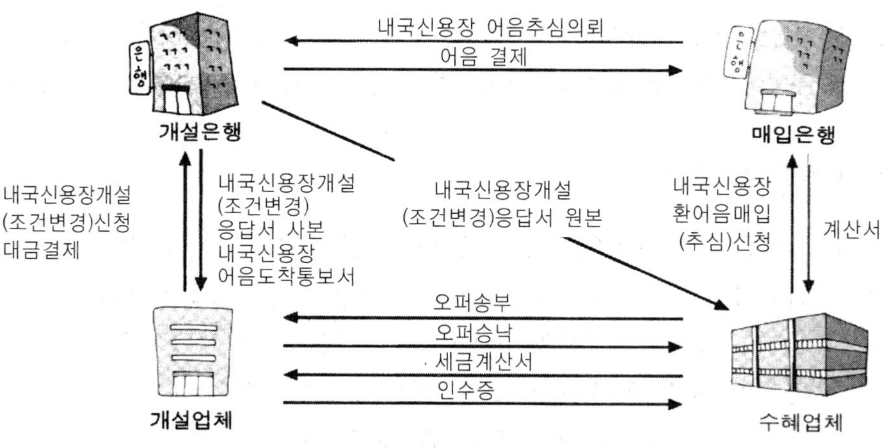

[그림 5-4] 내국신용장 개설과 대금 결제

5) 수출보험 및 적하보험업무

수출보험이 필요한 수출업체는 한국무역보험공사에 수출보험신청서(APPEIC)를 송신하고, 한국무역보험공사는 응답문서(EICADV)를 전송함으로써 처리한다.

수출업체가 적하보험청약서(APPCIP)를 보험사에 송신하면, 보험사는 적하보험증권발급통지서(CIPADV)를 송신함으로써 이루어진다. 그런데 보험증권의 경우 종이서류 원본을 요하는 업무이므로, 수출업체는 사전에 보험증권 양식을 수령한 후 전자문서를 수령해 출력하여 사용하거나 직접 방문하여 수령한다.

6) 선적요청 및 선하증권업무

수출업체는 선사에 선적요청서(SHPREQ)를 송신하고 물품을 선적한 후 선하증권발급통지서(BLADVI)를 발급함으로써 이루어진다. 선하증권 역시 종이서류 원본을 요하므로 오프라인(off line)에서 수령절차를 필요로 한다.

7) 수출신고업무

수출업체가 관세사에 의뢰하여 수출신고업무를 대행하게 하는 경우, 관세사는 세관에 수출신고서(CUSDEC)를 송신하면, 세관에서는 수출면허통지서(CUSRES)를 송신함으로써 이루어진다. 관세사는 이 문서를 출력하여 이용할 수 있게 된다. 자가통관업체의 경우 관세사에 대한 의뢰 없이 직접 수출신고를 할 수 있으며 절차는 관세사가 하는 경우와 같다. 또한 일부 대형업체는 관세사에 대한 의뢰시에도 수출신고의뢰서(EXPREQ)를 이용하기도 한다.

8) 원산지증명업무

수입국이 원산지증명을 요구하는 경우 수출업체는 상공회의소에 원산지증명신청서(APPORG)를 송신하면, 상공회의소에서는 원산지증명서(CERORG)를 송신함으로써 이루어진다. 그런데 원산지증명서도 종이서류 원본을 요하므로, 보험증권과 같이 사전에 수출업체가 원산지 증명양식을 수령한 후 여기에 전자문서를 출력하여 이용하거나 직접 방문하여 수령한다.

9) 비자업무

쿼터업무의 경우 상대국에 비자를 제출하여야 하며, 이 경우 수출업체는 비자신청서(미국: APPUSV, EU 및 노르웨이: APPENV, 캐나다: APPCAV)를 비자발급기관에 송신하면 비자발급기관은 비자승인서(미국: USVISA, 유럽 및 노르웨이: ENVISA, 캐나다: CAVISA)를 송신함으로써 이루어진다. 비자문서 역시 종이서류 원본을 요하므로 수출업체는 사전에 비자양식을 수령한 후 여기에 전자문서를 출력하여 이용하거나 직접 방문하여 수령한다.

10) 수출대금 결제업무

수출의 경우는 수출상이 신용장조건에 따라 선적을 완료하고 발행한 수출환어음 및 신용장에서 요구한 선적서류 일체를 거래은행에 매입신청을 하면, 매입은행은 제시된 신용장의 조건 및 선적서류를 심사한 후 환가료, 수출환어음 추심수수료, 대체료, 우편료 등을 공제하고 수출상에게 결제가 이루어진다. 이 과정에서 매입은행은 수출상에게 수수료 계산서를 발급하게 되는 데, 보통 수출입 담당부서는 은행에서 발급받은 계산서를 회계관련 자료로 활용하기 위하여 별도 프로그램에 입력하여 수출 사후관리를 처리하여야 한다.

이러한 경우 기존 종이서류는 입력 작업에 상당한 시간이 소요되며, 분실로 인하여 매입은행에 재발급을 요청하는 수도 있었으나 무역자동화를 통해 매입은행에서 발급되는 계산서를 EDI로 송부하여 주므로 이와 같은 불편함을 일시에 해소할 수 있다.

많은 건수를 짧은 시간에 처리하여야 하는 대형업체의 경우에는 수출환어음매입신청서(APPNEG)를 활용하여 매입은행에 매입신청시간을 줄일 수 있다.

11) 관세환급업무

관세환급이란 세관에서 일단 징수한 관세를 특정한 요건에 해당하는 경우에 그 전부 또는 일부를 되돌려 주는 것을 말한다. 신청자는 환급신청서(CUSDRW)를 세관에 제출하고, 세관은 심사를 거쳐 환급신청 전자문서상의 계좌은행에 지급지시서(PAYORD)를 송신하며, 은행은 동 계좌로 환급을 한 후 수출업체에는 입금통지서(CREADV), 세관에는 출금통지서(DEBADV)를 보내게 된다.

2. 수입절차별 서비스

1) 요건확인업무

수입업체는 수입승인 내지 요건확인을 요하는 물품의 경우 요건확인기관에 요건확인신청서(APPIMP, MEDDEC, IMPAIC)를 송신하고, 요건확인기관은 요건확인서(IMPLIC, MEDRES, IMPICA)를 송신함으로써 업무를 처리한다.

2) 신용장개설업무

수입업체는 신용장개설신청서(APP700)를 개설은행에 송신하면 개설은행은 신용장개설응답서(INF700)를 수입업체에 전송해 주고, 아울러 이 자료를 해외통지은행에 전송하게 된다.

3) 적하보험업무

수입업체가 적하보험을 드는 경우 수입업체는 적하보험 청약서(APPCIP)를 송신하고, 보험회사는 적하보험증권발급통지서(CIPADV)를 송신하게 되는데, 이 경우도 증권 원본을 요하므로 사전에 수령한 종이양식에 출력하여 사용하거나 방문하여 수령한다.

4) 화물정보업무

수입업체는 화물에 관한 정보를 은행 및 선사, 운송주선인 등으로부터 수신하며, 이때 은행은 선적서류도착통보서(DOANTC), 선사, 운송주선인은 화물관련정보(SAITIN)를 주게 된다.

5) 수입신고업무

수입업체가 관세사에 의뢰하여 수입신고업무를 대행하게 하는 경우 관세사를 통하여 세관에 수입신고서(CUSDEC)를 송신하고 관세를 납부하면 세관에서는 관세납부내역을 확인 후 수입면허통지서(CUSRES)를 송신함으로써 이루어진다. 이때 관세납부방법은 관세납부 퍼스널 컴퓨터(PC) 뱅킹서비스를 제공하는 은행을 이용하여 납부할 수 있다. 자가통관업체의 경우 관세사에 대한 의뢰 없이 직접 수입신고를 할 수 있으며 절차는 관세사가 하는 경우와 같다.

6) 수입대금결제업무

수입상이 신용장을 일람출급 또는 기한부 방식으로 발행신청을 할 경우 발행은행은 신용장발행수수료, 전신료를 징구하고 지급보장을 하게 되고, 수입상에게는 계산서 및 신용장을 발행하게 된다. 이때 수입상은 자금부서에서 경비를 인출하여 발행과 동시에 발행은행에 지급하여야 하므로 발행시 업무처리가 상당히 불편하다. 그러나 전자문서교환방식으로 결제하는 경우는 수입상과 신용장 발행은행간에 약정된 결제구좌에서 신용장발행관련 경비가 자동 인출되며, 발행은행이 서류로 발행되는 계산서도 EDI로 송부하여 줌으로써 신속한 업무처리가 이루어진다.

최근 일부은행에서는 신용장발행 경비 중 EDI방식으로 신청하는 경우 발행전신료를 면제해 주기도 하며, 기한부신용장 중 Bank's Usance인 경우는 해외인수은행에서 송부된 환어음의 할인내역을 발행은행이 수입상에게 송부함으로써 수입상이 자금결제의 정보로 활용할 수 있다. 또한 선적서류의 도착사실을 통보함으로써 결제기일 지연으로 인한 자금 부담을 줄여주고 있다.

수입관세 납부의 경우도 수입상이 관세를 은행에 납부하면 수납은행이 동 내역을 관세청에 전자문서로 전송 처리함으로써 수입상이 관세청에 납부영수증을 제출하지 않아도 되므로 수입통관과 즉시 연결되어 신속한 업무처리가 되고 있다.

7) 물품인수업무

운송회사는 수입상에게 수입화물의 도착정보를 EDI로 통지하면 이에 수입상(화주)은 선적서류의 제시를 통하여 화물을 인수한다. 그러나 물품이 선적서류보다 먼저 도착한 경우 수입업체는 은행에 수입화물선취보증장신청서(APPLOG)를 송신하고, 은행은 수입화물선취보증장(LOGUAR)을 송신함으로써 물품인수가 이루어진다.

제3절 전자통관 · 물류시스템

1. 전자통관시스템

1) 전자통관시스템의 의의

정보통신기술의 발달은 신속하고 자율적인 통관제도를 가능하게 하였다. 특히 무역규모가 증가되면서 한정된 자원으로 원활한 통관을 지속시키기 위한 과학적 통관체제가 절실하게 되었다. 증가하는 수출입 물동량에 효율적으로 대처하고, 신속한 통관 제도 및 절차의 간소화 등의 업무를 효율적으로 처리하기 위해 업무처리 절차의 전산화가 추진되었다. 이렇게 시작된 통관정보화는 제도 및 절차를 간소화하고, 업무 절차를 전산화하여 업무 및 문서의 표준화를 꾀하였다. 그리고 객관화한 관세행정을 통해 신속한 통관으로 물류흐름을 촉진하고, 부대비용을 감소시켜 관세행정 업무의 투명성과 효율성을 높여 대국민 서비스의 질적 향상과 국가경쟁력 제고를 목표로 추진되었다.

국가행정전산망 6대 사업의 하나로 통관업무가 선정됨에 따라, 1985년부터 약 5년간에 걸쳐 항공화물 통관관리시스템을 개발하여 1990년부터 운영을 시작하였고, 파일전송 방식에 의한 수출입신고서 처리업무를 전산화하였다. 이러한 서류 없는 관세행정시대는 세관을 방문할 필요 없이 모든 업무를 온라인으로 처리할 수 있으며, 수출입 유관기관과 전산망을 연계하여 모든 서류의 전자적 확인이 가능하게 되었다. 또한 수출입신고필증, 수입세금계산서, 보세운송승인서, 환급금지급통지서 등의 서류를 전자적으로 교부할 수 있게 되었다.

이러한 정보시스템 도입에 따른 과학적 위험관리(risk management) 체계에 의한 우범화물 선별을 통해 물품 전량검사제도가 선별검사제도로 전환되었으며 검사비율도 최소화되었다. 아울러 관세행정 제도의 지속적 개선 및 간소화로 통관 관련 신고서류 및 절차가 감축되고, 특히 수출의 경우 업무처리 절차가 대폭 축소되었다.[3)]

2) 전자통관시스템의 추진경과

통관업무의 전자화는 한국 전자무역(e-Trade)의 역사와 그 맥을 같이 한다. 1990년대에는 '관세행정 EDI형 자동화 6개년(1992-1997) 종합계획'에 따라 통관절차 간소화와 정보화가 실행되었고 이어서 수출입업체 및 유관기관과의 정보 · 조사 · 심사 시스템을 구축하게 된다.[4)]

1996년 7월부터 관세청이 전국적인 통관 EDI시스템을 도입하였으며 수출입 통관제도를 기존의 수출입 허가제도에서 수출입 신고제도로 개선하였다.

3) 이상진 · 김진수 · 이도철, 무역물류 사이버거래론, 박영사, 2009, pp.21-213.

4) 장근호, "관세 · 통관정책의 변천과 평가", 한국무역사, 한국무역협회, 2006. 11. pp.403-404.

현재 수입통관은 수입신고에 따라 수입요건의 확인 후, 수리과정을 통하여 수입신고 내용이 적법할 경우 즉시 통관이 이루어지고 통관절차가 더 이상 물류흐름상의 장벽으로 간주되지 않도록 하고 있다. 대부분의 물품은 검사 없이 신고내용의 형식적 요건과 법률적 요건만을 심사하게 된다. 출항전 수입신고나 입항전 수입신고를 통하여 물품이 도착되기 전에도 수입신고가 가능하다.

1999년 7월부터는 성실업체로 지정된 업체들에 대하여 전산망을 통하여 수입신고를 하고 그 결과를 전산망을 통하여 통보받을 수 있는 '서류없는(paperless) 수입통관제도'가 시행되고 있다. 2000년부터는 관세행정정보화 3개년 종합계획(2000), 세관 현대화 계획 추진을 위한 CMP Action Plan(2005), 유비쿼터스 환경 대응을 위한 정보화 전략계획(2006)을 통하여 통관 정보화를 추구하였다. 이를 토대로 관세청이 갖고 있는 내 · 외부자료를 종합적으로 분석 · 활용하기 위한 관세청 통합정보(Customs Data Warehouse) 시스템이 만들어지고 이를 바탕으로 새로운 지식을 창출하는 관세청 지식관리(Customs Knowledge Management) 시스템을 구축하고, 관세행정으로 다양한 위험을 체계적으로 관리하는 관세청 위험관리(Customs Risk Management) 시스템을 확립하였다.[5)]

2003년부터는 전자 관세청을 위해 수요자 중심 정보 환경의 고도화, 관세행정의 역량 강화, 전자무역의 지원을 추구하였다. 기존의 VAN/EDI 방식에 추가하여 수출은 2004년 7월, 수입은 2005년 10월에 인터넷 방식이 각각 도입되었다. 즉, VAN/EDI 방식의 수출입 통관서비스 체제가 신고시스템 구축 비용과 전송료 등 과다한 비용부담이 문제로 대두됨에 따라 시간 · 장소에 구애 받지 않고 업무처리가 가능한 인터넷 환경이 비용 · 효과측면에서 유리하다는 판단하에서 인터넷기반하의 EDI 방식이 이루어졌다. 2005년에는 수출입에 필요한 각 정부기관별 절차를 통합한 통관 단일창구(single window) 시스템을 추가 연결하여 일괄처리(one-stop) 처리가 가능한 전자통관 포털시스템인 UNI-PASS를 완성하였다. UNI-PASS는 관세청 전자통관시스

5) 관세청, 관세행정정보화백서, 2004. 1. p.15.

템의 브랜드 네임으로 세계 최초로 100% 전자 수출입통관, 화물관리, 징수 및 관세환급, 통계정보 등이 가능하다. UNI-PASS는 운송인, 무역업체, 관세사, 보세창고, 은행, 세관 및 다른 정부기관 등 11만 여개의 수출입 물류 관계인을 사이버 공간에서 하나의 커뮤니티로 연결하여 관계자에게 신속하고 정확한 화물추적 정보를 사전에 제공함으로써 최적의 운송, 입출고, 배송, 통관을 계획할 수 있도록 하는 종합 네트워크 개념이다.

2007년 관세청은 'FTA 종합정보 웹사이트'를 구축하고 이에 대하여 특허청으로부터 비즈니스 모델(Business Model) 특허를 취득하였다. 또한 기존 EDI로만 신고할 수 있었던 보세화물 반출입 신고, 선용품(shipping instruments) 적재 신고, 보세판매망 판매 신고 등 각종 수입화물 신고를 인터넷으로도 할 수 있는 화물관리시스템을 구축하였다.

2008년 말부터 관세청은 중장기 관세행정 발전 전략의 진행을 통하여 2012년까지 World Best Customs를 실현하기 위하여 CLEAR 행동규범(creativity, listen, energy, action, relationship)을 수립하고 67개의 실행과제를 추진하였다. 이에 관한 주요 추진 방향을 살펴보면 다음과 같다. 첫째, 세관행정 운영방식을 세관의 직접통제 방식에서 무역업체가 함께 참여하는 자율관리 방식으로 전환한다. 둘째, 세관행정 서비스를 수출입업체 중심에서 일반국민중심으로 확대한다. 셋째, 세계관세기구(WCO) 중심의 세관서식 및 전자문서 표준화를 통해 관세영역을 해외로 확장한다. 넷째, 창의적이고 실용적인 조직, 인사 문화와 우수한 인적 역량을 창출하여 효율적 세관을 구현한다.

현재 관세청은 '전자 관세청(e-Customs)의 구현'이라는 구호 아래 지속적인 전자화를 추진하고 있다. 구체적인 예를 들면 최근 관세행정의 유비쿼터스 서비스가 가능하도록 통신, 방송, 인터넷 등을 융합하여 송수신할 수 있는 광대역통합망(BcN)이 구축되고 다양한 정보서비스를 위해 유·무선 통합통관정보서비스와 수출입화물과 차량 관리에 전자인식태그(RFID) 도입이 추진 중이다.[6] 또한 향후 글로벌 통관환경 기반 조성을 위한 자원관리 기법의

---

6) 광대역통합망(BroadBand Convergence Network)은 품질 보장형 멀티미디어로 서비스를 언제 어디서나 끊임없이 안전하게 광대역으로 이용할 수 있는 차세대 통합네

일환으로 전사적인 정보기술 아키텍처,[7] 정보기술 서비스 수출을 향상시키기 위한 정보서비스 관리 자동화시스템을 구축 중이다.

3) 전자통관시스템의 내용

(1) 통관지원시스템

이용자의 편의성을 증진하고 시스템의 연계와 확장성을 강화하기 위해 인터넷 통관지원시스템을 구축함으로써 기존의 VAN기반하의 EDI 방식과 병행 운영하고 있다. 이는 고객요구와 편의에 맞춰 언제 어디서나 신속 · 편리한 수출입신고가 가능한 것으로 인터넷을 이용한 수출입신고 및 결과 조회, 수출입신고 시스템 이용 및 작성 안내 등 여러 가지 기능을 제공한다.

(2) 통관단일창구시스템

인터넷 기반의 요건확인 신청 및 수입신고의 원스톱(one-stop) 서비스를 제공하고 자료의 중복입력과 전송으로 인한 불편 및 업무의 비효율성을 줄이기 위하여 요건확인기관 연계 통관단일창구(single window)를 구축하여 서비스하고 있다. 유사항목의 통 · 폐합 및 신고 항목 간소화를 통하여 신고서식을 표준화하고, 요건확인신청과 수입신고서 작성을 동시에 할 수 있도록 구현한다.

(3) 수입화물 통관진행정보시스템

무역업체는 수입화물 통관정보 시스템을 통하여 입항에서 물품인수에 이르기까지 수입화물의 처리 절차를 실시간으로 확인하여 다음에 해야 할 조치를 취함으로써 신속하게 화물을 처리할 수 있고 분실을 방지할 수 있다.

트워크이다. RFID(Radio Frequency Identification)은 라디오 주파수를 이용하여 움직이는 물체와 인식기 간의 데이터 통신을 하는 기술이다.

7) 정보자산을 체계적으로 관리하기 위한 시스템을 설계하고 단위 개발 사업을 모니터링 할 수 있는 프로젝트 관리시스템 및 정보화 투자에 대한 성과 측정시스템을 말한다.

수입화물 통관진행정보 서비스는 기본적으로 국내에서 발생되는 모든 수출입화물 관련 정보를 관세청으로 신고하도록 하여 축적된 정보를 활용하여 제공된다.

(4) 적하목록취합시스템

수출입화물의 적하목록(manifest)을 취합하여 세관에 전송해주는 서비스로 모든 화물의 총량관리를 위하여 선박이나 항공기에 적재된 화물의 총괄목록인 적하목록을 세관에 제출해야하는 선사 및 항공사를 대신하여 용선자와 운선주선인(forwarder)들의 화물목록을 취합하여 제출할 수 있도록 지원하는 시스템으로 적하목록 취합 및 물류업체간의 정보공유가 가능하다.

(5) 통합정보시스템

통합정보시스템(customs data warehouse: CDW)은 과거 10여년간 EDI 시스템과 같이 통관 업무 운영을 통하여 축적된 수출입통관 자료와 국세청 및 한국은행 자료를 상호 연계하여 데이터베이스를 구축하고 축적된 데이터의 정보를 분석하여 밀수나 관세탈루 위험물품, 우범여행자 등을 색출해 내는 고도의 위험관리시스템이다. 관세행정 수행에 필요한 통계와 보고서를 손쉽고 빠르게 작성함으로써 업무 능률을 크게 향상시킨다.

(6) 밀수동향관리시스템

밀수동향관리시스템은 해당 품목의 국내외 가격차와 수입량, 생산량 등을 분석하여 밀수 가능성을 파악하고 주요 밀수가능품목을 상시적으로 감시하고 밀수 위험도를 수시로 측정하기 위한 시스템이다. 밀수 주종품목에 대한 밀수수법, 조직, 경로 및 밀수요건을 파악하고, 국내외 가격차이가 상이한 물품, 고세율 물품 등 주요 밀수우범품목에 대한 동향을 분석하여 주요 품목별 밀수수법에 대한 밀수위험도를 모니터링 할 수 있다.

2. 전자물류시스템

1) 전자물류시스템의 의의

최근 인터넷을 기반으로 정보통신기술이 급격히 발전함에 따라 국가간 상거래에 큰 변화가 일어나고 있다. 인터넷과 정보통신망을 이용한 전자무역이 매년 큰 폭으로 증가함에 따라 수출상과 수입상 사이에 형성된 기존의 국제물류체계가 완전히 재편되고 있다. 정부와 기업은 국제물류관리 정보의 흐름을 중심으로 구성된 온라인 시스템과 수출화물의 흐름을 핵심으로 만든 오프라인 시스템을 조화시켜 최적의 전자물류시스템을 개발하기 위하여 많은 노력을 기울이고 있다.

전자물류시스템은 종합적인 국제물류의 원활화를 도모하는데 필수불가결한 요소로서 수출지에서 수입지에 이르기까지 국제물류활동을 구성하고 있는 수출상, 포장회사, 내륙운송회사, 하역, 보관, 국제운송, 세관, 통관, 보세운송회사, 운송주선인, 항만 등 제 기능을 유기적으로 결합하여 전체적인 물류관리를 효율적으로 수행하게 하는 국가기간사업망을 말한다.

전자물류시스템의 장점은 첫째, 국제물류 업무를 전자문서화 시킴으로써 업무처리 시간과 비용을 크게 감소시킬 수 있다. 둘째, 국제물류 활동을 구성하고 있는 당사자들이 국제물류과정에서 발생한 정보를 공유하게 함으로써 이들간의 협력관계를 향상시킬 수 있다. 셋째, 국제물류활동을 구성하고 있는 당사자들의 내 · 외부 물류업무를 통합시킴으로써 국제물류 업무에 관한 신속한 의사결정이 가능하게 할 수 있다. 넷째, 수출상이 수입상에게 양질의 서비스를 제공할 수 있게 함으로써 수입상과의 수출거래관계를 지속시킬 수 있다.

전자물류시스템에서 제공하는 주요 서비스는 다음과 같다. 첫째, 정부 전자민원서비스로 정부기관의 각종 민원업무를 전자적으로 처리하도록 네트워크를 구축함으로서 항만, 통관, 조달 등 수출입관련 업무의 효율화를 실현하여 시간 및 서류 축소를 통한 국가경쟁력 강화에 크게 기여한다. 둘째, 물류업무지원서비스로 선사, 화주, 대리점, 운송주선인, 터미널, 운송사 등 물류관련 기업들의 모든 업무를 전자적으로 처리함으로써 업무의 효율화를 기한다. 셋째, 물류 포털서비스(portal service)로 물류 관련 방대한 정보 및 기타 유용한 정보를 제공하는 물류업자들의 정보창고 역할을 수행한다. 즉, 선박 스케줄 정보를 제공함으로써 해상국제운송 서비스 이용자의 편의를 도모하며 산재된 컨테이너 전용터미널의 정보를 통합 제공함으로써 운송회사의 효율적인 작업계획 수립을 지원하고 화물 위치추적이 가능하다. 넷째, 부가서비스로서 전용망 서비스를 통해 물류업체들의 빠르고 안정적인 통신 환경을 제공하며 해외 EDI서비스와의 연계를 통하여 물류업체들의 해외업무를 지원한다.

2) 전자물류시스템의 추진경과

전자물류시스템의 추진 경과를 살펴보면 1992년 1월부터 해양수산부가 부산항, 인천항 등을 중심으로 해운 관련 민간부문과의 업무처리에 이용된 기존의 내부 항만정보시스템을 전자자료교환(EDI)형 방식으로 개발 작업에 착수하여 그 결과 1994년 3월 항만운영정보시스템(PORT-MIS)[8)]을 구축하게 되었다. 이후 1994년 4월 해양수산부와 하역업체, 선사, 운송사, 컨테이너 부두, 터미널 등 물류관련업체의 공동출자하에 설립된 한국물류정보통신(KLNET)에서도 선적요청, 적하목록, 보세운송 등의 물류서비스를 제공하고 있다.

현재에는 물류부문의 경우 관세청의 통관시스템(CAMIS)과 연결하여 보세화물 반·출입신고, 적하목록 등의 업무를 EDI로 처리함으로써 복잡한 세관업무의 효율화를 높이고 있다. 또한 해양수산부의 항만운영정보시스템(PORT-MIS)과 연계하여 이용자들이 항만운영정보시스템과 통관업무를 한꺼

8) 선박의 입출항 관련 업무와 선박의 안전 항행에 관련된 항만 운영 정보를 처리하는 시스템으로 선박운항관리시스템, 화물관리시스템, 시설물관리시스템, 항만운영의사결정지원시스템 등 4개의 시스템으로 구성된다. 이 시스템을 이용하여 선박의 입출항 보고서 및 허가서 등 항만 관련업무를 EDI 방식으로 전산처리함으로써 행정절차를 간소화하고 업무처리를 신속하게 한다. 또한 전국의 항만 및 선박 운항에 관한 정보를 통신망으로 연결하여 멀티미디어 서비스를 제공하며, 종합 물류 정보시스템과 연계하여 효율적인 항만 관리를 가능하게 한다.

번에 처리할 수 있도록 다양한 일괄(one-stop) 서비스를 제공하고 있다. 전자물류시스템 구축사업은 상역, 외환, 통관 등의 여타 부문의 업무와 원활한 서류상의 흐름을 구현한다는 추진 목표하에 전세계적인 물류망 구축을 계속적으로 모색하고 있다.

3) 전자물류시스템의 내용

(1) 수출물류시스템

수출물류시스템은 정보시스템을 이용하여 수출관련 물류기업과 각종 인허가 기관을 전자적으로 연결하여 온라인을 통해 실시간으로 수출관련 물류업무를 수행할 수 있도록 지원하는 시스템을 말한다. 수출물류시스템은 수출관련 물류업무의 처리절차 간소화와 신속한 처리를 통해 물류비 절감과 수출 경쟁력 강화를 목적으로 구축되었으며, 수출이행 사실 확인 등 타 업무 시스템과 연계를 통해 정보를 공유하고, 수출화물 서비스의 지리적 한계 극복과 각종 화물정보 및 통계의 신속한 작성과 제공을 지원하기 위해 이용되고 있다. 최근에는 통합서식의 개발로 중복 제출·입력을 줄여 사용자의 수출입물류 부대비용을 감소할 수 있도록 하고, 이를 응용하여 은행의 무서류 매입(paperless nego)에도 적용되어 신속한 대금결제에도 적용되는 등 다양한 분야에서 고도화를 추구하고 있다.

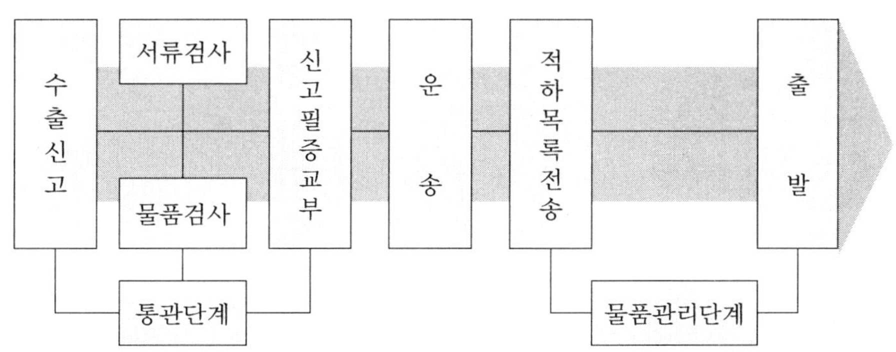

[그림 5-5] 수출물류 과정

(2) 수입물류시스템

수입물류시스템은 정보시스템을 이용하여 수입관련 물류기업과 각종 인허가 기관을 전자적으로 연결하여 온라인을 통해 실시간으로 수입관련 물류업무를 수행할 수 있도록 지원하는 시스템을 말한다. 수입물류시스템은 외국화물을 적재한 선박·항공기가 국내 입항에서부터 발생하는 하선, 보세운송, 통관, 인도 등 각종 신고와 서류제출 절차를 전산화하여 수입화물의 불법유출 방지와 신속한 화물처리를 도모하는 시스템으로서, 화물관리를 하는 세관의 주요 목적은 입항에서 통관에 이르기까지 최초의 수입화물 총량이 중간과정에서 불법 유출 없이 적법하게 통관되어 화주에게 인도되었는지를 감시·단속하는 데 있다. 최근 화주입장에서의 수입화물관리는 판매 및 생산에 대한 리스크를 감소하고 대응을 위한 관리상태 유지에 관심이 집중되고 있다.

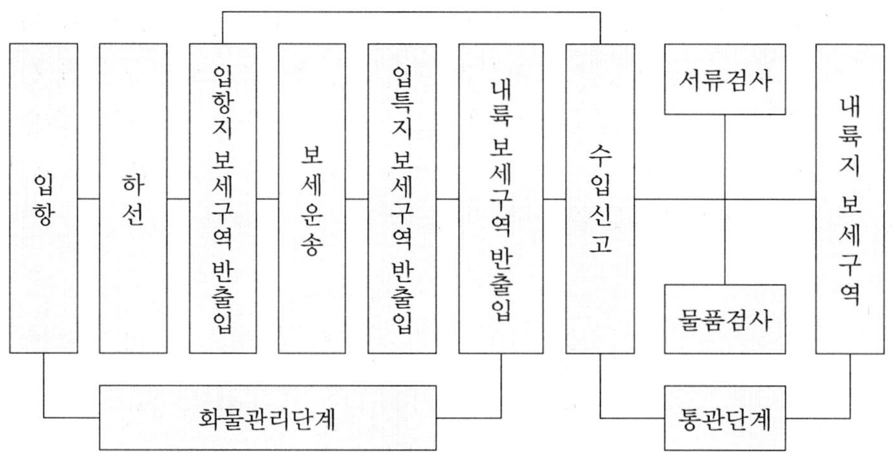

[그림 5-6] 수입물류 과정

연습 문제

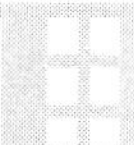

1. 무역자동화의 의의, 업무처리방식을 설명하시오.

2. 무역자동화 현황을 서술하시오.

3. 무역자동화 서비스를 수출절차별, 수입절차별로 각각 나누어 열거하고 설명하시오.

4. 전자통관시스템의 의의를 설명하고 그 내용을 열거하고 서술하시오.

5. 전자물류시스템의 의의를 설명하고 그 내용을 열거하고 서술하시오.

6

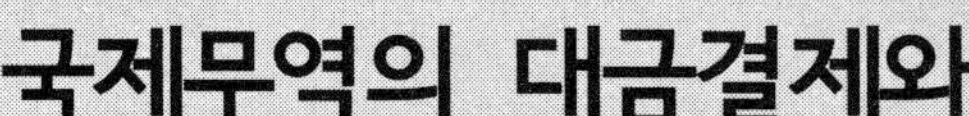

국제무역의 대금결제와 무역서류의 전자화

제1절 국제무역 대금결제

1. 국제무역 대금결제의 개요

국제무역거래에서는 국내 거래와 달리 국가가 서로 다른 매도자와 매수자간 무역거래이기 때문에 채권채무관계의 청산은 국제무역의 특성상 현금으로 직접 결제하기 어렵다. 따라서 무역업자 사이에 금융기관이 개입하여 그들의 의뢰에 따른 단순한 대금송금에서부터 서류 수·발송 및 무역금융지원, 그리고 필요에 따라서는 대금결제 보장업무 등을 하게 된다. 따라서 무역업자는 상황에 적합한 결제방법을 약정하여 국제간 결제문제를 해결하게 된다.

국제간 무역결제제도에서 핵심이 되는 결제방법은 수익자가 제시하는 약정서류가 신용장의 조건에 일치하는 한 개설은행에 의해 대금지급이 보장되는 신용장(letter of credit) 방식, 거래당사자간의 거래과정에서 거래당사자의 요청으로 은행이 서류의 송부 또는 접수 및 결제대금의 송금 또는 수령 등에 소극적으로 관여하며 지급보장이 되지 않는 서류인수인도조건(documents against acceptance : D/A) 및 어음지급인도조건(documents against payment :

D/P)과 같은 추심(collection)방식, 그리고 국제무역거래에 은행의 개입이 없는 순수한 거래당사자자간의 거래로 주로 소액거래에 이용되고 있는 전신송금환(T/T), 우편송금환(M/T), 송금수표(D/D) 등과 같은 송금(remittance)방식 등이 이용되어 오고 있다.

한편 그 동안 가장 많이 이용되어 오던 신용장방식의 이용이 점차 감소하고 있는 반면, 추심방식과 송금방식과 같은 무신용장방식의 이용이 증가하고 있으며, 근래에 들어서는 기존의 거래방식보다 신속·간편하고 상황에 따라 은행에 수출채권을 매각할 수 있는 오픈 어카운트(open account)의 방식이 증가하는 추세에 있다. 이는 기업의 글로벌화에 따른 국제시장에서의 신뢰기반 구축, 본지사간의 거래비중의 증가, 거래당사자간 거래관계의 지속으로 상호 신뢰관계 구축 및 국가 신용도의 향상 등으로 거래위험도가 과거보

〈표 6-1〉 전통적인 국제간 주요 무역결제 방식

주요 방식	세부 내용	결제 방법
신용장 방식 (L/C)	At Sight(일람출급식) Usance(기한부지급) • Banker's U/S, Shipper's U/S	은행의 조건부 지급의무 • 일시불로 결제(일람출급) • 약정된 기일동안 외상결제(기한부)
추심결제 방식	어음인수서류인도조건(D/A : Documents against Acceptance) 어음지급서류인도조건(D/P : Documents against Payment)	은행을 통한 서류송부 및 대금결제 은행은 지급의무 없음 • D/P : 일시불 지급 • D/A : 약정기간 외상결제
송금결제 방식	사전송금(Advanced Payment) • CWO(Cash with Order) 물품 인수전 송금하는 방식	은행 불개입 거래당사자간 서류송부 및 대금결제 • 전신환(T/T : Telegraphic Transfer) • 우편환(M/T : Mail Transfer) • 송금수표(Demand Draft) 사전/사후 기준은 물품 또는 서류 인도 기준임
	사후송금(Deferred Payment) • COD(Cash On Delivery) • CAD(Cash again Documents)	
기타 방식	국제팩토링 방식, 국제포페이팅 방식	국제팩토링 회사 또는 국제포페이팅 회사를 통한 대금결제
	오픈 어카운트(Open Account)	은행을 통한 서류인수/대금결제 경우에 따라서는 은행에 채권매각 가능

다 낮아짐에 따라 간편한 방식을 선호하기 때문인 것으로 생각된다. 그러나 아직도 거액거래에서는 상당 부분은 계속 신용장제도가 이용되고 있다.

본 절에서는 국제전자무역시스템 및 전자무역결제제도의 이해를 위해 전통적인 주요 무역결제제도에 관해 요약하고자 한다.

2. 신용장 결제방식

신용장이란 수입업자의 요청에 따라 개설은행이 발행한 신용장에서 요구하는 약정서류가 당해 신용장의 조건과 일치하게 제시하는 조건으로 개설은행이 대금지급을 보장하는 조건부 지급확약서이다. 즉, 개설은행이 상업

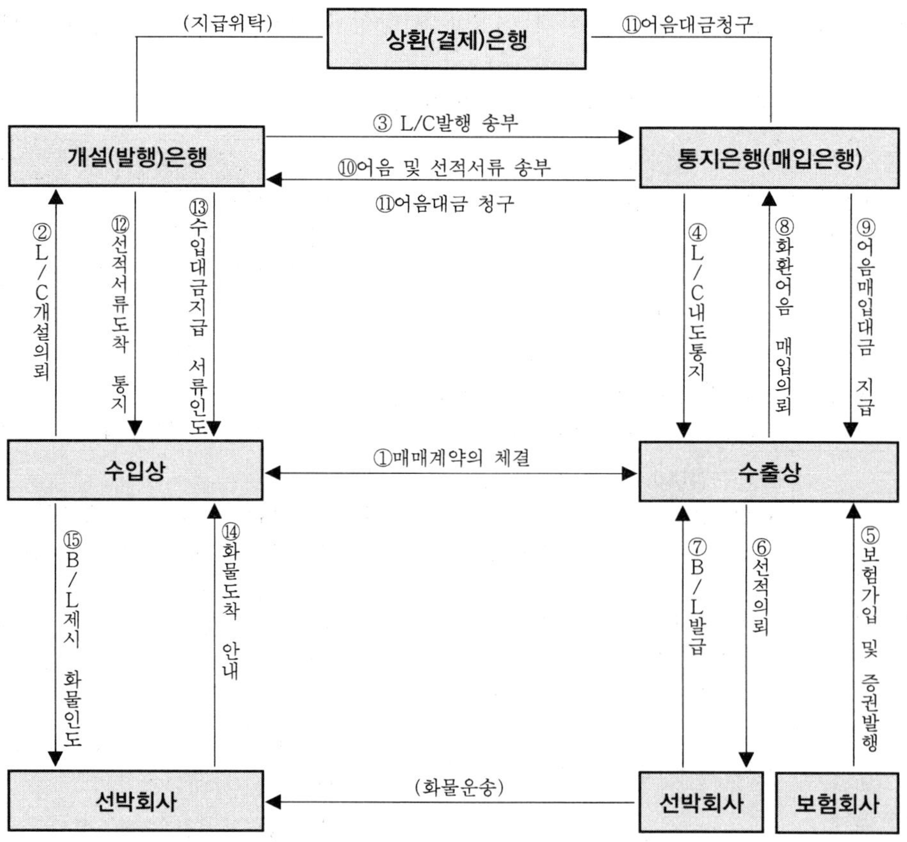

[그림 6-1] 신용장 거래의 과정

신용(commercial credit)을 은행신용(bank credit)으로 전환시켜주는 금융수단이다. 신용장은 수출업자의 대금회수 위험이나 금융적 불편을 대폭 해소할 수 있는 편리성 때문에 무역거래의 결제수단으로 가장 많이 이용되어 왔으나 현재는 감소하는 추세이다. 수출대금의 회수는 수출입계약에 따라 선적을 완료하고 운송회사로부터 선하증권을 발급받으면 환어음과 선적서류를 작성하여 거래 외국환은행(매입은행)에 매입 또는 추심을 의뢰함으로써 이루어진다. 매입은행의 입장에서 볼 때 수출환어음의 매입은 일종의 여신행위이기 때문에 신용이 불확실한 수출업자의 수출환어음의 매입은 기피한다. 매입은행이 본 어음을 매입하는 경우 이를 실무상 용어로 네고(nego)라 하며 매입은행은 매입대금을 신용장 개설은행에 상환청구하거나 환거래은행(correspondent bank)을 통해 수입업자에게 추심하게 된다.

3. 무신용장 결제방식

1) 추심 방식

신용장에 의하지 않은 무역거래의 결제로 은행을 통한 환어음의 추심방식을 말한다. 즉, 매매계약서만을 근거로 수출하는 경우로 수출자 은행을 통하여 수입자에게 환어음 및 계약서에서 요구하는 제반서류를 제시하고 수입자로부터 환어음 대금이 입금한 후에야 수출자에게 대금을 지급하는 추심방식을 택한다.

환어음 추심결제의 지급조건이 일람급인 경우는 지급도(documents against payment: D/P)라 하고, 기한부인 경우는 인수도(documents against acceptance: D/A)라 한다. D/P는 수입상이 수입대금을 지급하고 선적서류를 인수하는 방식으로 환어음과 운송서류를 받은 수입상 거래은행은 수입상이 환어음 대금(수입대금)을 일람 지급하면 운송서류를 인도하여 준다. D/A는 어음의 인수와 동시에 운송서류를 인도하여주고 그 어음의 만기일에 어음지급인에게서 대금을 받는 방식이다. 인수방식은 환어음 표면에 인수 또는 이와 동일한 의미가 있는 문자를 표시하고 지급인이 기명 · 날인한다.

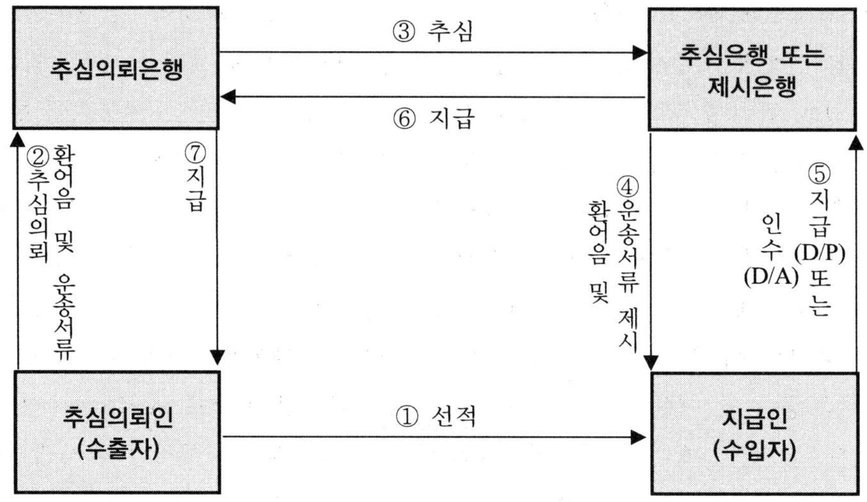

[그림 6-2] D/P, D/A의 흐름

따라서 D/P, D/A 조건인 화환어음이 만일 수출지에서 매입되어지기를 원한다면 수출어음보험의 가입이 조건 되어져야 한다. D/P, D/A 어음결제의 경우 은행에 제시하는 서류는 신용장만 없을 뿐이지 나머지는 신용장결제와 동일하다.

〈표 6-2〉 신용장방식과 추심방식의 차이점

신용장방식	추심방식
은행의 신용	수입업자의 신용
개설은행의 지급확약	은행의 지급확약 없음
신용장 개설 담보금(수입업자)	필요 없음
은행어음(지급인 : 개설은행)	개인어음(지급인 : 수입업자)
추심 전 매입	추심 후 지급
수출업자에게 유리	수입업자에게 유리
신용장통일규칙(UCP) 적용	추심에 관한 통일규칙(URC) 적용

2) 송금 방식

송금(remittance)에 의한 무역거래는 신용장방식이나 추심방식과 대조되는 개념으로서, 수출업자가 물품을 선적하기 전에 수입업자가 수입대금의 전액을 송금하거나 수출업자가 물품이나 서류를 인도할 때 수입업자가 스스로 대금을 송금하여 수출입대금을 결제하는 방식이다.

송금방식은 순수한 당사자간의 거래이기 때문에 거래위험이 크다. 따라서 본지사간이나 상호 거래당사자간 확실한 신뢰가 구축된 경우나 또는 소액거래에 주로 이용되고 있다.

① **사전송금**(advance remittance) **방식** : 사전송금방식은 수입업자과 수출업자가 계약체결 후 수출업자가 물품을 선적하기 전에 수입업자이 대금을 미리 보내주는 거래방식으로서, 일반적으로 CWO(cash with order) 방식이나 단순송금방식을 포괄하는 개념이다. 사전송금방식은 수출업자에게는 안전하지만, 수입업자에게는 외국인에게 대금을 미리 주고 물품을 받지 못할 위험이 크기 때문에 대단히 불리한 거래이다. 따라서 이러한 방식은 소액거래나 공급부족 또는 수출업자가 영세하여 자금을 미리 주어야 물품을 제조·집하할 수 있는 경우에 주로 이용된다.

② **사후송금**(later remittance) **방식** : 사후송금방식은 수입업자이 현물을 확인한 후 대금을 결제하거나(COD), 선적서류를 입수한 후 대금을 결제하는(CAD) 방식으로서, 주로 외환사정이 어려운 국가나 환어음 발행을 기피하는 유럽지역과의 거래에 이용된다. 사후송금방식인 COD와 CAD의 내용을 살펴보면 다음과 같다.

첫째, COD(cash on delivery)은 수출업자가 보낸 물품의 품질을 확인한 후 물품과 현금을 직접 교환하는 거래이다. 주로 수입업자 소재국에 수출업자의 지사나 대리인이 있는 경우, 수출업자가 동 지사나 대리인에게 물품을 송부하면 수입업자가 동 수출업자의 지사나 대리인을 방문하여 물품의 품질 등을 검사한 후 대금을 결제하는 방식을 의미한다.

둘째, CAD(cash against document)은 수출업자가 물품을 선적하고 수입업자에게 직접 또는 수출국에 소재하는 수입업자의 대리인에게 선적서류를 인도하면서 대금을 결제받는 방식의 거래를 의미한다. 만약 CAD방식의 서류를 은행을 통하여 추심하면 D/P 방식거래와 유사하게 되며 D/P 방식이 CAD와 비교하여 환어음을 사용한다는 점만 다르다.

3) 국제 팩토링(international factoring) 방식

팩토링(factoring)이란 매도인이 매수인에게 물품을 외상으로 판매한 후에 발생하는 외상매출채권을 팩토링회사(factor)가 상환청구불능 또는 상환청구가능 조건으로 선택적으로 계약을 체결한 후 매도인에게 채권범위 내에서 금융의 제공, 매출채권의 관리, 채권의 회수, 기타의 사무처리대행 등을 제공하는 무신용장방식의 새로운 무역거래 형태이다.

이 방식을 이용하게 되면 수출업자는 팩터로부터 수출대금의 지급을 보증받을 뿐만 아니라 미리 팩터로부터 자금을 융자받을 수 있어 자금 부담을 덜 수 있다. 그리고 수입업자도 팩터의 신용을 활용하여 기한부조건으로 수입할 수 있으므로 자기자금이 없거나 신용이 낮은 경우에도 수입이 가능하다. 이

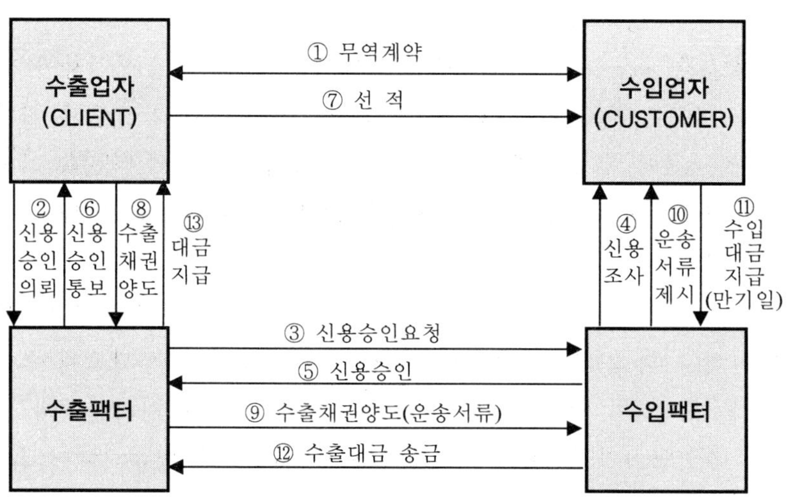

[그림 6-3] 국제 팩토링에 의한 대금결제과정

러한 이유로 복잡한 거래절차를 원치 않으며 신속한 수출대금의 회수를 원하거나 담보부족 등으로 신용장 발행에 어려움이 있는 중소무역업자들이 많이 이용한다. 국제팩토링에 의한 대금결제과정을 살펴보면 [그림 6-3]과 같다.

4) 국제 포페이팅(international forfaiting) 방식

포페이팅(forfaiting)이란 금융기관이 연불조건의 대금결제로 물품이나 서비스의 수출입거래에서 발생한 채권을 상환청구불능의 조건으로 수출자로부터 고정이자율로 매입하는 무역금융의 한 형태를 말한다. 따라서 포페이팅은 신용장, D/A 및 D/P와 같은 대금결제방식이라기보다 주로 신용장하에서 발행된 기한부환어음을 포페이터가 할인 · 매입하는 중장기금융이라 할 수 있다. 포페이팅에는 수출업자 및 수입업자 외에 신용장 매입은행과 유사한 성격의 포페이터와 신용장 개설은행에 해당하는 보증은행(guaranteeing bank)이 개입한다. 포페이터는 수출업자가 발행한 연불어음을 할인 · 매입하는 은행이고, 보증은행은 수입업자를 위해 환어음의 지급을 보증하거나 지급보증서를 발급하는 은행을 말한다.

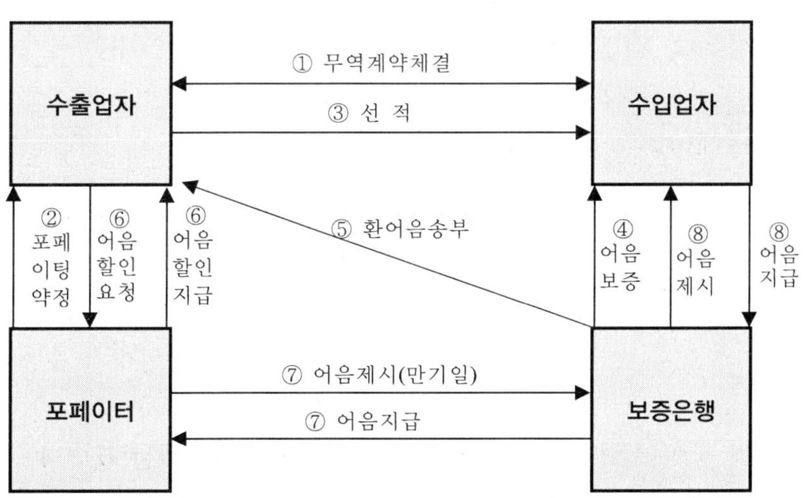

[그림 6-4] 국제 포페이팅에 의한 대금결제과정

〈표 6-3〉 팩토링과 포페이팅의 차이점

팩토링	포페이팅
상환청구불능 또는 상환청구가능 조건으로 선택적으로 계약을 체결함	환어음 및 약속어음의 할인을 통한 금융제공방식으로서 할인의뢰인에 대한 상환청구권이 없음
장래가 불확실한 소규모 매출채권을 대상으로 함	개별적으로 확정되고 어음의 형태로 문서화된 매출채권을 대상으로 함
일반적으로 단기매출채권(30-120일)을 주요 대상으로 함	자본재를 중심으로 한 외국으로부터의 중장기매출채권(6개월-5년)을 주요 대상으로 함
단지 상업적 위험만을 제거하여 줌	추가적으로 상업적 위험뿐만 아니라 정치적 또는 환이전 위험까지도 제거하여 줌

수입업자가 주로 가액이 큰 물품을 중장기 연불조건으로 수입하고자 할 경우 거래은행으로 하여금 수출업자가 발행한 환어음의 지급을 보증해 줄 것을 요청한다. 보증은행이 환어음의 지급을 보증하면 이 어음을 포페이터가 외상기간에 해당하는 이자를 고정금리로 할인하여 수출업자에게 지급하고, 포페이터는 만기일에 보증은행을 통해서 어음대금을 지급받는다. 국제포페이팅에 의한 대금결제과정을 살펴보면 [그림 6-4]와 같다.

5) 청산결제(open account) 방식

청산결제(open account)란 수출업자가 수출물품을 선적한 후 상업송장과 운송서류 등을 은행을 경유하지 않고 직접 수입업자에게 발송하며 선적서류를 수취한 수입업자는 계약서에 약정된 기간내에 수입대금을 수출업자에게 송금하는 사후 송금방식의 수출 형태를 띠고 있다. 송금방식 수출과 다른 점은 수출업자가 선적후 선적서류 원본은 수입업자에게 직접 발송하고 수입업자의 동의를 얻은 수출채권을 외국환은행에 양도하는 것이다. 즉 양도된 수출채권을 은행이 매입하는 방식을 청산결제방식 수출채권매입이라 하며 이러한 방식은 거래가 간편한 반면 은행의 입장에서는 수출채권이 해외로부터 입금되기 전에 수출업자로부터 매입해야 하고 환어음이 발행되지 않고 선적서류 원본이 없어 담보권의 행사도 불가능하기 때문에 거래신용도가 확실한 경우에 한하여 매입에 응하게 되는 결제방식이다.

청산결제 방식은 한마디로 순수한 외상판매방식이다. 수출업자가 미리 상품선적을 해서 서류를 보낸 후 즉시 또는 일정기간이 경과하면 수입업자가 송금하여 결제해 주는 방식이다. 따라서 수출업자로서는 모든 것이 불리하며 전적으로 수입업자의 신용에 의존하여야 하고 반대로 수입업자는 위험이 전혀 없다. 이 방식에 의한 무역거래는 수입업자가 동의하지 않으면 이루어질 수 없다. 현실적으로 신용거래가 보편화된 EU역내 및 대형무역상사의 본·지사 간에 주로 이용되고 있다.

청산결제 방식에 의한 대금결제과정을 살펴보면 [그림 6-5]와 같다.

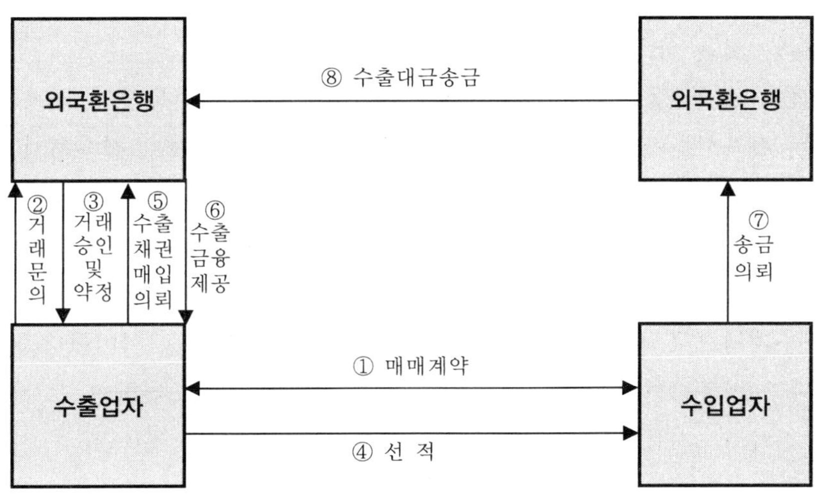

[그림 6-5] 청산결제에 의한 대금결제과정

제2절 전자신용장의 개관

1. 전자신용장의 의의

1) 전자신용장의 개념

신용장(Letter of Credit: L/C)이란 수입업자인 개설의뢰인(applicant)의 지시와 요청으로 또는 은행이 자신을 위하여 행동하는 한, 개설은행(issuing bank)이 신용장의 제조건에 일치하는 소정의 서류와 상환으로 제3자인 수익자(beneficiary) 또는 그 지시인에게 지급을 이행하거나, 수익자가 발행하는 환어음을 인수・지급하거나, 타은행에게 이러한 지급을 이행하도록 또는 그러한 환어음을 인수・지급하도록 수권하거나, 타은행으로 하여금 매입하도록 수권하는 모든 약정을 의미한다.

아울러 전자신용장(e-L/C)이란 개설은행이 수익자가 신용장의 조건에 일치하는 전자서류와 상환으로 대금지급을 보장하는 약정으로 전자제시를 위한 신용장통일규칙에 대한 보칙(Supplement to the Uniform Customs and Practice for Documentary Credits for Electronic Presentation: eUCP)을 적용하는 신용장을 의미한다. 즉, 종이서류의 제시를 기반으로 하는 화환신용장과 대응되는 개념으로 전자서류의 제시가 이루어지는 신용장을 의미한다.[1)]

따라서 전통적인 신용장거래는 인터넷과 정보기술을 도입하여 그 거래절차를 전자화・자동화하고 있다. 이에 따라 신용장제도는 웹(web)과 전자시스템상에 저장・관리할 수 있는 디지털서류로 전환되고 있으며, 신용장거래의 모든 프로세스를 간소화・자동화하여 거래의 효율성을 향상시키고 있다. 전자신용장제도는 단순히 신용장을 전자적으로 개설하고 통지하는 것은 물론 전자서류의 매입(negotiation), 전자서류의 심사, 전자서류의 도착통지 및

1) 전자신용장의 요건이 구비되기 위해서는 디지털화된 방식으로 전자기록이 제시되어야 하며 서류 하자의 불확실성을 제거하고 시간과 비용을 절감하기 위하여 제시된 서류가 자동으로 점검되어야 한다.

결제통보, 하자서류의 통지 및 보완(하자서류 매입 시), 수입대금의 결제 및 수출입 사후관리 등 전통적인 신용장거래의 기능과 수혜를 유지하고 전 프로세스를 전자적으로 이행하는 제도이다.

따라서 전자신용장제도를 새롭게 도입함으로써 전통적인 종이서류의 제시에서 전자서류의 제시로 전환되어, 국제무역 프로세스에서 모든 거래당사자는 온라인상에서 서류와 데이터(data)를 교환할 수 있게 되었다.[2] 그리고 신용장거래의 프로세스를 크게 간소화시키면서 전통적인 신용장의 기능과 법적 체계를 유지할 수 있게 되었다.

2) 전자신용장의 효과

전자신용장의 효과를 살펴보면 다음과 같다. 첫째, 전자기록의 제시를 통하여 서류작성 시간을 단축하고, 이에 따라 서류거래에 따른 지연요인을 상당부분 제거할 수 있다. 종이서류에 비하여 전자기록의 경우에는 서류작성이 대부분 자동으로 작성되기 때문에 서류발행시간이 단축될 수 있으며, 사람에 의하여 직접적으로 이루어지던 서류의 전달시간도 상당히 단축될 수 있다. 그리고 서류의 하자가 있을 경우 하자점검이 신속하게 이루어지며 하자의 수정도 신속하게 이루어짐으로써 거래지연을 상당부분 해소할 수 있다.

둘째, 신용장거래에 따른 거래비용을 절감할 수 있다. 은행이 신용장거래의 많은 부분에 가담하고 이에 따른 대금지급에 대한 위험을 부담하고 있어 다른 결제수단에 비하여 수수료가 비싼 편이다. 은행의 입장에서 볼 때 전자신용장을 이용하더라도 금융비용과 위험부담에 따른 비용요소는 별다른 변화가 없으나, 서류작성 및 전달, 서류점검 등에 소요되는 비용은 전자신용장을 통하여 상당부분 절감할 수 있다.

셋째, 전자적 업무처리로 인하여 각 은행을 연결하고 있는 시스템을 동시에 확인이 가능하기 때문에 사기거래의 예방과 이중 매입(nego)의 문제를 해결할 수 있다. 따라서 전자기록에 의한 서류제시가 보편화되면 제3자에

---

2) 무역에 있어 전통적인 은행의 주요업무는 선적서류송달, 보증 또는 일치성 검사, 자금이전 등이다.

의해 발급되는 무역서류는 발행자가 직접 은행에 전송하거나 은행이 작성자의 외부시스템을 이용하여 직접 확인하는 방법을 활용할 수 있어 수익자에 의한 사기는 어느 정도 예방하는 것이 가능하다.

넷째, 정보전달이 신속하게 이루어짐으로써 국제무역관련 당사자들이 대금지급 불능 또는 불합리한 대금 미지급 등의 행위를 방지할 수 있을 뿐만 아니라 서류전달의 착오, 대금지급 절차상 수령구좌 착오 또는 지급금액의 상이 등의 문제를 상당부분 해소할 수 있다.

3) 전자신용장의 한계

전자신용장제도는 유용하게 이용하는 경우에는 전통적인 신용장제도와 같이 여러 경제적인 효용을 제공하지만, 국제거래에서의 모든 결제문제를 해결하는 절대적인 제도는 아니다. 우선 수출업자의 입장에서 전자신용장은 현금 또는 보증수표 등과 같이 절대적이고 독립적인 지급수단으로서의 기능을 하지 못한다. 즉, 전자신용장제도는 신용장상의 모든 조건을 충족하는 경우에만 개설은행이 대금지급을 확약하는 조건부 약정이다. 따라서 개설은행은 실제의 계약과 상이하게 작성된 운송서류를 제시한 경우에도 서류가 신용장조건과 일치하면 대금지급의무를 부담하며, 더욱이 사기적인 거래의 경우에도 이를 증명하지 못하는 경우 지급책임을 지게 된다.

수입업자의 입장에서는 여전히 거래위험을 모면할 수 없다는 점이다. 즉, 수출업자가 제시하는 전자서류와 실제 물품과는 다를 수 있다. 이러한 계약위반에 대하여는 별도의 클레임(claim)을 제기하여 해결해야 한다는 점이다. 또한 은행은 계약상의 위반과 손해방지를 위한 직접적인 책임이 없으며, 신용장 거래과정에서 은행의 과실이 없는 한 전혀 책임을 부담하지 않는다.

2. 전자신용장의 운용기반과 거래과정

1) 전자신용장의 운용기반

국제무역거래에서는 거래비용과 효율성을 위해 종이를 기반으로 하는 전통적인 화환신용장의 전 프로세스를 전자화한 전자신용장제도로 도입·운용함에 따라 전통적인 신용장거래에 적용하고 있는 신용장통일규칙(UCP)의 적용문제가 야기되기 때문에 그 보완규칙으로 eUCP를 제정하여 현재 시행 중에 있다.[3)]

eUCP는 실무적으로는 아직 본격적으로 적용되고 있지 않지만, 기본원리는 신용장거래의 원칙과 전자제시에 관한 현행 관습을 바탕으로 하고 있으며, 또한 널리 전자상거래를 수용하고 있다. 그 근원은 신용장거래에 바탕을 둔 표준은행관습에 있기 때문에 eUCP를 해석하는데 있어서는 UCP와 연계하여, UCP와 eUCP 내에 규정된 국제신용장관습의 견지에서 해석해야 한다. 따라서 전자신용장은 UCP의 명시적인 약정이 없어도 eUCP는 독립적으로 적용되는 것이 아니고 현행 신용장통일규칙과 연계하여 함께 적용된다.

이와 같이 인터넷과 정보시스템을 기반으로 하는 전자신용장의 거래를 위해 신용장통일규칙을 보완한 eUCP의 제정·시행으로 전자무역기반의 전자신용장 거래가 가능하게 되었다. 예를 들면 볼레로 시스템(Bolero System)의 경우에는 'eUCP XML Guide'에서 "볼레로 서류는 신용장에 별도의 규정이 없는 한, 현재 시행 중인 신용장통일규칙과 그 보완규칙인 eUCP를 준거법으로 적용한다."라고 규정하고 있다. 또한 한국무역정보통신(KTNET)에서 신용장 거래업무를 처리하는 전자신용장(e-L/C) 유통관리시스템은 eUCP를 준거법으로 적용한다.[4)]

---

3) 채진익, "eUCP와 국제표준은행관습상 전자기록의 심사기준에 관한 연구", 『국제상학』, 제17권 제2호, 한국국제상학회, 2002. p.135.

4) 2008년 본격 개통된 전자신용장 유통관리시스템은 '무방문', '무종이서류' 전자무역을 위한 L/C 통지 및 대금결제의 전자화가 선결요건이다. 은행별로 취급하는 L/C를 통합관리하여 협상할 때 L/C 제출을 생략하는 한편 전자문서보관소를 활용하여 원신용장, 내국신용장, 수출입신고필증, 선하증권 등을 단계적으로 전자화하고 적용함으로써 전자대금결제를 실현한다.

서류의 전자제시를 위한 eUCP의 제정・시행으로 전자신용장의 제도적 기반이 구축되었기 때문에 실질적으로 전자신용장제도의 운용을 위한 기반을 갖추고 있다. 전자무역에서 최대 걸림돌로 작용하던 전자선하증권의 문제도 볼레로 선하증권의 도입으로 해결되었고 전자신용장의 도입과 관련한 문제에 대해 전자제시에 대한 신용장통일규칙의 보칙(eUCP)에서 그 해결책을 제시함으로써 실질적으로 전자신용장이 이용될 것으로 예측된다.[5)]

2) 전자신용장의 거래과정

전통적 신용장거래의 경우 수출자가 선하증권을 위시한 운송서류를 매입은행에 제시하면 은행은 제시된 서류와 신용장 조건의 일치성 여부를 점검하여, 제시된 서류가 신용장 조건과 일치하면 문서를 수리하고 수출대금을 지급한다. SWIFT(세계은행간 금융통신망)를 이용한 전자신용장 관련 업무에서는 종이서류상의 내용이 전신 기호화되어 당사자간에 이동함으로써 송신과 수신이 거의 동시에 이루어지는 등 관련 업무가 무서류(paperless)화 되었다.

따라서 화환신용장거래에서 SWIFT의 역할이 상당히 중요해지고 있다. 현재의 신용장 업무 중에서 은행간 업무자체에서만 SWIFT메시지에 의하여 이루어지고 있고, 수출입업자간의 업무, 수입업자와 발행은행간 업무, 수출업자와 통지・확인은행간 업무 중에서 일부 업무가 EDI에 의해 이루어지고 있는 실정이다. 현재에서도 은행간에서 표준화된 양식의 신용장 데이터에 의하여 SWIFT를 이용한 송신서비스가 이루어지고 있고, 이를 수령한 은행은 전자서류를 출력할 필요가 있으며, 선적서류의 점검은 사람의 육안으로 하여야 하는 것이 현 실정이다.

---

5) 최석범, “UCP와 eUCP의 주요내용 비교에 관한 연구”, 『통상정보연구』, 제4권 제1호, 한국통상정보학회, 2002. 6. 20, p.54. 참고함.

제3절 전자신용장의 거래원칙

1. 전자신용장의 원칙

전통적인 신용장거래에서 준수되는 독립·추상성의 원칙과 서류의 엄밀일치성을 전제로 대금결제가 이행되는 전통적인 종이서류를 기반으로 하는 메커니즘(mechanism)은 전자신용장거래에서도 적용된다. '전자적 제시를 위한 UCP의 보칙'(eUCP)은 독립적으로 적용되는 것이 아니고 UCP와 연계하여 함께 적용된다. 즉, eUCP 신용장은 UCP가 적용된다는 문언을 동 신용장상에 명시적으로 약정하지 않더라도 UCP와 연계하여 함께 적용되기 때문에 eUCP는 UCP의 모든 조항에 영향을 미치지 아니한다. 따라서 신용장거래의 원칙은 전자신용장거래에 그대로 적용된다고 볼 수 있다.

1) 독립성

신용장 독립성의 원칙은 일단 신용장이 은행에서 개설되면, 신용장은 그 기초가 되었던 매매계약이나 기타 계약관계로부터 완전히 독립되어 자체적으로 별도의 법률관계를 형성하는 것을 말한다. 신용장의 독립성에 관하여 신용장통일규칙에는 "신용장은 본질적으로 그것이 기초를 두고 있을 수 있는 매매계약 또는 기타 계약과는 별개의 거래이다. 따라서 은행은 그러한 계약에 대한 여하한 참조사항이 신용장에 포함되어 있더라도 결코 그러한 계약과는 무관하며 또한 구속되지 아니한다."라고 규정하고 있다. 이러한 독립성의 원칙은 전자신용장 거래에서도 그대로 존속되어야 한다. 즉, 전자신용장은 그 성질상 근원적 거래인 매매계약과 기타 계약과는 별개의 거래이고 은행은 이러한 계약에 대하여 전혀 무관하고 아무런 구속도 받지 않는다고 정의할 수 있을 것이다.

2) 추상성

신용장의 추상성이란 신용장 거래의 모든 당사자는 물품을 상징하는 서류만에 의하여 거래하는 것이지, 결코 이와 원인관계에 있는 물품을 거래하지 않는 성질, 즉 신용장은 추상증권적인 특수성을 지니고 있는 것을 말한다. 따라서 서류가 신용장 조건과 일치하는 한, 모든 관계당사자는 서류와 원인관계에 있는 물품과 그 품질에 관해서는 면책된다.

신용장통일규칙에서도 "신용장거래에 있어서 모든 관계 당사자는 서류로 거래하는 것이지, 그 서류에 관련될 수 있는 물품, 서비스 및 기타 채무이행으로 거래하는 것은 아니다."라고 규정하고 있다. 이러한 신용장의 추상성은 전자신용장의 경우 전자서류에 의한 거래원칙으로 전환되어야 한다. 즉, "전자신용장의 전자서류에 의한 거래원칙이란 전자신용장 거래에서 모든 관계당사자는 전자서류로 거래하는 것이지, 전자서류와 관계되는 물품, 서비스 및 기타 채무이행으로 거래하는 것이 아니다."라는 것이다. 왜냐하면 전자신용장이라고 하는 것이 신용장 자체의 업무가 모두 전자화되고 선적서류도 모두 전자적 방식으로 제시되어야 비로소 실현될 수 있기 때문이다. 따라서 전자신용장 거래의 경우 당연히 신용장 거래의 추상성이 인정되어야할 것이다.

3) 엄밀일치성

신용장의 엄밀일치성은 "은행에 제시되는 모든 서류는 신용장 조건과 문면상 엄격히 일치하여야 한다."는 성질을 말한다. 신용장통일규칙에서도 "만약 서류가 신용장의 제조건과 문면상 일치하게 표시되지 아니한 경우에는, 은행은 서류의 수리를 거절할 수 있다."라고 규정하고 있다. 그런데 엄밀일치성이 1993년 신용장통일규칙의 개정 이후 상당히 완화되었다. 왜냐하면 실무적으로 서류와 신용장조건이 일어일구(一語一句)까지 일치하기 어렵기 때문이다. 그래서 신용장의 일치성 여부를 심사할 때에는 은행은 국제적인 은행표준관습(International Standard Banking Practice: ISBP)에 따라 이를 결정할 수 있게 되었다. 은행이 서류를 심사할 때 국제적인 은행표준관습에 따른다는 것은 직무상의 재량권을 은행에 인정해주는 것으로 해석할 수 있다.

한편 전자신용장 거래의 경우 국제적인 문서표준에 의해 생성되는 전자문서는 문서의 정확성이 매우 높다. 왜냐하면 전자문서를 새로 재입력하지 않고, 수신된 자료를 자동으로 입력하여 사용할 수 있으며, 이로 인하여 그 내용이나 내용 중의 일부가 누락되거나 오자가 발생할 가능성이 줄어들기 때문이다. 따라서 전자신용장거래에서는 은행의 직무상 재량권을 인정하는 것이 불가능하며, 엄밀일치성이 그대로 유지될 것으로 판단된다. 이로 인하여 은행의 직무상 재량권이 인정되는 국제표준은행관습의 의미도 상당부분 퇴색할 것으로 예상된다. 하지만 전자신용장거래에서의 서류심사관행은 기술의 발전에 따른 유동성을 내포하고 있다고 할 수 있다.

2. 전자신용장의 요건

전자신용장의 조건에 따라 제시된 전자서류는 일정한 요건을 갖추어야 한다. 그러나 현실적으로 전자신용장거래의 관계당사자가 전자적 제시에 관한 조건을 불명확하게 약정하는 경우에는 전자서류의 심사에 대한 분쟁이 발생할 수 있다.

1) 전자서류의 형식성

전자서류가 신용장의 조건과 일치한가의 여부는 종이서류를 기반으로 하는 전통적인 신용장서류의 제시와 같이 전자서류도 형식적인 심사에 그치는 것이지, 서류의 표기된 내용에 대한 실질심사를 하여야 할 의무나 책임이 없다. 이것은 전자서류를 심사하는 은행 또는 전자무역기반사업자가 신용장개설의 기초가 된 매매계약서의 당사자가 아니며 또한 선하증권의 진위감정전문가가 아니라는 것이다. 따라서 매매거래나 진위감정의 전문가가 아닌 은행원 또는 전자시스템은 약정서류만으로 문면상 신용장조건의 준수 여부 및 서류 상호간의 모순성 여부 등을 형식적 심사로 서류의 수리여부를 결정해야 한다.

2) 전자서류의 정규성

신용장에 명시된 내용과 제시된 서류가 일치하기 위해서는 법률적・사실적 요건을 구비하고 있어야 되는 바 다시 말하면 문면상 정규성을 구비하고 있어야 한다. 정규성이 존재하는지에 대한 구체적인 기준으로는 첫째, 서류는 유효하고 합법적이어야 하며 둘째, 서류는 일반적으로 동 업계에서 통용되는 유형이어야 하며, 셋째 전자신용장이 요구하는 서류가 제시되어야 하며, 여러 서류로 구성된 한 통의 서류들이 서로 불일치나 모순이 없어야 한다는 것 등이 있다.[6] 따라서 전자신용장에 따른 제시서류는 반드시 법률적으로나 사실적으로 적법하고 유효성(validity)을 갖추어야 한다. 서류는 신용장의 일자보다 이전의 일자가 기재될 수 있으나 서류의 제시일보다 늦은 일자가 기재되어서는 안 된다.[7]

3) 전자서류의 인증성

전자신용장거래에서 전자서류는 전자적 수단에 의해 작성, 생성, 송신, 통신, 수신 및 저장이 가능한 자료로, 전자기록에 대한 송신자의 확실한 신원과 전자기록 내용의 확실한 출처 및 변조되지 아니한 완전한 상태인지의 여부에 대해 인증될 수 있어야 한다. 그리고 eUCP 신용장조건과의 일치성 여부를 심사할 수 있어야 한다.[8] 여러 전자서류 상호간 서로 불일치 또는 모순이 없어야 한다. 또한 전자서식은 전자신용장에서 요구한 내용과 일치하여야 한다. 따라서 전자신용장의 조건과 심사가 불가능한 전자서류는 불일치한 서류로 간주하여 지급거절의 사유가 된다.

---

6) 오병석, "전자신용장거래에서 매입은행의 전자서류검토 의무와 책임에 관한 연구", 『관세학회지』, 제3권 제2호, 한국관세학회, 2002, p.120.

7) UCP 600 제14조 i항

8) eUCP Art. e3(b)(i)

제4절 전자신용장통일규칙(eUCP)

1. eUCP의 제정 목적과 특징

1) eUCP의 제정 목적

현행 신용장통일규칙(UCP)은 종이서류의 제시로 이행되는 대금결제에 관하여 규정하고 있다. 그러나 상업송장, 운송서류 등과 같은 서류의 전자적 제시에 관한 관습의 출현은 UCP의 적용문제를 야기한다. 따라서 이러한 기술적 변화를 수용할 필요성이 절실하였다. 또한 종이기반의 신용장에서 전자신용장으로 전환됨에 따라 은행은 국제상업회의소(ICC)가 이러한 변화에 대한 지침을 제공해 주기를 기대하고 있었다. 이에 2000년 파리회의에서 국제상업회의소 은행위원회는 전자무역에 큰 관심을 보이면서 현행 UCP와 종이기반의 신용장에 상응하는 전자기록의 업무처리간 연결기반의 필요성을 확인하였다.

따라서 은행위원회는 UCP의 보칙으로 적절한 규칙을 마련하기 위하여 무역 관련 산업분야의 전문가로 구성된 실무작업반(working group)을 설치하였다. 은행위원회는 이러한 권고안을 승인하였고, 18개월에 걸친 작업반의 집중적인 노력의 결과 전자적 제시를 위한 화환신용장통일규칙 및 관례의 새로운 보칙인 eUCP(The Supplement to the Uniform Customs and Practice for Documentary Credits for Electronic Presentation)를 제정하여 2002년 4월 1일 제정공표하게 되었다. 그 후 2007년 UCP의 개정에 따라 eUCP도 개정되어 현재 eUCP 1.1버전으로 시행되고 있다.

2) eUCP의 특징

(1) 전자적 제시에의 적용

eUCP는 UCP를 개정한 규칙이 아니며 종이서류에 상응하는 전자제시를 위해 필요한 규칙을 제공하게 될 UCP의 보완 규칙이다. 따라서 eUCP는 현행 UCP에서 사용되는 특정 용어를 전자제시에 적용할 수 있도록 다시 정의하고 있다. 예를 들면 '서류'는 '전자기록'을 포함하고, 전자기록의 '제시장소'는 '전자주소'를 의미하는 것으로 정의하고 있다. 그리고 UCP와 eUCP가 함께 적용될 수 있도록 필요한 규칙을 규정하고 있다. 따라서 eUCP는 UCP 600의 모든 조항에 영향을 미치지 아니하며, 또한 종이서류로만 제시되는 경우에는 적용되지 않는다.

(2) 종이서류와 혼합제시의 혼용

eUCP는 완전한 전자제시 또는 종이서류와 같이 제시하는 부분 전자제시를 허용하고 있다. 이는 비록 관습이 변화하고 있더라도, 전적인 전자제시는 현재로서는 비현실적이며 또한 전적인 전자제시로의 변화도 이룰 수 없기 때문이다. 따라서 eUCP도 UCP와 함께 사용하면서 신용장거래상의 종이문서에 상응하는 전자적 제시를 위하여 필요한 규정들을 계속적으로 제공하게 될 것이다.

(3) 신용장의 전자적 발행 및 통지에 관한 침묵

현행 신용장거래의 관습과 UCP가 신용장의 개설과 통지를 전자적으로 수행하는 것을 오랫동안 허용해 왔기 때문에 eUCP는 이에 관한 어떠한 문제도 언급하고 있지 않고 있다. 이러한 점에서 eUCP 이용자는 UCP의 여러 조항이 종이서류에 상응하는 전자제시에 의해 아무런 영향을 받지 않으며, 또한 전자제시를 수용하기 위한 어떠한 변화도 요구하지 않는다는 것을 이해하는 것이 중요하다. UCP와 eUCP를 연계하여 이해한다면 발전하고 있는 이와 같은 관습을 수용하고 있다는 것을 알 수 있을 것이다.

(4) 지속적인 개정 약속

eUCP는 UCP의 특별 보완규칙이다. UCP의 차후 개정이 있기 전까지 관습과 기술의 발전에 따라, 필요할 경우에 계속 개정하여 후속 버전이 공포될 수 있도록 버전번호(version number)를 부여하여 공포되었다.

(5) 특정기술 및 시스템 선택의 유연성

eUCP는 특정 기술과 개발되고 있는 전자무역시스템과는 관계없이 입안되었다. 즉 전자제시를 활성화하기 위해 필요한 특정 기술 또는 시스템을 언급하거나, 또는 그 정의를 하고 있지 않다. 이러한 기술은 지속적으로 개발되기 때문에 이용될 기술과 시스템에 관해서는 관계당사자가 자유롭게 합의할 수 있도록 하고 있다. 또한 eUCP는 전자통신문이 송신되는 형식에 관해서도 당사자가 합의하여 결정할 수 있도록 하고 있다.

(6) UCP와의 연계성 유지

eUCP의 모든 조항은 전자제시와 특별히 관련되는 경우를 제외하고, UCP의 조항과 일치한다. 따라서 eUCP는 UCP와 연계하여 함께 적용된다. 즉 eUCP는 전자기록이 제시되는데 적용되지만, 특별히 전자제시와 관련된 경우를 제외하고는 UCP가 적용된다.

2. eUCP의 적용범위

신용장이 전자문서를 사용할 수 있도록 하거나 종이와 전자문서의 혼용을 허용하도록 하기 위해서는 eUCP를 명시적으로 삽입해야 그 적용이 가능하다. 그러나 일반적인 UCP조항의 적용을 위해 UCP와 eUCP 모두 삽입하지 않아도 된다. eUCP는 그것을 조건으로 하는 모든 신용장에 UCP를 삽입하고 있기 때문이다.

eUCP가 적용되는 신용장은 신용장에 UCP가 적용된다고 기재를 하지 않아도 UCP가 적용되며 eUCP와 UCP가 적용된 결과가 다른 경우에 eUCP가 우선적으로 적용된다고 규정한다. 이는 기존의 UCP가 전자서류 제시에 대한 내용을 수용하고 있지만 불충분하기 때문에 eUCP를 통해 불충분한 서류를 보완하고 그 적용 결과가 상충되는 경우에 이에 대한 명확한 우선순위를 부여하는 것으로 판단된다.

eUCP 신용장에서 수익자가 종이서류와 전자서류를 선택하여 제시하도록 허용하고 수익자가 종이서류만을 제시하기로 결정한 경우 UCP만이 서류제시에 적용되며 eUCP 신용장에서 단지 종이서류의 제시만 허용되는 경우 UCP만 단지 적용된다.

전자신용장 본문에 '전자적 제시를 위한 화환신용장통일규칙의 보칙(eUCP)'임을 명시하고 있으나 시행되는 버전(version)을 명시하고 있지 아니할 경우에는 그 신용장 발행일자에 시행되는 버전이 적용된다. 만일 수익자가 승낙한 조건변경이 eUCP를 적용하는 경우에는 그 신용장의 조건변경일자에 시행되는 버전이 적용된다.

3. 전자기록의 발행과 제시

1) 전자기록의 발행

(1) 전자기록의 정의

전자기록은 전자적 수단에 의해 작성, 생성, 송신, 통신, 수신 및 저장이 가능한 자료로, 전자기록에 대한 송신자의 확실한 신원과 전자기록 내용의 확실한 출처 및 변조되지 아니한 완전한 상태인지의 여부에 대하여 인증될 수 있어야 된다. 또한 eUCP 신용장조건과의 일치성 여부를 심사할 수 있어야 한다.[9]

(2) 원본과 사본의 제시

신용장 통일규칙상에서 신용장에 별도의 명시가 없는 한 은행은 복사, 컴퓨터 인쇄 등과 같이 작성되었거나 또는 작성되어진 것으로 보이는 서류를 육필, 모사서명, 천공서명, 스탬프, 기호 또는 그 밖의 다른 기계적 또는 전자적 인증방법에 의하여 서명하여 원본서류로 수리하도록 규정하고 있다. 또한 은행은 사본이라고 부기 되었거나 원본이라고 표시되지 아니한 서류는 사본으로 수리하며 '정부본(duplicate)', '2부(two fold)', '2통(two copies)' 또

9) eUCP Art. e3(b)(i).

는 이와 유사한 표현으로 복수의 서류를 요구하는 신용장은 서류 자체에 별도의 표시가 없는 한 원본 1통과 나머지 통수를 사본으로 제시할 수 있도록 하고 있다. 그러나 전자제시에 있어서는 하나 또는 그 이상의 원본과 사본의 제시를 위한 요구는 하나의 전자기록 제시에 의하여 충족되어진다. 또한 서류의 인증은 전자제시의 인증으로 가능할 것이다.

(3) 전자기록의 발행일자

접수된 전자기록상 특정한 발행일자가 없는 한, 발행인이 전자기록을 '송신한 일자'를 발행일자로 간주한다. 그리고 접수일자도 분명하지 않는 경우에도 전자기록이 송신된 일자로 한다.[10] 이는 실무상 전자통신문의 송수신 일자는 송수신 장치에서 자동적으로 부여되는 것이 일반적이지만, 그 발행일자가 없는 경우를 흔히 볼 수 있다. eUCP에서는 이러한 특성을 고려한 것으로 생각된다.

운송을 증명하는 전자기록이 선적일자 또는 발송일자를 명시하고 있지 않는 경우에는 전자기록의 발행일자를 선적일자 또는 발송일자로 간주한다. 그러나 전자기록이 선적 또는 발송일자를 증명하는 부기가 있는 경우에는 그 부기일자를 선적 또는 발송일자로 간주한다. 부가적인 자료내용을 명시하고 있는 부기는 별도로 서명되거나 또는 인증될 필요는 없다.[11] 이는 전자적으로 발행되는 전자 운송서류의 발행일자를 UCP 600상의 다양한 해석기준을 선적일자 또는 발송일자로 단순화시키고 있다. 일반적으로 운송서류는 선적 후에 발행하기 때문에 발행일자와 선적일자는 동일한 경우가 많으며, 또한 운송서류상에 물품이 지정선박에 본선적재 또는 선적되었다는 취지를 미리 인쇄된 문언에 의해 명시되는 경우, 그 발행일자는 본선적재일 또는 선적일로 간주되고, 그 밖의 모든 경우의 본선적재는 운송서류상에 표기 또는 부기하도록 규정하고 있다.

---

10) eUCP Art. e9.

11) eUCP Art. e10.

2) 전자서류의 제시

(1) 제시 형식

UCP 600에서는 종이서류를 기반으로 하기 때문에 제시형식에 관해서는 특별히 규정하고 있지 않으나, eUCP 신용장은 전자기록이 제시되는 형식(format)을 명시하여야 한다. 전자기록이 제시되는 형식을 명시하지 않는 경우에는 수익자가 임의로 선택한 어떠한 형식으로도 제시될 수 있다.[12] 예를 들면 전자우편 또는 은행 내외부의 각종 서류처리시스템 등과 같은 제시 가능한 다양한 형식을 통해서 제시할 수 있을 것이다.

(2) 제시 장소

신용장거래에서 지급・인수・매입의 업무가 직접 발행은행에서 이행되도록 한정하고 있지 않는 경우 수익자는 신용장의 유효기일내에 선적서류 발행 후 일정기일내에 지정된 지급(paying), 인수(accepting), 매입(negotiating) 은행에 운송을 증명하는 전자기록을 유효하게 제시하여야 한다. 따라서 발행은행은 신용장상에 지급・인수・매입할 은행을 지정하고 수익자에게 그 주소를 통지하여[13] 수익자로 하여금 서류 또는 전자제시를 할 수 있도록 하여야 한다. 그러나 전자기록은 우편주소(street address)가 아닌 전자주소(electronic address)에 의해 제시・송부하여야 한다. 따라서 eUCP에서는 전자제시를 위한 장소로서 전자주소를 명시하여야 한다. 전자신용장에서 전자기록과 종이서류를 함께 제시하도록 규정한 경우에는 신용장상에 전자기록 제시장소와 종이서류 제시장소를 모두 명시하여야 한다.

(3) 제시 방법

eUCP에서는 전자기록은 종이서류와 별도로 제시할 수 있으며, 종이서류와 동시에 제시될 필요는 없다고 규정하고 있다.[14] 이는 일반적으로 전자기

---

12) eUCP Art. e4.

13) eUCP Art. e6(a).

록과 종이서류는 동시에 제시되기가 어렵다는 특성을 고려했다고 생각된다. 물론 본 조항에 의해 전자기록의 각 발행기관이 독립적으로 은행에 제시하는 것도 가능하겠으나 현실적으로는 어렵다. 그 이유는 수익자가 제시완료의 통지를 하기 위해서는 각 발행기관에게 조회를 하여야 할 뿐만 아니라, 전자기록이 신용장의 조건과 불일치한 경우에는 관계당사자간 책임문제가 야기된다. 또한 은행에서도 업무절차의 복잡으로 많은 오류발생이 예상된다. 따라서 수익자가 모든 전자기록을 직접 제시하는 것을 원칙으로 하고, 각 전자기록의 발행기관은 불가피할 경우에만 보완 차원에서 제시하는 것이 바람직하다.

(4) 제시완료 통지

eUCP 신용장이 하나 이상의 전자기록 제시를 허용하는 경우, 수익자는 그 제시가 완료되었을 때는 은행에게 제시가 완료되었음을 알리는 통지를 할 책임이 있다. 완료통지는 종이서류 또는 전자기록으로 할 수 있다. 그 방법은 별도로 통지하거나, 또는 마지막에 제시되는 전자기록 또는 종이서류의 표지(covering letter)에 전자제시의 완료사실을 언급하면 될 것이다.

이러한 수익자의 완료통지가 접수되지 아니한 경우에는 제시되지 않은 것으로 간주한다.[15] 따라서 전자기록의 송부 자체로는 제시하였다고 볼 수 없기 때문에 제시완료한 후에는 제시은행에 그 사실을 반드시 통지하여야 한다. 한편 은행에서는 제시완료의 통지를 접수한 때부터 서류에 관한 업무절차가 개시된다. 은행과 수익자의 업무혼란을 방지하기 위한 합리적인 조치라고 생각된다. 그리고 완료통지와 당해 eUCP 신용장이 관련 있다는 사실을 확인하여야 한다. 완료통지시에 해당 eUCP 신용장의 번호를 명시하면 될 것이다.

14) eUCP Art. e3(a)(ii).

15) eUCP Art. e5(c).

(5) 제시 시기

UCP에서 모든 약정서류는 신용장의 유효기일 이내에 지급, 인수 또는 매입은행에 제시하도록 규정하고 있다. 특히 운송서류를 요구하는 신용장의 경우에는, 이러한 유효기일에 추가하여 선적일 이후부터 운송서류의 제시기한도 규정하여야 한다. 만약 그 제시기한이 명시되지 아니한 경우에는 선적일 이후부터 21일 이내에 운송서류를 제시하여야 한다.[16] 그러나 모든 서류는 반드시 신용장의 유효기일 이전에 은행에 제시되어야 한다. 다만 신용장 유효기일의 만료일이 지정된 은행의 비영업일에 도래한 경우에는, 그 유효기일은 당해 은행의 최초 영업 개시일까지 연장된다. 이에 관해서는 eUCP에서도 동일하게 적용된다.

한편, eUCP에서는 전자거래의 특성을 반영하여 시스템의 장애로 인한 접수지연에 관하여 특별히 규정하고 있다.[17] 즉 제시받는 은행이 영업을 하고 있으나, 당해 은행의 시스템이 약정된 유효기일 또는 선적 후 최종 제시기일에 송신된 전자기록을 접수할 수 없는 경우, 경우에 따라 은행의 영업을 종료한 것으로 간주하고, 최종 제시기일 또는 유효기일은 동 은행이 전자기록을 접수할 수 있는 다음 첫 은행영업일까지 연장된다. 그리고 이 경우 신용장에 약정된 모든 전자서류는 제시되고 완료통지만 남아 있는 경우, 완료통지는 전신, 텔렉스 등 일반 통신수단이나 또는 종이문서로 할 수 있다.

3) 전자기록의 접수

전자기록이 '수신되었다'는 의미는 그 전자기록이 정보시스템에 의해 수용 가능한 형식으로 수신자의 정보시스템에 입력되는 시점을 의미한다. eUCP 신용장하에서는 은행에서 어떠한 전자기록의 접수확인은 그 전자기록을 수리했다거나 또는 거절했다는 것을 의미하지 않는다.[18] 여기에서 수신자라 함은 전자문서의 작성자가 송신하고자 하는 상대방을 의미하며, 전자

16) UCP 600 Art. 14(c).

17) eUCP Art. e5(e).

18) eUCP Art. e3(b)(ⅴ).

문서를 중개하는 자는 해당되지 않는다. 또한 eUCP 신용장하에 제시되는 각각의 전자기록과 종이서류에는 그 제시와 관계있는 신용장번호를 명시하여, 당해 eUCP 신용장과의 관련성을 반드시 확인하여야 한다. 그렇지 않으면 접수되지 않은 것으로 간주한다.[19)]

지정은행에서 전자기록을 송부하였다는 것은 그 지정은행이 외관상 전자기록의 진정성을 확인한 것으로 간주한다.[20)] 현행 매입은행이 선적서류를 수익자로부터 제시받아 심사하고 개설은행에 송부하고 있는 관습을 반영한 것으로 본다.

바이러스(virus) 또는 기타의 사유로 전자기록이 변형된 경우, 은행은 제시인(presenter)에게 이를 통지하고 그로부터 30일 이내에 서류의 재제시를 요청할 수 있다.[21)] 여기에서 재제시에 관한 요청을 의무가 아닌 은행의 재량으로 규정한 것은 그 변질정도가 경미하여 물품통관에는 영향을 미치지 않는 경우, 개설의뢰인이 그 전자기록을 수리하는 경우에는 문제가 되지 않기 때문이다. 이는 종이서류상에 불일치사항이 있더라도 반드시 통지할 필요가 없는 취지와 같다고 볼 수 있다.

은행이 전자기록의 재제시를 요구한 경우 심사를 위한 기간이 정지되어 제시인이 동 전자기록을 재제시한 때 재개된다. 그리고 지정은행이 확인은행이 아닌 경우 그 지정은행은 개설은행에게 재제시를 요청한 사실과 심사기간의 정지에 대해 통지하여야 한다.[22)] 그러나 동일한 전자기록이 30일 이내 재제시되지 않는 경우, 은행은 전자기록이 제시되지 아니한 것으로 간주한다. 또한 이를 위한 어떠한 최종기한도 연장되지 않는다.[23)] 따라서 신용장의 유효기일, 제시기일 및 최종 선적기일 등과 같은 최종기한은 연장되지 않는다.

---

19) eUCP Art. e5(d).

20) eUCP Art. e6(b).

21) eUCP Art. e11(a).

22) eUCP Art. e11(b)(i)(ii).

23) eUCP Art. e11(b)(iii)(iv).

4. 전자기록의 심사와 거절통지

1) 전자기록의 심사

(1) 심사 규칙

전자기록이 외부시스템과의 하이퍼링크(hyperlink)[24]를 포함하거나 또는 외부시스템을 참조하여 심사될 수 있다고 명시하여 제시하는 경우에는, 하이퍼링크 또는 해당 시스템에서의 전자기록은 심사되어야 하는 전자기록으로 간주한다. 이는 심사대상이 되는 전자기록은 외부시스템에 연결된 하이퍼링크와 외부시스템의 전자기록도 포함된다는 것이다. 그러나 전자심사시에 요구된 전자기록이 시스템상의 문제로 지정된 시스템에 접속할 수 없는 경우에는 불일치로 간주한다.[25]

그리고 개설은행이 eUCP 신용장에 지정한 제시형식으로 전자기록을 심사하지 못하거나, 또는 신용장에 형식을 지정하지 않았기 때문에, 수익자가 임의의 형식으로 제시한 전자기록을 심사할 수 없는 것은 거절사유가 되지 못한다.[26] 이는 원칙적으로 개설은행이 신용장에 전자기록의 제시형식을 지정하도록 하고 있기 때문에[27] 이를 지정하지 않음으로 인해 야기되는 위험은 개설은행이 부담하도록 한 것이다.

인터넷방식의 통신기술에 의한 전자서류는 송달과정에서 자료가 훼손되는 경우가 종종 발생한다. 바이러스에 감염되거나 글자가 부서져서 판독이 불가능한 경우가 발생할 수 있다. 심사를 위하여 제시된 전자기록이 훼손되었다면 은행은 제시인에게 그 사실을 통지하고 재제시를 요구할 수 있다.[28]

24) 하이퍼링크란 하이퍼 텍스트 또는 다른 형태의 문서내의 요소 사이의 연결을 말한다. 링크란 웹에서 지정된 글자 또는 그림 등을 마우스 커서로 눌러 웹 제작자가 지정해놓은 특정한 페이지 또는 특정 주소, 특정파일 등으로 이동하도록 하게 하는 웹문서 제작방식이다.

25) eUCP Art. e6(a).

26) eUCP Art. e6(c).

27) eUCP Art. e4.

28) eUCP Art. e11(a).

이 경우 심사기간은 중지되며 제시인이 아닌 경우, 발행은행 및 확인은행에게 재제시 요청에 대해서 반드시 통지하여야 하며 또한 정지에 관해서도 통지를 하여야 한다. 그러나 지정은행이 확인은행인 경우에는 위의 의무를 이행할 책임을 지지 않아도 된다. 은행이 전자기록을 재제시 할 것을 요구하였음에도 불구하고도 전자기록이 30일 이내에 재제시되지 아니한 경우 은행은 전자기록이 제시되지 아니한 것으로 간주한다.[29] 30일의 계산은 기산일에서 말일까지에 이르는 국정공휴일과 토요일 및 일요일의 은행 휴무일을 포함한 월력일(calendar days)을 의미한다. 은행이 전자기록의 재제시를 요구하였다고 할지라도 전자기록 심사기간의 연장에 의하여 신용장의 유효기간이나 전자기록 제시를 위한 유효기일은 연장되지 않는다.[30]

(2) 심사 방식

은행의 서류심사는 경우에 따라 은행 내외부의 자동시스템을 통한 자동심사가 가능하다. 그러나 신용장대금의 지급여부를 결정하기 위한 신용장의 조건과 서류의 일치성 여부의 판단은 전통적인 사람의 육안에 의하든 또는 은행의 내외부에서 개발한 자동점검시스템에 의하든 은행에서 결제업무가 이루어지는 경우에는 은행이 서류심사자가 된다. 이에 관한 분쟁이 발생할 경우 그 최종판단은 법원의 판사에 있기 때문에, 결국 전통적인 종이서류의 심사기준과 크게 다르지 않을 것이다. 물론 은행의 필요에 따라 구축된 자동시스템화의 정도에 따라 심사관련 일상 업무의 처리과정은 신속하게 처리될 수 있을 것이지만 eUCP에서는 원칙적으로 전자기록의 자동심사에 관한 규정은 없다.

(3) 심사 기간

eUCP는 서류심사의 기간에 관해서는 개시일만 규정하고 있을 뿐, 그 기간은 규정하고 있지 않다. 반면 UCP 600에서는 “은행이 제시서류가 일치하는

29) eUCP Art. e11(b)(iii).

30) eUCP Art. e11(b)(iv).

지 여부를 결정하기 위해서 제시익일부터 최대 제5은행영업일을 가진다."고 규정하고 있다.[31]

따라서 eUCP 신용장의 심사기간은 수익자로부터 서류제시의 완료통지가 접수된 익일부터 제5은행영업일을 경과하지 아니한 범위 내에서 심사를 완료해야 한다. 다만 서류의 제시 또는 완료통지를 위한 기간이 연장된 경우, 심사기간은 제시받는 은행이 수익자의 완료통지를 접수할 수 있는 다음 첫 은행영업일에 개시된다.[32]

그러나 전자기록이 제시된 후에 그 기록이 변질된 경우에는 은행은 제시인에게 통지하여 재제시를 요구할 수 있다.[33] 이 경우에는 그 심사기간이 정지되며, 제시인이 전자기록을 재제시한 때 재개된다.[34]

2) 전자기록의 거절통지

(1) 거절의 기준

eUCP에서는 거절통지의 개시일과 그 기간에 관해 규정하고 있지 않으나, UCP 600에서는 은행이 서류가 불일치한 경우에는 대금지급 또는 매입을 거절할 수 있으며, 또 독자적인 판단으로 개설의뢰인과 불일치 사항에 대한 권리포기 여부를 교섭할 수 있다.[35] 그리고 불일치로 인하여 제시서류를 거절하기로 결정한 경우에는 거절통지는 서류의 접수익일로부터 제5은행영업일의 마감시간내에 그러한 취지의 통지해야 하다. 따라서 eUCP 신용장의 거절통지는 수익자로부터 완료통지를 접수한 익일부터 제5은행영업일의 마감시간내에 통지하면 될 것이다.

또한 은행이 거절통지를 할 경우에는 거절사유가 된 모든 불일치사항을 명시하여 1회만 통지하여야 한다. 따라서 일단 거절통지를 한 후에는 추가

---

31) UCP Art. 14(b).

32) eUCP Art. e7(a)(ii).

33) eUCP Art. 11(a).

34) eUCP Art. 11(b)(i).

35) UCP Art. 16.

적으로 불일치 사항의 후속통지를 할 수 없다. 우리나라 법원에서도 부당한 사유로 거절통지한 후 그 통지기간 경과 후에 정당한 사유로 다시 거절 통지한 경우, 제1차 통지는 부당한 거절통지로, 제2차 통지는 이미 거절권리가 상실한 후이기 때문에 효력이 없다고 판시한 바 있다. 그리고 거절통지서에는 이와 동시에 제시인의 임의처분하에 서류를 보유하고 있다든지 아니면 그 제시인 앞으로 반송하고 있는지 등을 분명하게 명시하여야 한다.[36)]

(2) 거절서류의 처리

은행이 서류의 불일치를 이유로 지급 거절할 의사가 있었음에도 불구하고 서류를 임의로 처분한다든지 또는 서류에 대하여 본래의 상태가 아닌 어떠한 조치를 취한 경우에는 서류의 불일치를 주장할 수 없다.[37)] 또 접수서류의 수리여부에 대해 통지하지 않은 것은 개설은행이 서류를 수리한 것으로 간주된다.

이에 관해 eUCP 제7조 b항에서는 개설은행, 확인은행 또는 그들을 대신하여 행동하는 지정은행이 전자기록을 포함한 제시에 대한 거절통지를 하였으나, 거절통지일로부터 30일 이내에 상대방으로부터 전자기록의 처분에 관한 아무런 지시를 받지 못한 경우, 은행은 이전에 반송되지 아니한 모든 종이서류는 제시인에게 반송하여야 하나, 전자기록은 아무 책임없이 적절한 방법으로 처분할 수 있다고 규정하고 있다.[38)] 이는 은행에게 거절된 전자기록을 처분할 수 있는 재량권을 부여한 것이다. 그러나 은행은 향후 면책을 위한 거절사유를 증명하기 위해서 그 제시근거를 보존할 필요는 있다.

3) eUCP제시의 책임에 대한 추가적인 면책

전자신용장 거래 중 지정은행이 지급·인수·매입, 연지급 확약업무를 수행하는 과정에서 수익자로부터 접수한 전자기록을 발행은행 또는 확인은행

36) UCP 600 Act. 16(c).

37) UCP 600 Art. 16(f).

38) eUCP Art. e7(b).

에 전달하는 것만으로 전자기록의 진정성을 명백히 검토하였다는 의미를 내포하고 있다. 그러므로 지정은행은 그가 전달한 모든 전자기록에 대하여 진정성을 확인할 의무를 부담하고 있는 것이다.[39]

그러나 은행이 진정성을 확인하였다는 사실로 인하여 그 기록 송신자의 정체, 정보의 권위 및 불변성에 대하여 책임을 부담하지 않는다. 즉 은행은 수신된 전자기록에 대한 면책을 인정받고 있다. eUCP에 따르면 "전자기록의 외관상 진정성을 점검함으로써 은행은 송신자의 신원, 정보의 근원에 대하여 책임을 부담하지 않거나, 혹은 전자기록의 접수, 인증 및 확인을 위하여 상업적으로 수용할만한 자료처리절차를 사용해서 접수된 전자기록의 외관상으로 명백한 것을 제외하고는 정보의 완전성과 무변조성에 대한 책임을 부담하지 않는다"라고 규정하고 있다.[40]

〈표 6-4〉 eUCP와 UCP의 비교

구분	eUCP	UCP
제시서류의 대상	전자기록 자체 또는 종이문서와 전자기록이 결합된 제시(혼합제시 가능)	전통적인 방식에 의해 발행된 종이서류(사진복사, 자동화기기 또는 컴퓨터시스템에 의해 작성된 서류)
eUCP와 UCP와의 관계	UCP 600의 추록(eUCP 신용장은 적용문언의 유무와 관계없이 UCP 적용, eUCP와 UCP가 상충시 eUCP 적용)	화환신용장통일규칙 및 관례(보증신용장 포함)
서류제시 규정	전자기록의 제시장소를 명시하도록 하고 여기서 제시장소는 수익자가 송부 가능한 전자주소를 의미함	모든 신용장은 지급, 인수를 위한 서류제시와 유효기일과 장소, 매입을 위한 서류제시 장소를 명시함
서류제시의 관행	수익자, 관계당사자가 전자기록을 독립적으로 제시 가능함	수익자가 서류 일괄 제시함
수익자의 의무	수익자가 전자기록 제시의무 전자기록 제시시 수익자 통지의무 추가	서류제시 의무

39) eUCP Art. e6(b).

40) eUCP Art. e12.

신용장과의 동일성 여부 심사	전자기록 및 종이문서 제시시 eUCP 신용장과 동일성 확인	은행은 제시된 대로 심사
서류심사 개시일	수익자의 완료통지가 수신된 은행영업일의 익일에 개시함	명시적인 규정 없음(서류접수일로 간주)
서류심사기간	명시적인 규정 없음(UCP와 동일)	서류수령일로부터 제5영업일 범위내
서류의 원본과 사본	전자기록이 하나 또는 그 이상인 경우 원본과 사본을 제시할 것을 요구하는 경우 한 통만 제시하여도 됨	신용장조건 준수요구(신용장에서 요구하는 모든 서류의 원본 제시, 부본과 같은 복수 요구시 1통의 원본과 나머지의 사본제시)
국제표준은행관습	전자기록의 제시, 심사와 관련하여 국제표준은행관습에 대한 명시적 규정이 없음	서류심사와 일치성판단 기준으로서 국제표준은행관습을 설정함

제5절 전자선하증권과 전자해상보험증권

1. 전자선하증권

1) 전자선하증권의 의의

국제운송에서 선하증권은 화물수취, 운송계약, 화물권리의 증서 기능을 수행한다. 선하증권의 본질과 관련하여 물권적 효력 및 당연한 지시증권성으로 인해 선하증권을 가지고 있지 않고는 전매 또는 화물인도를 청구할 수 없는 문제가 제기된다. 또한 선하증권이 작성되었다 하더라도 그것과 상환하지 아니하면 화물의 인도를 청구할 수 없는 원칙으로 인해 선하증권이 화물보다 늦게 도착하는 경우 수하인은 선하증권을 제시할 수 없어 화물을 인도받지 못하는 문제가 발생한다. 또한 선하증권 원본을 화물보다 더 일찍 목적지에 도착시키기 위하여 매도인이 선하증권 원본을 매수인에게 직송하는 방법, 선하증권 원본을 발행지에 제출하는 방법, 선하증권 원본을 목적지에서 발행하는 방법 등은 현실성이 없다. 따라서 선하증권 기능을 전자식으로 운영하는 방법과 같은 대체의 필요성이 대두된다.

전자선하증권이라 함은 종이선하증권을 발행하는 대신, 내용을 컴퓨터에 보존하고 운송 이해당사자들의 약정으로 어떤 비밀키를 정하고, 그 키의 소지가 선하증권을 소지한 것과 동일하게 본다. 즉 비밀키를 이전하는 것이 곧 화물권리의 이전과 동일하게 인정함으로써, 운송 중의 화물을 전매 또는 입질(入質)[41] 등의 처분을 할 때와 운송인에 대해 화물 인도 청구권을 행사할 때도 같은 비밀키를 사용한다.

전자선하증권에 관한 CMI규칙은 1990년 국제해법회(CMI)에서 제정하였는데, 정보전송의 신속화를 위해 종래의 종이선하증권 대신 선하증권의 정보를 전자적 통신수단에 의하여 전송하는 전자식 선하증권 소지인의 화물에 대한 권리이전방법을 규정한 것이다.

CMI 규칙에 규정되어 있는 전자식 선하증권은 운송인등록시스템을 통하여 해상운송인의 관리하에 전송되고, 기존의 종이 선하증권 소지인이 갖는 것과 동일한 권리를 향유할 자격을 가진 당사자가 해상운송인에 대하여 행한 전자적 지시에 기초하고 있다. 해상운송물의 인도청구권 이전을 위하여 선하증권을 발행하지 않고, 운송인이 선하증권의 내용을 구성하는 정보를 전자적 방법에 의하여 보존하고, 암호번호를 인식하고 있는 권리자의 지시에 따라 양수인에게 전송하는 방법으로 행해진다.

2) 전자선하증권의 해결 과제

무엇보다 중요한 과제는 전자선하증권의 유통성 보장의 문제이다. 종이기반하에서 발행된 선하증권은 유통증권이기 때문에 배서 또는 교부에 의하여 증권이 표창(表彰)하고 있는 권리를 이전할 수 있고 물품에 대한 권리가 누구에게 있는지를 판단할 수 있다.

---

41) 입질이란 동산이나 유가증권 등을 담보로하여 금전을 빌려주는 행위를 말한다.

그러나 전자선하증권의 소지인과 그 이후 소지인간에 행해지는 운송품상의 권리이전은 중앙등록기관으로서의 기능을 운송인에게 담당시켜 운송인이 개인키(private key)를 이용하여 전자선하증권의 정보관리를 행함으로 이루어지도록 하였다.

전자선하증권의 핵심과제는 선하증권 유통성의 가장 중요한 본질적인 문제로서 선하증권에 구현되어 있는 권리가 선하증권의 양도에 의하여 양수인에게 정확하게 이전시키는 기능의 전자화라 할 수 있다. 이 기능을 전자화라기 위해서는 데이터메시지의 증거능력 확보, 데이터의 원본성과 보안의 문제가 시스템상으로 확보되어야 한다.

3) 전자선하증권의 향후 대응

전자선하증권의 운용상 문제점을 극복하기 위한 대책을 살펴보면 첫째, 전자메시지의 증거능력과 관련하여 유엔전자상거래에 관한 모델법에서는 전자메시지가 종이서류와 동일한 기능을 수행하게 되면 법적으로 인정하여 전자메시지는 법적 요건을 충족한 것으로 보고 있다. 여기에서 전자메시지가 종이서류와 동일한 기능을 수행하기 위해서는 서면(writing), 서명(signature), 원본(original)이란 요건을 갖추어야 한다. 둘째 데이터의 원본성과 관련하여 상거래 관련 서류의 서명 요구형태를 보면 서명은 반드시 육필인 것을 요구하지 않는다. 따라서 데이터의 원본성을 확보하기 위해서는 거래당사자가 사전에 자신의 전자서명을 등록해 두는 중앙등록기관을 설치하고 그 기관에서 전자서명을 조회하는 방법이 유효할 것으로 판단된다. 셋째, 보안과 관련하여 전자메시지의 진정성은 전자서명에 의존하는 것보다는 시스템내에서 데이터의 안전성을 확보할 수 있는 전송시스템의 구축으로 가능할 것이다.

2. 전자해상보험증권

1) 전자해상보험증권의 의의

해상적하보험의 전자서류화는 전자무역사업의 일환으로 한국무역정보통신(KTNET) 주관하에 보험개발원의 전산망을 통해 사업을 시행하고 있다. 적하보험은 해운(국제운송) 및 외환(국제금융)과 더불어 국제무역의 3대 지주로 불리고 있다. 적하보험은 화물의 운송 중 위험을 보장하는 원래의 기능뿐 아니라, 화물의 대금결제와 통관을 위한 부속서류로서의 부수기능을 수행하고 있다.

기존의 종이서류를 통한 수입적하보험 계약의 경우 신용장(L/C) 개설시 은행의 지급보증에 대한 채권 확보용으로 사용되고, 화물통관시에는 관세산출을 위한 세관제출용으로 이용된다. 또한 수출대금 결제를 위한 수출환어음 매입서류에 첨부되어 사용하기도 한다.

이를 위하여 무역업체는 적하보험의 청약내용을 자료로 작성하여 팩스(fax)로 송부하거나 송장이나 신용장 사본 등 관련 자료와 함께 청약서를 작성하여 손해보험회사에 전달한다. 손해보험회사는 이러한 청약내용을 담당직원이 내부양식에 재기입한 후 내부결재를 통해 청약내용을 확인 · 심사하고 보험요율을 적용한 다음, 전산입력한 후 적하보험증권을 발행하여 해당 영업직원이 건별로 무역업체와 은행에 전달하고 있다.

그러나 적하보험에 전자문서교환(EDI)를 이용하는 경우 무역업체(보험계약자)가 EDI로 청약사항을 송신하면 한국무역정보통신(KTNET)과 보험개발원 전산망을 경유하여 해당 손해 보험회사가 이를 수신 · 접수한다. 손해보험회사는 청약내용 확인과 함께 청약서를 심사하고 보험요율을 적용한 후, 적하보험증권을 발급하여 전자서명한 다음 EDI로 증권발급통지서를 무역업체(보험계약자)에게 송신한다. 이때 보험계약자가 EDI로 증권발급통지서를 수신하여 적하보험증권을 자체 출력하거나 손해보험회사가 실물 보험증권을 발행하여 우편이나 팩스 또는 영업직원을 통해 무역업체에 직접 전달하게 된다.[42]

2) 전자해상보험증권의 해결 과제

전자문서교환(EDI)에 의한 적하보험증권의 경우 전자선하증권과 유사한 문제가 발생된다. 즉 컴퓨터로 출력된 보험증권의 양도문제, 종이서류의 보험증권과 동일한 법적 지위 부여문제가 제기될 수 있다. 즉, 종이서류를 전제로 정립되어 있는 일반적인 계약법의 법리 문제로서 특히, 적하보험의 경우 준거법인 영국의 관습법에 EDI를 이용한 적하보험계약을 어떻게 적용하는가의 문제가 제기될 수 있다. 영국의 해상보험법(Marine Insurance Act, 1906)에는 전자메시지에 대해서는 명문화된 규정이 없기 때문이다.

전자문서는 정보적 기능 측면에서 종이문서보다 우위를 보이고 있으나, 증거적 기능과 상징적 기능에 있어서 법적 문제가 제기될 수 있는 소지를 내포하고 있다. EDI와 관련하여 제기될 수 있는 법적 증거문제(evidential issues)는 전자문서의 허용성(admissibility), 인증(authetication), 형식(format) 등이 있다. 그러나 EDI에 의한 적하보험증권이 증거로서 인정되고 전자서명이 된 보험증권이 원본서류로서 인정되는 경우 EDI 적하보험증권의 양도는 당연히 가능하고 종이증권과 동일한 법적 지위를 갖는 것으로 해석될 수 있다.

3) 전자해상보험증권의 향후 대응

해상보험계약에 EDI를 이용하는 경우 제기될 수 있는 여러 가지 법률문제의 정확한 해석은 앞으로 EDI에 의한 해상보험 계약상 제기되는 문제에 대해 영국의 법원이 어떻게 해석하고 어떠한 입장을 견지하느냐에 달려 있다고 할 수 있다. 그러나 기술적인 진보를 법률과 관련된 문제에 적용하려고 시도되는 경우, 부정해야 할 불가피한 이유가 없는 한 기술 발전을 장려하는 방향으로 나아가야 한다.

전자해상보험의 운용상 문제점을 극복하기 위한 대책을 살펴보면 첫째, 무역업체의 해상보험 EDI 이용도를 제고하기 위한 인센티브 부여 방안과 같은 유인책이 마련되어야 한다. 무엇보다도 보험회사의 전자보험을 통한 사

---

42) 안철경, 전자무역 국제규범과 성과, 한국학술정보(주), 2007, pp.154-175.

업비 절감액만큼 보험요율의 할인을 통해 보험계약자에게 환원하여야 한다. 둘째, 보험회사와 무역업체(보험계약자)간의 전자보험 협력채널을 구축하고 지속적으로 업무프로세스 개선작업을 수행하는 것이 요구된다. 전자해상보험을 위한 우선적 과제로는 업계공동의 전자표준 청약서, 전자표준증권, 전자표준배서청약서 등을 개발하여 상용화하는 것이 필요하다. 셋째, 원스톱(one-stop) 전자무역을 구현하기 위해서는 현재 개별 보험사가 자체적으로 자사의 거래처와 연계되어 활용하고 있는 해상보험 계약 및 증권발급을 타 선적서류와 연계하여 이용할 수 있도록 유인하는 노력이 필요하다.

연습 문제

1. 신용장 결제방식의 거래과정을 설명하시오.

2. 결제방식의 유형을 열거하고 거래과정을 각각 설명하시오.

3. 전자신용장의 개념, 효과, 한계를 간략히 서술하시오.

4. 전자신용장의 운용기반과 거래과정을 서술하시오.

5. 전자신용장의 독립성, 추상성, 엄밀일치성을 설명하시오.

6. 전자신용장의 요건을 나열하고 간략히 서술하시오.

7. eUCP의 특징과 적용범위를 서술하시오.

8. 전자기록의 발행과 제시의 주요 내용을 서술하시오.

9. 전자기록의 심사와 거절통지의 주요 내용을 서술하시오.

10. 전자선하증권의 의의, 과제, 향후 대응에 관하여 간략히 서술하시오.

11. 전자해상보험증권의 의의, 과제, 향후 대응에 관하여 간략히 서술하시오.

제3부

전자무역 관리

- ▶▶ 제 7 장 볼레로 시스템
- ▶▶ 제 8 장 TradeCard 시스템
- ▶▶ 제 9 장 IdenTrust 시스템
- ▶▶ 제10장 기타 전자무역 시스템
- ▶▶ 제11장 전자무역 인프라

7 볼레로 시스템

제1절 볼레로 시스템의 개관

볼레로 시스템(Bolero System)은 SWIFT(세계은행간금융통신망)와 TT Club (통운송상호보험조합) 및 벤처캐피탈 회사인 Apax Partners에 의해 운영되고 있으며, 이들이 합작으로 설립한 볼레로인터내셔널(Bolero International Ltd.)은 볼레로협회(Bolero Association)와 함께 범세계적으로 무역서류의 전자화를 통한 상업적 서비스를 제공하는 것을 목표로 하고 있다. 볼레로시스템은 1999년부터 상용서비스를 개시하였으며, 국내에서는 2000년 6월 한빛은행(현 우리은행)이 가입한 것을 시작으로 외환은행, 삼성전자, 포스코 등이 가입하였다.

볼레로 시스템은 전통적인 종이서류를 기반으로 하는 무역거래의 프로세스를 전자시스템화하기 때문에 무역거래 당사자들에게 관심을 받고 있으며, 향후 무역거래의 전 프로세스를 모두 가상공간 한 곳에서 처리할 수 있는 완전한 전자무역플랫폼을 구축하는 것을 목표로 하고 있다. 또한 볼레로시스템에서는 폴랫폼(platform)만 제공될 뿐 인터페이스(interface) 및 접속경로는 시장에서 제3자가 제공하는 다양한 제품과 서비스 중 사용자가 선택할 수 있도록 한다.

1. 볼레로 시스템의 개요

1) 볼레로 시스템의 개념

볼레로 시스템은 웹(web)을 기반으로 한 개방적이고 중립적인 시스템이다. 전자수단을 통하여 무역거래를 촉진하기 위한 기술적·법적인 기반으로, 메시지(message)를 전달하고 정보를 안전하게 저장하기 위한 디지털 정보기술을 의미한다. 즉 메시지 및 서류의 전달과 전자무역을 촉진하기 위하여 볼레로인터내셔널(bolero International Ltd.)에 의하여 제공되는 디지털 정보시스템이다. 볼레로 시스템의 이용은 볼레로 규약집(Bolero Rulebook)[1] 및 그 운영규칙에 의하여 규율된다.

볼레로의 목적은 글로벌 전자무역을 지원하는데 있어서 선도적인 금융지원체인 솔루션의 제공업자가 되기 위해 세계 각국 기업의 무역에 대한 장벽을 제거하고 상업적, 금융적, 물류 및 제한적인 무역 프로세스의 통합을 위한 공유기반의 플랫폼을 구축하는 것이다. 따라서 볼레로시스템은 무역서류의 전자화를 통해 국제무역에 관련된 모든 기업간 전자상거래(B2B)를 지원하는 웹기반의 글로벌 전자무역시스템이다.

서비스의 목표는 첫째, 기존의 종이문서를 통한 국제 무역거래에서 낭비되고 있는 비용을 절감하고 둘째, 은행업계의 신용장 처리업무, 해운업계의 선하증권 처리업무를 간소화해 업무 효율를 향상시켜며, 셋째, 법적 구속력을 가진 범 세계적인 전자무역 서류의 안전한 송수신으로 무역사기를 예방하기 위함이다.

따라서 볼레로는 기업이 전자무역을 이용하여 이행되는 사업 방법을 근

1) 사용자간의 관계, 볼레로 시스템으로부터 발생하는 사용자들의 권리와 의무를 규율하는 규약집을 말하며 볼레로 규약집은 총 3편과 부록으로 구성되고 있다. 제1편은 정의 및 해석, 제2편은 일반규정(범위 및 적용, 메시지, 불법, 지정과 종료의 절차, 잡칙), 제3편은 볼레로 권리등록(볼레로 선하증권의 생성, 참조에 의한 삽입, 볼레로 선하증권상의 권리, 소유권의 이전, 운송계약의 변경, 물품의 인도, 종이서류로의 전환, 볼레로 선하증권에 대한 당사자의 능력, 운송서류, 소유권과 매매계약, 화환신용장), 그리고 부록에는 미국법 조항이다.

본적으로 개선할 수 있도록 물류지원체인과 금융지원체인의 통합이 가능한 애플리케이션(application)을 지원한다. 볼레로는 기능적인 애플리케이션 표준을 개발하고, 범세계적인 무역체인(trade chain) 솔루션을 보호하는 보안과 법적문제를 해결하는 전자네트워크(electronic network)이다. 이를 통하여 국제무역에 있어서 전자상거래가 가능하도록 하는 통합된 전자거래기반을 제공하며 표준화된 웹브라우저(web browser)를 통한 boleroXML 환경의 서류관리, 메시지의 송수신을 위한 메일서비스 및 디지털서명 등을 지원한다. 또한 bolero.net은 공개표준을 사용하며, 인터넷 통신규약(Internet Protocol : IP)을 사용하는 네트워킹(networking)을 지원한다. 즉, 디지털서명과 인증서에 의하여 보호되는 디지털 메시징 시스템(digital messaging system)이다.

2) 볼레로 시스템의 추진과정

1994년 6월 은행, 운송업자, 무역업자, 통신회사 등이 컨소시엄(consortium) 형태로 선하증권의 전자화를 위해 선하증권 전자등록기구인 볼레로(Bolero : Bill of Lading Electronic Registry Organization)를 조직하고, 선하증권의 전자적 유통가능성을 검증하기 위한 프로젝트를 착수하기 위해 파일럿 테스트(pilot test)를 실시하였다. 그 후 1995년 볼레로 프로젝트에 관심있는 기업을 중심으로 한 볼레로협회(Bolero Association)를 창설하였다. 즉, 전통적인 선하증권의 권리증권적 전자유통의 구현에 역점을 두었으며, 이는 전자선하증권의 상업적 출현을 의미했다.

그 후 1998년 4월 SWIFT와 TT Club의 공동출자로 볼레로인터내셔날(Bolero International Ltd.)을 설립하여 bolero.net을 구축하면서 선하증권의 전자화를 포함한 모든 무역서류를 전자화함으로서 궁극적으로는 종이 없는 무역거래를 실현할 수 있는 글로벌 전자무역 네트워크를 제공하였다. 또한 거래과정에서 야기할 수 있는 보안문제를 해결하기 위해 전자서명과 전자인증시스템도 구축・보완하여 1999년 법적・기술적 타당성 검증을 위한 테스트를 완료하고, 그 해 9월 상용서비스를 개시하였다.

2. 볼레로 시스템의 특징

1) 전통적 선하증권의 기능구현

온라인상에서도 전통적인 선하증권의 기능[2)]을 구현할 수 있다. 즉 권리등록기관(Title Registry : TR)과 중앙 메시지 처리소(Core Messaging Platform : CMP)를 통하여 전자선하증권의 발급, 유통 및 권리이전, 그리고 계약의 증빙 등의 기능이 가능하다. 나아가 글로벌 무역거래 네트워크를 이용하여 전자신용장, 전자보험업무 등을 국경없이 실현할 수 있다.

2) 글로벌 전자무역의 실현

기존 EDI의 제한요소를 극복하고 대금결제 기능을 포함하는 등 국제무역업무에 적합하도록 개발 단계부터 범 산업적이고 중립적인 서비스를 제공하는데 초점을 맞추고 있다.

볼레로시스템은 국제무역의 모든 관계당사자가 안전하고 표준화된 방법으로 서류와 자료를 교환할 수 있음으로써, 국제무역의 이행기간의 단축과 이행비용을 절감시킨다. 그리고 안전하고 신뢰성 있는 저비용·효율적인 볼레로의 사업 구조는 전자무역을 촉진시키고 그 효과를 극대화할 수 있다.

3) 법적기반의 보장

법적 기반은 상품계약, 운송계약, 보험계약 등 자산 소유권에 관련된 문서의 전자적 교환에 필요한 규정을 볼레로 규약집(rulebook)에 두고 있다. 이는 모든 이용자를 구속하는 범세계적으로 인정된 법적기반을 이용하여 온라인상에서 무역서류의 교환과 권리이전이 가능한 개방적이고 중립적인 시스템을 제공한다. 따라서 공통의 법정 재판관할권, 개별 및 모든 볼레로 이용자 등 다자간에 발생되는 어떠한 분쟁도 해결이 가능한 체계를 갖추고 있

---

2) 전통적인 종이 선하증권은 물품수령증, 운송계약의 증빙, 유통가능한 유가증권으로의 기능이 있다.

다. 이용자는 디지털서명과 볼레로 메시지를 수용하기로 동의하여야 하며, 그 분쟁해결은 볼레로협회를 통한다.

4) 안전한 정보보안의 확립

상업적으로 이용할 수 있는 최신의 보안을 제공하기 위하여 공개키 기반구조(Public Key Infrustructure: PKI)와 공개키 암호화(Rivest, Shamir, Adleman: RSA) 알고리즘(algorithm)을 이용한다. 따라서 무역서류의 특성을 고려하여, 최신 암호화 기술을 통한 전자 무역서류의 안전한 송수신 체계를 확보함으로써 중요한 서류의 위조・복제가 불가능하도록 한다.

3. 볼레로시스템의 도입 효과

1) 긍정적 효과

당사자간 연결창구 단일화로 자동화 촉진, 빠르고 투명한 업무절차, 오류발생 최소화로 신뢰성 높은 시스템 구현, 보안시스템을 통해 사기 방지, 통신비용 절감, 법적 안정성 제고, 개발형 사업 모델 구현으로 상업적 기회의 확대가 가능하다.

2) 부정적 효과

기존시스템과 병행 불가피, 높은 거래비용, 거래노출에 대한 저항감, 네트워크 장애 등으로 인한 거래 불가사태 우려, 안정적 운용때까지 통신비용의 증대, 새로운 법규범에 대한 적응의 필요성, 규약집(rulebook)으로 모든 법적 문제를 해결할 수는 없다.

제2절 볼레로 시스템의 유용성과 운용기반

1. 볼레로 시스템의 유용성

볼레로 시스템은 국제무역의 모든 관계당사자가 안전하고 표준화된 방법으로 서류와 자료를 교환할 수 있도록 함으로써, 국제무역 이행기간의 단축과 이행비용을 절감시킨다. 그리고 안전하고 신뢰성 있는 저비용・효율적인 사업 구조는 국제무역을 촉진시키고 그 효과를 극대화할 수 있으며, 고객과의 관계를 구축・유지하는데 요구되는 기간을 단축할 수 있다.

즉 전통적인 종이거래에 의한 방법보다 더 낮은 운영비용, 서류점검과 대사시간(對査時間)[3]의 단축, 무역절차의 자동화와 통합으로 인한 이행절차상의 오류(error) 감축 및 모든 업무처리절차의 완전한 일괄처리, 개선된 위험관리, 위험과 사기의 감소, 거래주기 단축 등이 개선된다.

한편 XML은 웹상에서 구조화된 문서의 전송이 가능하도록 설계된 표준화된 텍스트 형식의 마크업(markup) 언어로써 인터넷상에서 현재 사용 가능한 문서를 표현하는 표준이다. 볼레로 시스템에서는 이를 이용하여 'boleroXML' 솔루션을 개발하였다. boleroXML 솔루션은 안전한 환경에서 모든 관계당사자의 정보교환을 자동화함으로써 그들 상호간 지속적으로 상호 작용을 허용하는 법적으로 유효한 범세계적인 표준 솔루션이다. boleroXML의 목적은 커뮤니티(community) 회원간에 상호작용을 촉진할 일련의 표준화된 전자서류를 제공함으로써 볼레로 시스템의 이용자가 안전한 전자무역을 이용할 수 있도록 하는데 있다.

3) 이행된 해당 무역거래에 관련된 물품대금의 지급 또는 회수 여부를 대조・확인하는 업무를 은행에서는 대사업무 또는 일치성 검사라고 한다. 현재 은행에서는 이 업무에 많은 인력과 시간을 필요로 하고 있으나, SURF의 자동화된 결제시스템을 이용한다면 이 업무의 획기적 향상을 기할 수 있다.

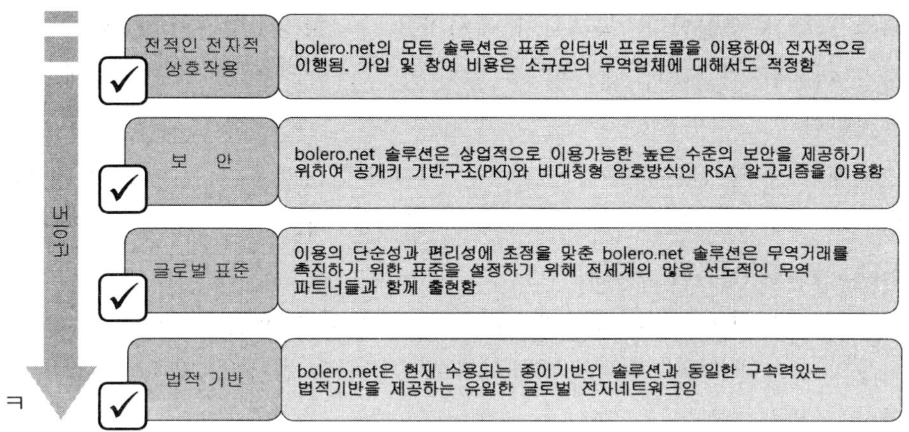

자료 : bolero.net(Stanley Ho), "CREDIT ISSUE FIRST BOSTON", 2001.

[그림 7-1] 볼레로 시스템의 유용성

2. 볼레로 시스템의 운용기반

1) 중앙 메시지 처리소(Core Messaging Platform)

중앙 메시지 처리소는 볼레로 시스템의 핵심기반으로, 이용자간 및 이용자와 부가가치 서비스업자간 모든 통상적인 기능을 책임진다. 국제무역거래에서 모든 메시지의 송수신 및 승인과 감시 · 추적 서비스를 제공하며, 이들 정보를 권리등록기관에 송신 · 저장한다. 즉 웹(web)을 통하여 전자서류를 안전하게 교환할 수 있도록 하는 중앙 메시지 관리시스템이다.

중앙 메시지 처리소의 특징을 살펴보면 다음과 같다.

첫째, SWIFT에 의하여 운영되기 때문에 완전 · 무결성을 지니며, 또한 디지털서명과 선진 암호기술을 사용하기 때문에 종이서류 보다 더 우수한 보안을 제공한다.

둘째, 전자서류의 전달을 보증한다. 예를 들면 발신자가 메시지를 전송하면 볼레로는 즉시 메시지를 접수 · 승인한 후 메시지의 수신자에게 송신한다. 그리고 수신자가 메시지를 다운로드(download)하면 자동적으로 볼레로에서 접수가 승인된다. 볼레로가 메시지를 전달할 수 없거나 또는 그 수신자가 허용된 기간내에 접수할 수 없다면, 그러한 사실을 발신자에게 즉시 통지한다.

셋째, 서류의 원본성이다. 볼레로는 서류가 발송될 때에는 발송된 내용과 원본의 내용을 대조한다. 만약 어떠한 문자가 훼손 또는 변조된 경우에는 볼레로는 그 서류를 거절한다.

넷째, 상대방으로부터 접수한 메시지와 서류를 대조할 수 있는 거래환경, 서류의 신속한 변환, 서류의 긴급성의 구별[4] 등의 기능을 가지며 우수한 호환성을 제공한다.

다섯째, 중립적이고 신뢰성 있는 제3자로서, 볼레로는 발송된 메시지와 수신된 모든 메시지에 대한 전체 거래과정을 기록・보존한다. 이들 거래정보의 기록은 볼레로 운영센터에 확실하게 보존되고 3년 동안 저장되며, 디지털서명을 포함한 거래기록은 각 메시지에 이용되고 분쟁이 발생할 경우에 이용될 수 있다.

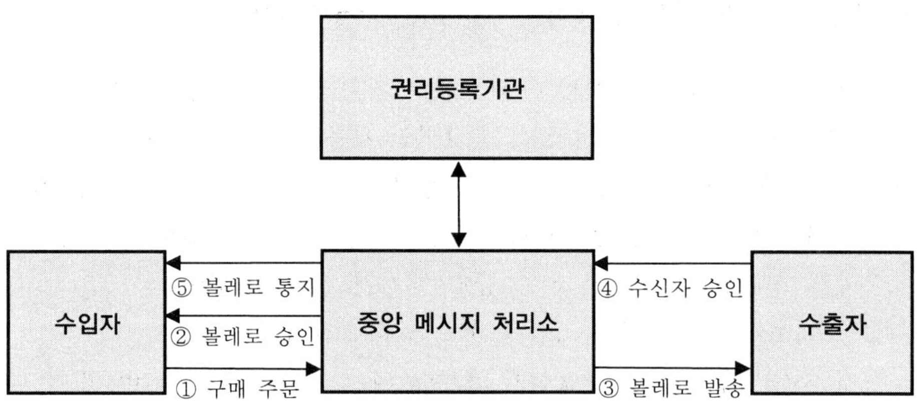

[그림 7-2] 중앙 메시지 처리소 운용 절차

4) 타임아웃(time out) 기능을 통하여 발신자는 서류가 그의 상대방에 의하여 접수되지 않았을 때에는 볼레로에서 경고를 받을 수 있다. 물론 발신자는 수신자가 적절하게 우선순위를 결정할 수 있도록 메시지에 긴급(urgent)과 같은 표기를 할 수 있다.

2) 권리등록기관(Title Registry)

볼레로 권리등록기관은 유통 가능한 서류의 작성 및 이전을 위한 저장소, 워크플로우(workflow)를 제공한다. 권리등록기관은 전자선하증권의 완전한 유통을 가능하게 하는 세계 유일의 서비스 이행을 의미한다. 즉 중앙 메시지 처리소(Core Messaging Platform)와 연결되어 있는 부가가치 서비스로 볼레로 선하증권의 권리와 의무를 기록하고 이전하기 위한 애플리케이션(application)이다. 볼레로 선하증권의 소유권과 그 이전에 관한 기능을 수행하기 위한 장치로, 볼레로 선하증권의 현재 상황을 기록하고 거래과정을 감시하고 추적하는 서비스를 제공한다.

권리등록기관의 목적은 전통적인 종이 선하증권의 기능을 전자적으로 구현하는 것이다. 권리등록기관 레코드(Record) 내의 필드(field)에 볼레로 선하증권의 운용절차와 그 절차상 이용자의 권리와 의무에 관한 정보를 저장한다.

무역거래 절차에서 권리등록기관의 주요 기능은 다음과 같다.

첫째, 권리등록기관과 볼레로 선하증권은 전통적인 종이 선하증권의 기능을 완전하게 구현한다. 따라서 볼레로 선하증권은 발행・이전되고, 변경 및 양도될 수 있다. 각각의 경우에 수권받은 당사자는 권리등록기관에 거래를 이행하도록 지시할 뿐이다.

둘째, 볼레로 선하증권의 담보기능을 부여한다. 예를 들면 신용장대금의 결제를 위해 종이 선하증권과 같이 전자적으로 배서함으로써 적법한 담보로 제공할 수 있다. 권리등록기관에서는 이러한 담보권은 질권자(質權者)[5]의 추가를 통하여 부여된다.

셋째, 권리등록기관은 수권 당사자의 지시에 따라 실행하는 것은 물론 그 실행을 승인하고 내용을 관계당사자에게 자동적으로 통지한다. 또한 내부의 모든 거래를 감시하고, 볼레로 선하증권이 부당한 당사자에게 발송되는 것

5) 채무자가 채무를 상환할 때까지 채권자가 담보물을 보유할 권리가 있고, 채무자가 자신의 채무를 상환하지 아니할 때에는 그것으로 우선변제를 받을 수 있는 권리가 있는 자이다.

을 차단한다.

넷째, 볼레로 선하증권의 조건변경을 관리한다. 권리등록기관은 볼레로 선하증권을 발급한 운송인의 수권이 없으면, 모든 조건변경은 허용되지 않는다. 따라서 선하증권이 사기목적으로 변경될 가능성이 제거된다. 그리고 권리등록기관은 조건변경을 요청받으면, 운송인이 그 변경을 허용 또는 거절할 때까지 볼레로 선하증권에 관한 모든 실행을 중단한다. 또한 일상적인 일대일(one to one) 조건변경 이외에 볼레로 선하증권을 결합, 분할 및 전환(switching)하는 것을 지원한다.

다섯째, 연배서(endorsement chain)가 가능하다. 종이무역에 있어서 연배서는 선하증권의 모든 당사자를 포함한다. 권리등록기관은 거래당사자간 권리와 의무의 이전을 반영하는 각 볼레로 선하증권에 대한 연배서를 관리한다. 또한 연배서에 있어서 각 배서내용의 일시기록(time stamp)을 관리하기 때문에 볼레로 선하증권에 관한 완벽하고 정확한 기록을 제공한다.

여섯째, 중앙 메시지 처리소와 마찬가지로 권리등록기관은 모든 볼레로 선하증권 거래의 전 과정에 대한 거래정보를 관리한다. 디지털로 서명된 메시지에 비교되는 이들 거래정보는 거래의 무결성을 증명하고 모든 분쟁을 해결하기 위해 이용된다.

3. 볼레로 시스템의 무역업무 처리절차

볼레로 시스템에서 추진하고 있는 무역서류 전체의 전자화에 따른 무역업무 처리절차는 크게 이용자 등록절차와 무역거래 처리절차로 나누어지는데 구체적인 내용은 다음과 같다.

1) 이용자 등록절차

향후 이용자는 등록신청서를 완성 · 인쇄하여 서명한 후, 그것을 볼레로협회(Bolero Association Limited: BAL)[6]에 발송한다. 볼레로협회가 신규회원 또는 참여자로 인정한다면, 신청서를 시스템에 저장하고, 다시 그 신청서를 볼레로 인터내셔널(Bolero International Limited: BIL)[7]에 발송한다. 볼레로 인터내셔널은 신청 받은 운영서비스계약(operation service contract)을 재검토하여, 그 계약을 수용하기로 결정한 경우에는 이를 확인 및 승인하기 위하여 요청받은 인증서를 발행하여 이용자에게 발송한다. 그 인증서를 이용자가 수락함으로써 등록과정은 종료된다.([그림 7-3] 참조)

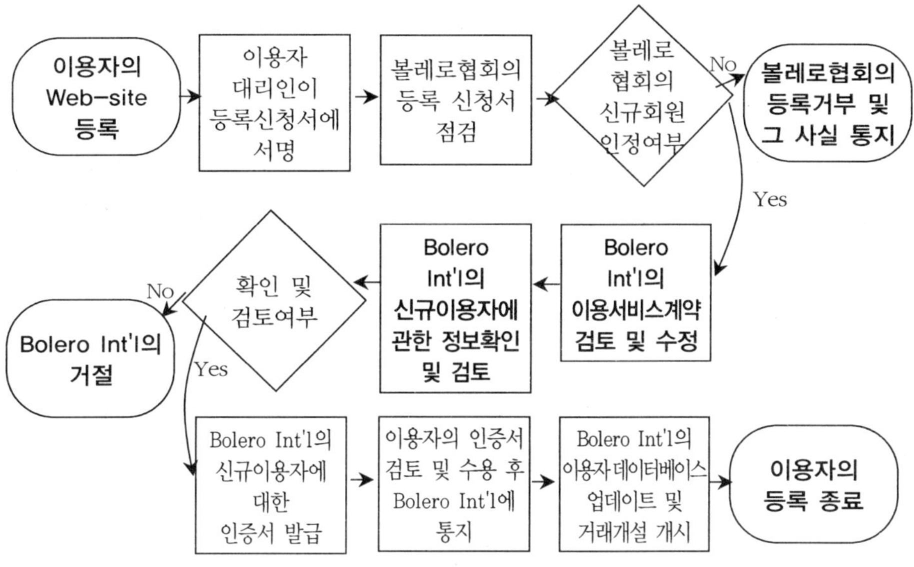

[그림 7-3] 볼레로시스템의 등록과정[8]

6) 볼레로협회는 볼레로 시스템의 모든 사용자들로 구성된 조직으로 이 조직에 속한 각자는 볼레로 인터내셔널과 운영서비스계약(operational service contract)을 체결한다. 운영서비스계약은 사용자와 볼레로 인터내셔널과의 표준양식에 따른 계약으로 때때로 변경될 수 있다.

7) 볼레로 인터내셔널은 SWIFT와 TT Club이 50:50 비율로 출자한 합작투자회사이며 Bolero 시스템의 운영을 맡고 있다. 또한 여기에서 CMI규칙에서 운송인이 수행하던 개인키의 발행과 취소 및 권리자의 확인업무를 중앙 메시지 처리소를 통하여 수행한다.

8) 채진익, 전자무역에 있어서 Bolero System상 Bolero B/L의 운영시스템에 관한 연구, 한국무역학회지, 2001.2. p.72.

2) 무역거래 처리절차

첫째, 이용자는 작업환경이 갖추어진 퍼스널 컴퓨터나 단말장치를 통하여 중앙 메시지 처리소(Core Messaging Platform: CMP) 앞으로 메시지[9]를 송신한다. 이 때 비밀키가 내장된 IC카드를 사용함으로써 자동적으로 디지털서명이 작성되어 UN/EDIFACT형태로 변환된 메시지에 첨부된다.

둘째, 중앙 메시지 처리소는 이용자의 공개키를 이용자 명부(subscriber directory: S/R)상에서 찾아, 이 공개키를 사용하여 디지털 서명이 첨부된 메시지를 확인한다. 또한 공개키 증명서상의 자료에 의해 요구한 처리 내용에 대한 이용자의 자격을 확인한다.

셋째, 디지털서명이 일치하고 요구한 내용에 대한 이용자의 자격이 유효한 경우 메시지 데이터베이스를 갱신하고 이를 관련 당사자에게 전송한다. 또한 처음 메시지를 송신한 사용자에게도 결과 메시지를 전송한다.

넷째, 이용자는 중앙 메시지 처리소로부터 온 결과 메시지를 확인한다. 이러한 메시지는 모두 송신자의 디지털 서명이 첨부되어 있으며 이를 공개키를 통해 검증하고 UN/EDIFACT형태의 메시지를 퍼스널 컴퓨터나 단말기에 맞게 변환한다.

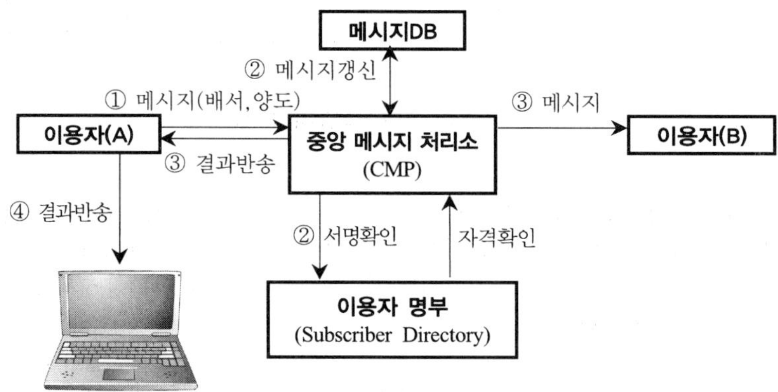

[그림 7-4] 볼레로시스템의 무역거래 처리절차

9) 이러한 메시지에는 선복신청, 전자식 선화증권의 발행 및 권리이전, 보험증명서의 발급, 화물도착통지, 인도지시, 세관의 통관허가, 신용장 개설 신청 등이 포함된다.

제3절 볼레로 선하증권의 운용

1. 볼레로 선하증권의 개요

1) 볼레로 선하증권의 개념

선하증권(Bill of Lading: B/L)이란 화주와 운송인간의 해상운송계약에 의하여 운송인이 발행하는 유가증권이다. 즉 운송인이 화주로부터 의뢰받은 운송하물을 자신의 선박에 적재 또는 적재를 위해 당해 화물을 수령하였음을 증명하고 동 화물을 도착항에서 일정한 조건하에 수하인 또는 그 지시인에게 인도할 것을 약정한 유가증권으로 국제간 전통적인 무역거래에서 가장 핵심이 되는 서류이다. 선하증권은 본 증권상에 기재된 화물의 권리를 화체(化體)한 것으로서 선하증권의 유통은 바로 화물에 대한 권리의 이전을 의미한다. 화물을 처분할 경우에는 반드시 관련 선하증권을 갖고 있어야만 한다. 오늘날 국제무역에 있어서 대금결제 수단의 국제적 관습은 통상 화환어음(documentary bill)이며, 선하증권은 동 환어음을 취결하는데 상업송장 및 해상보험증권과 함께 기본이 되는 서류이다.

한편 볼레로 선하증권은 이러한 전통적인 종이 선하증권에 대한 전자적인 대안이다. 더욱 향상된 신속성 및 효율성과 저렴한 비용으로 전통적인 종이 선하증권의 기능을 전자형식으로 구현한다. 또한 그 전자형식은 디지털서명의 방법으로 위조와 사기를 예방하는 더욱 안전한 정보보안을 갖추고 있다.[10)]

2) 볼레로 선하증권의 구성요소

볼레로 선하증권은 권리등록기관의 레코드(Title Registry Record)와 볼레로

10) 그러나 볼레로 선하증권은 영국해상물품운송법을 준거법으로 하며 부록으로 미국법 조항을 두고 있음으로 해서 볼레로 규정집(rulebock)의 준거법 조항이 너무 산만하다는 지적과 함께 볼레로 서비스가 글로벌 서비스를 지향하면서 특정국가의 법을 준거법으로 명시하고 있다는 비판을 받고 있다.

선하증권의 텍스트(BBL Text: Bolero Bill of Lading Text)로 구성된다. 권리등록기관의 레코드는 주로 볼레로 선하증권이 종료될 때까지 볼레로 선하증권에 대한 모든 거래기능을 지시한다. 한편 볼레로 선하증권의 텍스트는 전통적인 선하증권의 문면상 기재내용에 해당한다.

(1) 볼레로 선하증권의 문면(BBL Text)

운송인이 화주에게 발행하는 전통적인 선하증권과 아주 유사한 서류이다. 통상적인 해상관습에 따라 조건을 규정하거나 또는 무고장(clean)으로 발행할 수 있으며, 적재 또는 선적 등을 위한 수령증이다. 그리고 부가적으로 운송인의 일반 거래조건을 명시할 수 있다. 즉 이러한 선하증권의 기재요소가 중앙 메시지 처리소를 통하여 전송되어 권리등록기관에 등록・저장되며, 해상운송인이 물품의 수령을 승인하는 서류를 의미한다.

(2) 권리등록기관의 레코드(Title Registry Record)

BBL Text와 관련된 거래정보로 권리등록기관은 각각의 볼레로 선하증권에 대한 Title Registry Record라는 데이터베이스를 보유한다.

Title Registry Record는 볼레로 선하증권이 생성되고, BBL Text가 발행된 후에 볼레로 선하증권에 관련된 거래를 이행한다. 볼레로 선하증권은 이용자가 권리등록기관의 레코드에 있는 역할(role)을 변경함으로써 이전된다. 또한 이용자는 권리등록기관의 레코드에 등록을 통하여 볼레로 선하증권을 양도하거나 또는 종이서류로 전환할 수 있다. 즉, 권리등록기관은 본 기관에 보존된 볼레로 선하증권에 관한 거래정보의 핵심적인 전자데이터베이스이다.

2. 볼레로 선하증권의 특징

1) 중앙등록기관의 역할

전자선하증권 등록기관의 형태는 크게 중앙등록기관과 운송인등록시스템을 취하고 있는데 각각 나름대로의 장단점이 존재하고 있다. 볼레로 선하증권에서는 볼레로 선하증권의 소지인 기록을 유지·관리하는데 권리등록용 프로그램인 권리등록기관을 유지하고 있다. 비록 은행 관련기관인 SWIFT와 운송관련기관인 TT Club이 공동출자한 볼레로 인터네셔널에 의해 권리등록서비스가 제공되지만 중앙등록의 형태라고 할 수 있다. 중앙등록을 유지·관리하는 기관이 운송인관련기관이라는 점에서 운송인등록시스템의 장점도 어느 정도 살릴 수 있는 절충형 중앙등록시스템이라 할 수 있다.

2) 소지인의 유일성 확보

CMI규칙에서는 개인키(private key)를 이용하여 권리등록과 권리이전의 절차가 이루어졌다. 즉 개인키의 유일성을 확보하기 위하여 권리이전이 이루어지는 경우 기존 개인키의 취소와 새로운 개인키의 교부라는 절차를 반복하고 있으나, 볼레로 규약집에서는 그러한 개인키가 존재하기 않고 단지 소지인(holder)에 대한 기록을 유지함으로써 소지인의 유일성을 확보하고 있다. CMI규칙에서는 개인키의 소지인이 정당한 권리자였으나 볼레로 규칙에서는 권리등록기관에 기록된 소지인이 정당한 권리자가 된다는 점이다. 볼레로 선하증권의 소지인은 특정시점에서 한 사람뿐이라는 유일성을 확보함으로써 종이선하증권의 소지인과 동일한 효과를 가지도록하고 있다.

3) 기존절차의 수용

볼레로 선하증권에서 권리이전과 관련하여 채용하고 있는 지정과 배서는 기존의 종이선하증권상에서 하는 배서와 거의 같은 절차라고 할 수 있다. 기존의 종이선하증권에서 사용되던 배서와 백지배서(blank endorsement) 등의 개념을 그대로 수용하여 구현하고 있다는 점에서 다른 전자무역시스템과는 달리 실용성이 높다고 할 수 있다.

4) 당사자의 이중명칭사용

볼레로 규약집에서 볼레로 선하증권상의 당사자 역할을 이중명칭을 사용하여 표현하고 있어 사용상의 이해가 제고된다고 할 수 있다. 기존에 이중명칭을 사용하지 않은 관계로 어색한 점도 있지만 그 용어의 의미를 전달하는데 편리하다고 할 수 있다.

〈표 7-1〉 당사자 이중명칭의 예

당사자	내용
지시식 소지인 (holder-to-order)	볼레로 선하증권상에 소지인, 지시당사자로 동시에 지정되거나 되어 있는 당사자
담보권자 소지인 (pledgee holder)	담보권자와 소지인으로서 동시에 지정되거나 되어 있는 사용자
지참인 소지인 (bearer holder)	백지배서된 볼레로 선하증권의 소지인으로 지정되거나 지정되어 있는 사용자
수하인 소지인 (consignee holder)	수하인이면서 볼레로 선하증권의 소지인으로서 동시에 지정된 자

5) 권리범위능력의 명확화

볼레로 규약집에서는 당사자별 권리범위에 대한 것을 표로 제시하고 있다. 당사자의 지위에 따라 볼레로 선하증권거래와 관련하여 수행할 수 있는 기능을 제시하고 있어 전자선하증권 거래의 명확화를 도모하고 있다. 즉 당사자 자신이 볼레로 선하증권 거래와 관련하여 자신이 할 수 있는 상황과 할 수 없는 상황을 구분하여 표시하고 이에 대한 절차도 비교적 자세하게 제시하고 있다는 점에서 거래절차를 보다 명확하게 구현할 수 있도록 하였다.

볼레로 선하증권상에 명시된 물품의 담보권을 확보하기 위하여 담보 취득자는 화주에게 볼레로 선하증권의 채권자인 질권자(pledgee holder)를 지정하도록 요구할 수 있다. 또한 볼레로 규약집에 준거하여 질권자는 양도승인(attornment)[11]에 의하여 물품의 추정적 점유권과 운송인에게 위탁한 물품에 대한 위탁자의 권리를 취득한다.

〈표 7-2〉 당사자별 권리범위

기 능	당 사 자						
	운송인	소지 송하인	소지 지시인	소지 질권자	지참 소지인	소지인	소지 수하인
증권 발행	o	×	×	×	×	×	×
소지인 지정	o	o	o	o	o	o	o
지시인 지정	o	×	o	o	o	×	×
백지배서	o	×	o	×	×	×	×
소지지참인 지정	o	×	o	o	o	×	×
수하인 지정	o	×	o	o	o	×	×
소지질권자 지정	×	o	o	o	o	o	×
담보권 행사	×	×	×	o	×	×	×
증권 제시	×	×	o	×	×	×	o
조건변경 요청	×	o	o	o	o	o	o
조건변경 허용	o	×	×	×	×	×	×
조건변경 거부	o	×	×	×	×	×	×
종이로 전환	×	o	o	o	o	o	o

제4절 SURF 전자결제 솔루션

1. SURF의 의의

1) SURF의 개념

SURF(Settlement Utility for managing Risk and Finance)는 무역서류의 결제과정을 자동화한 볼레로 시스템의 부가가치 서비스로 위험과 금융을 관리하

11) 일명 새지주승인이라고도 하며 운송인이 선하증권의 합법적인 소지인에 물품을 인도하겠다는 확약을 말한다.

기 위한 결제솔루션을 의미한다. 기존거래에서는 은행이 일치성 검사와 보증을 함께 처리하였지만 볼레로시스템에서는 SURF가 일치성 검사를 하고 은행은 보증업무만 하게 된다. 즉 SURF는 무역서류의 자동일치를 보장하고 서류결제와 관련된 일련의 흐름을 관리하는 시스템이다. 은행의 입장에서는 서류점검 수수료를 SURF에 빼겼지만 서류의 일치성 여부에 대한 점검을 아웃소싱함으로써 높은 위험을 완화시킬 수 있으며, 금융의 핵심업무에 집중할 수 있다.

한편 SURF는 볼레로 시스템의 중앙 메시지 처리소(CMP)에서 제공되는 서비스를 이용하여, 그 약정서상의 내용과 제시된 서류내용을 점검하는 시스템이다. 따라서 전통적인 무역서류에서 이용되는 상업송장, 선하증권, 중량증명서 및 분석증명서 등과 같은 무역거래 관련서류를 자동적으로 점검할 수 있다.

2) SURF의 기능과 선행조건

SURF의 주요 기능으로는 관계당사자 상호간의 약정서를 저장하기 위한 중앙 데이터베이스를 제공하고, 자동화된 시스템으로 서류 일치성 여부의 점검, 불일치 서류 취급의 편리성 제공하며 대금결제의 이행여부에 대한 대사 보고서의 작성하여 제공한다.

한편 SURF가 운용되기 위해서는 선행조건이 충족되어야 하는 바 첫째, 화환신용장상에 볼레로 시스템에 의한 제시가 수리가능하다는 명시적인 기재가 있어야 하고 둘째, 그러한 전송문상에 포함된 자료의 명세가 신용장조건에 의하여 제시되도록 요구된 서류의 명세와 일치하는 서류 상태로 제시되어야 하며, 셋째, 화환신용장상에 특정의 서류가 특정인에 의하여 발행, 인증 또는 서명되어야 한다는 요구가 있는 경우에는 이용자에 의한 서명이 있어야 함을 조건으로 하고 있다.

2. SURF 약정의 운용과정

SURF는 무역결제 절차에 있어서 모든 관계당사자간 서류의 운용과정을 관리한다. 그 주요 운용과정은 ① 수입업자와 수출업자간의 SURF 약정서 체결, ② 은행의 지급 및 이행 보증서 제공, ③ 수출업자의 무역서류 제시, ④ 서류의 일치성 여부 점검 및 불일치 보고서 발급(서류상 불일치가 있는 경우), ⑤ 제시서류가 일치하는 경우 대금결제조건의 이행요청, ⑥ 대금결제조건이 이행 완료되면 선하증권을 포함한 서류를 수입업자에게 인도 등이다.

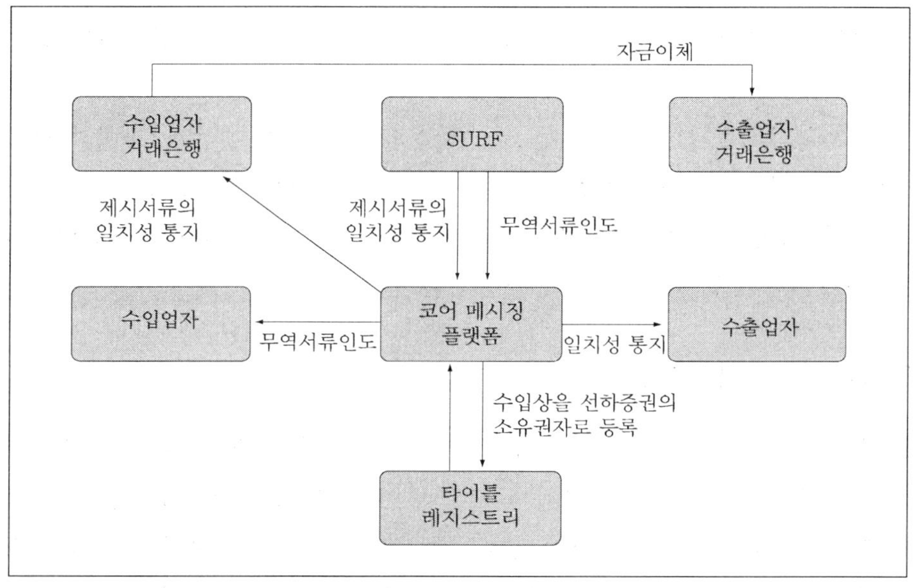

[그림 7-5] SURF의 운용과정

이러한 과정은 관계당사자가 SURF의 중앙 데이터베이스(database)에 저장된 SURF 약정서에 의하여 관리된다. SURF 약정서상에 약정된 결제방법으로 대금결제가 이행되며, 각 관계당사자간의 위험정도가 결정된다.[12]

12) 채진익, "볼레로 시스템 상 SURF의 운용프로세스에 관한 연구", 「한국전자거래학회」 제7권 제1호, 한국전자거래학회, 2003, 4, p.105.

1) 물품의 주문

수입상이 물품수입을 위해 수출상에게 전자구매주문서를 발송하면, 수출상은 수입상에게 전자확인서로 회신한다.

2) 매매계약의 체결

SURF의 결제과정은 SURF 청약서를 발송함으로써 개시된다. 본 청약은 수입상 또는 수출상 어느 측이든 먼저 할 수 있다. 예를 들면 수출상이 청약서를 발송하면, SURF는 승낙을 위해 청약서를 수입상에게 전달한다. 또한 결제조건이 신용장에 의한 방법인 경우에는 은행과의 지급보장 서비스를 약정한다. 지급확약서는 기존의 신용장제도와 마찬가지로 수출상이 일치하는 무역서류의 제시를 조건으로 한다.

SURF 청약서를 접수하면 수입상은 전통적인 무역계약의 체결과정과 같은 방법으로 본 청약서를 승낙 또는 거절하거나 대응청약(counter offer)을 할 수 있다. 수입상이 승낙한 경우에는 본 청약서는 SURF 약정서가 된다. 이때 수출상은 수입상으로부터 승낙통지를 받는다.

3) 지급확약의 약정

매매계약을 체결하는데 있어서 수출상이 수입상의 거래은행 지급확약서를 요구하는 경우 지급확약서의 제시 여부는 SURF 약정서에 규정된다. 예를 들면 결제조건이 신용장방식인 경우에는 거래은행과 지급보장에 관한 약정을 체결하여야 한다. 이는 기존의 신용장방식에 있어서 신용장의 개설신청과 유사하다고 볼 수 있다. 은행측에서는 일종의 여신에 해당되므로 이를 위한 신용조사를 통하여 약정체결 여부를 결정할 것이다.

4) 지급확약서의 취득

은행의 지급확약서를 제공하기로 하는 SURF 약정서가 체결되면, SURF는 수입상이 지정한 거래은행으로부터 지급확약서를 취득하는 과정을 자동적으로 이행한다. 즉 SURF는 수입상의 거래은행에 지급확약 요청서를 발송한다. SURF는 지급확약서를 제공받으면, 그 내용을 확인하여 SURF 약정서와 일치하면, 지급확약서를 수출상에게 통지한다.

지급확약서의 기능은 화환신용장제도와 유사한 은행의 의무로서, SURF 약정서상의 조건과 일치하는 서류제시를 조건으로 하는 은행의 조건부 지급약속을 의미한다.

5) 무역서류의 준비

현재 SURF에서 지원되는 전자서류는 전통적인 종이서류를 그대로 채용한다. 따라서 수출상은 수출을 위해서는 매매계약서에 따라 물품을 선적하고 SURF에 제시할 무역서류를 준비하여야 한다. 여기에는 관련 증명서, 허가서, 보험증권 및 운송서류 등을 포함한다. 또한 이 단계에서는 물품의 권리서류인 볼레로 선하증권을 발급하게 된다. 제시서류 중 상업송장, 포장명세서 등은 수출상 자신이 직접 준비하지만, 원산지증명서, 검사증명서 등과 같은 서류는 외부 관계기관에 발급을 요청하게 된다.

6) 전자무역서류의 제시

수출상은 서류가 모두 준비되면 선적한 물품이 일치하다는 것을 입증하는 무역서류를 SURF에 제시하여야 한다. 이와 같은 서류는 일반적으로 선적 후에 즉시 제시되어야 한다. 전자서류의 양식은 SURF 약정서에 제시조건이 규정되며 boleroXML 형식으로 작성되어야 한다.

SURF 약정서에서 선하증권의 제시를 요구하는 경우, SURF는 권리등록기관(title registry)를 통해 수출상으로부터 수입상까지 권리의 이전관계를 관리한다. 즉 수출상은 SURF를 볼레로 선하증권의 소지인으로 작성하여야 한다. 이렇게 함으로써 물품의 통제권이 이전된다.

7) 무역서류의 일치성 점검

수출상이 서류를 제시하면 현재 은행이 신용장의 조건과 관계서류의 일치성 여부를 심사하듯이, SURF는 약정서의 조건과 무역서류의 내용을 확인한다. 그 결과 제시서류가 일치하다면 수출상과 수입상의 거래은행에 통지하고 지정된 당사자에게 서류를 인도한다. 그러나 서류상에 불일치 사항이 발견된 경우에는 정형화된 불일치 보고서를 작성하여 서류를 거절하고 수출상에게 반송한다.

SURF는 서류점검결과 및 불일치 보고서를 다음 정보를 기초로 제공한다. 물품명세, 수량, 가격, 선적, 양륙 및 인도 등의 과정에 관한 정보, 대금지급 및 만기일, 불일치 보고서의 경우 불일치 명세 등이다.

8) 무역대금의 결제

SURF는 제시서류가 일치하거나 또는 모든 불일치가 보완을 통하여 수리되면 대금지급에 대한 적법한 증거를 확보하고, 관련 무역서류를 약정서의 조건에 따라 수입상 또는 그의 거래은행에게 인도한다. SURF에 의해 서류가 양도되기 전에, 은행의 차기(debit) 또는 대기(credit) 형식의 대금지급에 관한 증빙서가 요구된다. 수입상의 거래은행은 기존 은행시스템을 통하여 수출상에게 자금을 이체한다.

9) 물품의 도착과 인도

물품이 수입지에 도착되면, 전통적인 종이서류방식과 마찬가지로 수입국가의 운송대리점은 수입상에게 볼레로 시스템의 중앙 메시지 처리소(core messaging platform)를 통하여 통지한다.

수입상은 물품을 인도수령하기 위하여 권리등록기관을 통하여 수입국가에 있는 운송인의 대리점에 볼레로 선하증권을 제시하여야 한다. 운송 대리점은 볼레로 선하증권과 교환으로 물품을 수령할 수 있도록 수입상에게 인도지시서를 발급하여 인도함으로써, SURF의 결제과정은 종료된다.

3. SURF의 결제방법

1) SURF 신용장결제방식

신용장이란 은행의 조건부 대금지급확약서이다. 즉 수출상이 신용장상의 조건과 일치하는 서류를 제시하면, 그 서류와 상환으로 수출상에게 대금을 지급하겠다는 개설은행의 지급확약서이다. 은행은 대금지급에 대한 책임을 부담하지만 물품에 대한 서류상의 통제권을 행사할 수 있다.

SURF 신용장은 수출상이 제시하는 모든 전자서류가 신용장의 제조건을 충족시키면 수출상에게 수출대금을 지급하겠다는 신용장 개설은행의 지급확약서로서, 기존의 신용장과 큰 차이는 없다. 따라서 수출상에게 조건부 지급확약을 제공할 뿐만 아니라, 선적 물품이 신용장의 조건과 일치하여야 한다는 점에서 수입상의 권리를 보호한다. SURF 신용장결제방식은 신용장에서 요구한 모든 전자서류가 볼레로 시스템을 통하여 전송되기 때문에 '전자서류 제시를 위한 신용장통일규칙의 보칙'(Supplement to the Uniform Customs and Practice for Documentary Credits for Electronic Presentation: eUCP)을 준거

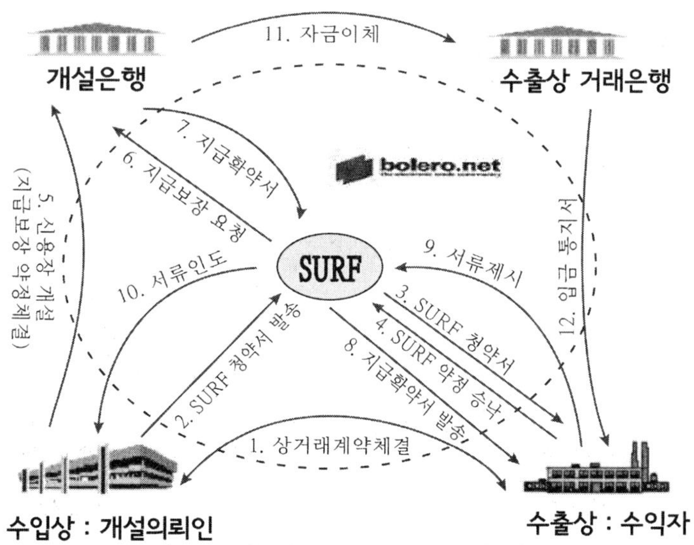

[그림 7-6] 신용장방식의 결제과정

문헌으로 명시하는 경우 본 규칙이 적용된다.

2) SURF 추심결제방식

추심결제방식은 화환신용장 없이 단순히 매매계약에 의하여 수출상이 발행한 화환어음으로 수출입대금을 결제함으로 은행은 단지 서류를 취급하고 대금추심을 위한 선의의 중간관리자로 행동할 뿐 대금지급을 보장할 의무가 없다. 따라서 수출상은 전적으로 대금지급의무를 이행하는 수입상을 신뢰하여야 한다.

다만 물품에 대한 권리서류가 대금지급 또는 대금을 지급하겠다는 약정서와 교환으로 인도되기 때문에 수입상에게 대금결제를 강제한다.

SURF 추심결제방식도 기존의 종이서류를 통한 추심결제방식과 마찬가지로 수출상이 수입상의 여신을 믿고 거래하는 것으로 수출대금지급에 대한 은행의 약정이 없는 것을 말하며, 수출상과 수입상 중간에 필요한 모든 전자선적서류와 자료는 볼레로 시스템을 통하여 전송된다.

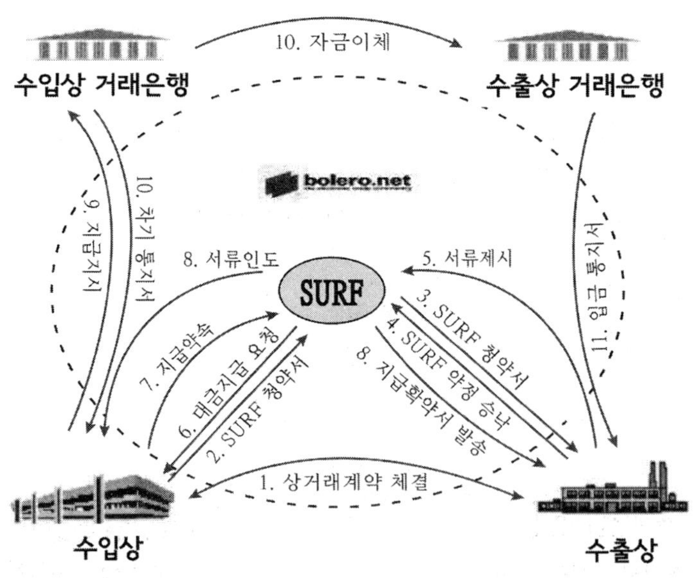

[그림 7-7] 추심방식의 결제과정

수입상은 전자선적서류를 받고 수입상 거래은행에게 대금지급을 지시하고, 이러한 지시를 받은 은행은 수입상의 은행계좌에서 대금을 인출하여 수출상 거래은행으로 이체시킨다. 수출상은 수입상의 여신을 믿고 본 거래를 수행하기 때문에 수입상이 수출물품의 인수를 거부하면 전적으로 수출상이 책임을 부담하여야 한다. 이 방식에 의한 거래는 '추심에 관한 통일규칙'(Uniform Rules for Collections: URC)을 준거문언으로 명시하는 경우 본 규칙의 적용을 받는다.

3) SURF 청산결제방식

SURF 청산결제방식은 수출상이 물품의 선적을 이행하고 권리서류를 포함한 선적서류를 SURF를 통하여 직접 발송하고 수입상으로부터 대금을 회수한다.

이 방식의 안전성은 신용장방식, 추심방식보다 낮으며 분쟁이 발생할 경우 이해관계가 있는 제3자가 개입하지 않기 때문에 수출상과 수입상 모두 적기의 물품선적과 대금지급에 대한 보장이 없다. 사실상 수출상은 수입상에 대한 대금회수의 위험을 직접 부담한다.

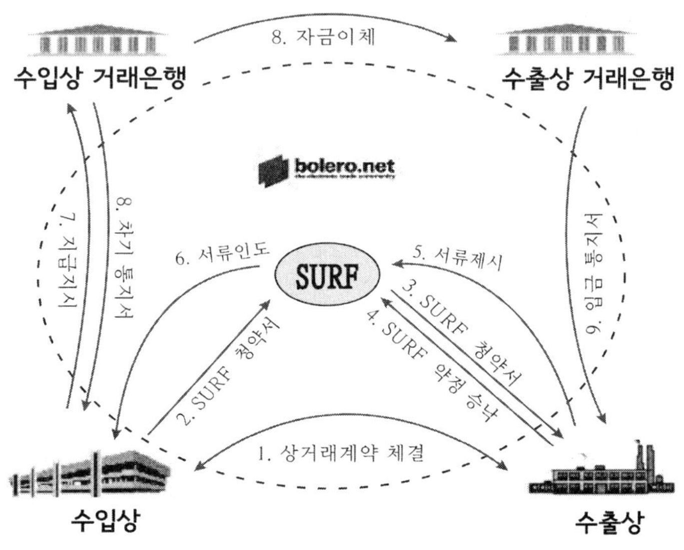

[그림 7-8] 청산방식의 결제과정

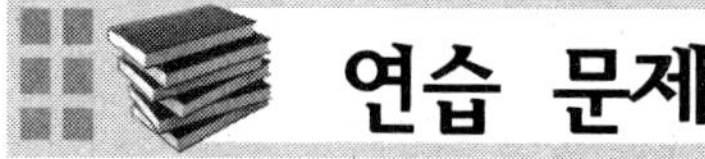

연습 문제

1. 볼레로 시스템의 특징을 설명하시오.

2. 볼레로 시스템의 개념과 유용성을 설명하시오.

3. 볼레로 시스템의 중앙메시지처리소와 권리등록기관에 관하여 설명하시오.

4. 볼레로 시스템의 이용자 등록절차와 무역거래 처리절차를 서술하시오.

5. 볼레로 선하증권의 개념, 구성요소, 특징에 관하여 설명하시오.

6. SURF의 개념과 기능에 관하여 설명하시오.

7. SURF의 운용과정에 관하여 설명하시오.

8. SURF의 결제방식을 열거하고 설명하시오.

8 TradeCard 시스템

제1절 TradeCard의 개요

1. TradeCard의 개관

1) TradeCard의 개념

트레이드카드(TradeCard)란 글로벌 전자상거래에서 기업간 무역대금결제를 인터넷상에서 서류의 일치성을 자동으로 점검하고 대금지급을 이행할 수 있는 기반으로 세계무역센터협회(World Trade Center Association: WTCA)가 개발한 무역결제카드시스템이다.[1)]

TradeCard는 전자무역을 수행할 능력을 갖추고 있을 뿐만 아니라, 온라인 환경하에서 이행 가능한 협상 과정이나 새로운 거래처의 발견 등에 대한 업무도 가능하다. 또한 TradeCard는 기존의 높은 대금결제수수료와 이자를 부담하는 신용장이나 기탁(escrow) 방식과는 달리 저렴한 비용으로 소액이나 거액의 대금결제 모두 가능하며, 당해 대금결제에 필요한 서류의 단계별 추

1) 채진익, "TradeCard 솔루션상의 금융공급체인 플랫폼에 관한 연구", 『무역학회지』, 第28권 第3호, 한국무역학회, 2003, pp.77-109.(본 장의 많은 내용들은 상기 논문에서 인용 발췌하였음)

적도 가능하다. 이는 기존의 무역과정을 단순화, 자동화 및 표준화하여 무역거래에서 발생하는 비용을 절감할 수 있기 때문이다.

2) TradeCard의 서비스

TradeCard의 안전한 거래기반은 전통적인 국제무역 거래과정에서 야기되는 비효율성과 불확실성을 대폭 축소시킨다. 구매주문서의 송부 및 승인, 대금지급의 의사결정과 금융결제 등을 위해 필요한 절차를 간소화·자동화 함으로써 효과적이며 실용적인 금융지원체인 관리서비스를 제공한다. 즉, 물리적 공급체인의 자동화가 물품의 이동을 최적화 하듯이 금융지원체인의 자동화는 물리적 공급체인에 상응하는 서류와 자금의 이동을 최적화하여 구매에서 지급결제까지 전 무역거래 프로세스를 자동화한다. 이러한 금융지원체인관리는 조달부터 대금결제까지 금융지원관리 프로세스상 물품의 물리적 이동에서와 같은 통제성과 가시성을 확보하는 것을 의미한다.

TradeCard는 종이 없이 전자무역 플랫폼상에서 수출자, 수입자 및 무역유관기관을 연결하며 금융거래 프로세스를 자동화하는데 필요한 다양한 서비스를 지원한다. 아울러 TradeCard는 서류 일치성 엔진(compliance engine), 지급보장(payment protection), 자금이체(money movement)와 물류(logistics), 검사, 보험 및 금융의 서비스를 제공한다.[2]

3) TradeCard의 특징

TradeCard는 주요 특징을 살펴보면 다음과 같다.

첫째, 국제적인 무역거래의 이행과정이 모두 전자적으로 이행된다. 국제적인 상거래를 행하는 수출자의 선적과 관련된 업무와 수입자의 선적이행 여부의 확인과 최종적인 대금지급 승인을 결정하는데 필요한 모든 자료들이 전자적으로 수집·평가되어 최종적인 승낙이 이루어진다.

2) TradeCard는 우리나라의 경우 주로 수출업자와 중소기업 위주의 회원이 많은 비중을 차지하고 있는 가운데 섬유, 전자, 신발 업종 이용자 비율이 높은 편이다.

둘째, 무역거래 단계별 필요한 자료를 알 수 있도록 한다. TradeCard는 수출자와 수입자가 행하는 거래단계별 모든 내용을 온라인 상태로 보여주기 때문에 매 거래에서 필요한 서류들이 무엇인지 상대방에게 인식시킬 수 있고, 또한 당해 거래가 언제 종결되는지 정확한 시기를 알 수 있다.

셋째, 무역거래의 비용을 절감시킬 수 있다. TradeCard는 모든 거래절차를 자동화하여 무역거래에 필요한 서류를 준비하고 작성하는데 상당히 저렴한 비용으로 서비스를 제공할 수 있다.

넷째, 새로운 무역거래의 기회를 제공할 수 있다. 이용자에게 친숙하도록 만들어진 TradeCard는 거액의 거래이거나 소액의 거래에 관계없이 사용할 수 있으며, 거래절차가 명확하게 나타나 보이기 때문에 처음 시작하는 자도 쉽게 접근이 가능하다.

다섯째, 새로운 국제적 전략을 수립할 수 있다. TradeCard는 무역업자들간의 대금결제를 보장하기 때문에 국제거래에 있어 활발한 교류를 가능하게 한다.

여섯째, 부가가치 서비스를 이용할 수 있다. TradeCard 네트워크를 통하여 여러 무역서비스를 제공하기 때문에 TradeCard 이용자들은 그들이 필요한 서비스를 쉽게 선택할 수 있다. 예를 들면 수입자는 물품검사 서비스를 요구할 수 있고, 수출자나 수입자는 물품에 대한 보험 서비스를 받을 수 있으며, 사전 또는 사후에 수출금융을 받을 수도 있다.

2. TradeCard의 거래 메커니즘

TradeCard의 거래 메커니즘 특징은 다음과 같다.

첫째, 지급보증기능이 존재한다. 신용장의 지급확약과 TradeCard의 지급보증과의 차이를 살펴보면 신용장방식하의 지급확약은 개설은행이 신용장을 발행하고 개설은행이 지급확약을 하기까지 수입자가 신용장의 개설담보나 예치금을 납입하는 반면에 TradeCard 방식하에서의 Coface(CDP)와 GECF(CECS)가 지급보증을 행하며 신용등급을 평가하여 보증한도를 설정한다.

둘째, 서류의 일치성여부 심사(점검) 기능이 존재한다. 상업송장 제시방식(IP)을 제외한 여타 거래유형에서 모두 심사기능을 채택한다. 특히 신용장방식하에서는 일치성여부에 대한 심사를 매입은행과 개설은행의 업무담당자가 수작업으로 행하는 반면, TradeCard 방식하에서는 시스템내의 검색엔진이 자동으로 단시간내 이루어져 심사에 따른 시간과 인력은 물론 업무상의 오류도 크게 줄일 수 있게 된다.

셋째, 일반은행이 아닌 2개의 전문금융기관이 수입자로부터 수입대금을 회수한다. TradeCard 방식하에서는 Thomas Cook, JP Morgan Chase가 수입자 거래은행의 계좌로부터 수입대금을 인출하여 수출자 거래은행의 계좌로 입금하게 된다.

넷째, 환어음을 필요로 하지 않는다. 추심 및 신용장 방식의 경우에는 수출용 환어음이 사용되어 왔고 유가증권으로서 그 발행 및 관리에 부담이 따르게 된다. 반면에 TradeCard 방식하에서는 이러한 환어음을 필요로 하지 않으므로 그 만큼 부담을 덜게 된다.

다섯째, 대금 결제 서류의 전달이 전자적으로 이루어진다. TradeCard 방식하에서는 수입자가 계약품을 통관하고 입수하는데 필요로 하는 대금 결제서류를 전자적으로 수출자로부터 수입자에게 전송되며 단지 선하증권과 같은 유통성 서류의 경우에만 별도로 종이서류의 형태로 수출자가 수입자에게 직접 송달된다.

3. TradeCard의 기술적 기반

TradeCard는 보안성, 융통성, 확장성, 편리성에 초점을 두고 설계된 안전한 웹기반 시스템이다. 무역업자들은 기본적으로 인터넷 접속과 웹 브라우저만으로 TradeCard 시스템에 접속할 수 있다. 또한 전사적 자원관리(ERP) 시스템을 구축한 무역업자의 경우에도 하드웨어나 또는 소프트웨어를 별도로 설치할 필요가 없이 TradeCard와 쉽게 통합할 수 있다.

1) 인증 방식

TradeCard는 통신 암호화(128비트)를 이용한 클라이언트 브라우저(client brouser)를 제공하며 이용자명, 암호, 스마트카드를 조합하여 이용자의 인증(authentication)을 관리한다. 또한 TradeCard는 디지털 서명을 이용하여 전자데이터를 인증하고 특정한 이용자가 작성한 전자서류를 확인한다. 가입자가 TradeCard 시스템에 로그온(log on)할 때마다 한 쌍의 유일한 디지털 키를 생성한다.[3)]

2) 설계 방식

TradeCard는 데이터를 중앙 집중화, 표준화 및 공유화하기 위한 저렴한 솔루션을 제공하는 안전한 호스팅 플랫폼(hosting platform)이다. TradeCard XML는 데이터를 변환 및 통합하기 위한 도구를 제공하며, 이용자들의 데이터가 쉽게 호환(map)하게 함으로써 형식(format)이나 애플리케이션(application)에 상관없이 서류를 자유롭게 교환할 수 있도록 한다.

3) 통합 방식

TradeCard는 정보통신 기술환경에 적합한 통합옵션을 제공하며 이용자가 표준 웹 브라우저를 통하여 서류를 자유자재로 업로드 및 다운로드 할 수 있도록 한다.

또한 이용자의 데이터 맵핑(mapping) 엔진을 이용하여 어느 형식으로든 기존 시스템과 문서를 교환할 수 있도록 환경을 설정할 수 있다. TradeCard는 가입자의 시스템과 교환을 위해 이용 가능한 구매(procurement), 이행(fulfillment), 지급결제(payment), 워크플로우(workflow) 서류 등을 보유하고 있다.

3) TradeCard는 Two Factor User ID시스템을 채택하고 있다. 즉 이용자의 인증으로 이용자가 시스템에 접속하기 위하여 ID, Password외에 이용자별로 할당된 고유한 Security Card를 제공하고 있다. 아울러 TradeCard는 이중방화벽과 back-up시스템의 호스트(host)를 갖추고 있다.

4. TradeCard의 장점과 단점

1) TradeCard의 장점

TradeCard의 장점을 살펴보면 다음과 같다.

첫째, 신용장방식과 같이 지급보증과 서류의 일치성여부 점검 기능을 가진다. 즉, 신용장방식하의 지급확약은 개설은행이 이를 이행하기까지 수입자가 신용장의 개설담보나 예치금을 납입하고 일치성여부에 대한 점검을 매입은행과 개설은행의 업무담당자가 수작업으로 행하는 반면 TradeCard에서는 지급확약기관(CDP, GECS)이 지급보증을 행하며 신용등급을 평가하여 보증한도를 설정하고 시스템내의 검색엔진이 자동으로 단시간내 행하게 된다.

둘째, 상업은행이 아닌 전문금융기관이 수입자로부터 수입대금을 회수한다. 결제금융기관(Thomas Cook, JP Morgan chase)이 수입자 거래은행의 계좌로부터 수입대금을 인출하여 수출자 거래은행의 계좌로 입금하게 된다.

셋째, 환어음을 필요로 하지 않는다. 추심 및 신용장방식의 경우에는 수출용 환어음이 사용되어 왔고 유가증권으로서 그 발행 및 관리에 부담이 따르게 되지만 환어음이 필요로 하지 않으므로 그 만큼 부담을 덜게 된다.

넷째, 시스템 이용을 위하여 별도의 소프트웨어가 필요 없으며, 무역거래단계별 필요한 자료를 알 수 있다. 수출자와 수입자가 행하는 거래단계별 모든 내용을 온라인 상태로 보여 주기 때문에 매 거래에서 필요한 서류들이 무엇인지 상대방에게 인식시킬 수 있고, 거래가 언제 종결되는지 정확한 시기를 알 수 있다. 또한 외부로부터 해킹을 막기 위하여 통신 암호화 체계를 유지하며, 아이디와 비밀번호 이외에 스마트카드(smart card)를 이용하여 접속하도록 하고 있다.

다섯째, 다른 솔루션과 달리 무역업자의 규모에 상관없이 적용 가능하며, 중소 수출입업자의 경우에도 TradeCard를 활용하면 별다른 투자없이 인터넷 접속과 단기간의 교육만으로 사용할 수 있다.

2) TradeCard의 단점

TradeCard의 단점을 살펴보면 다음과 같다.

첫째, TradeCard 방식이 회원제로 운영되는 점이다. 회원가입이 그리 어려운 것은 아니나 이러한 운영체제는 새로운 대금결제방식으로서 무역거래에 도입·정착되는데 부담으로 작용할 것으로 판단된다. 더욱이 TradeCard 방식하에서는 운송·물류업자, 보험업자 및 검사기관 등 무역거래의 이행보조자도 일단 회원으로 가입해야 하는데, 가입절차가 용이한가 하는 문제 이전에 과연 국제적으로 활동하는 수많은 이행보조자가 이러한 회원가입에 관심을 가질지 의문시되며, 또한 그렇게 된다 하더라도 그러기까지 상당한 시간이 소요될 것이 문제라 하겠다.

둘째, 선적서류의 이원적 흐름에 관한 문제점이다. TradeCard 방식의 경우에는 아직 볼레로(Bolero) 서비스의 경우와 같이 선하증권 등 유통성 서류를 전자화하는 방안을 채택하지 않고 있다. 그 결과 해상화물운송장이나 항공화물운송장 등 비유통성 서류가 발급되는 경우에는 이를 전자문서화한 인도증명서와 여타 선적서류를 수입자에게 바로 전송하여 계약품을 통관, 수령하게 할 수 있다. 그러나 수입자가 선하증권 등 유통성 서류를 필요로 하는 경우에는 수출자가 이러한 서류를 종이문서의 형태로 입수하여 수입자에게 별도로 우송해야 한다. 또한 비유통성 서류가 전자문서의 형태로 전송되는 경우라 하더라도 수입지 세관 등이 기존의 종이문서를 요구하거나 TradeCard 방식하에서 전자문서화 되지 않는 원산지증명서 등을 요구한다면 수입자는 수출자로부터 이를 이원적으로 송부 받을 수밖에 없게 된다.

셋째, 새로운 대금결제방식의 도입에 따른 무역관습상의 경계심과 저항이 있다는 점이다. TradeCard 방식은 기존에 인기리에 사용되어온 추심이나 신용장 방식과는 근본적으로 성격을 달리하는 새로운 대금결제방식이다. 이렇게 새로운 방식이 도입될 때 기존의 무역관습상 경계심과 저항을 초래하게 된다. 특히 은행의 입장에서 보면 기존의 상당한 이익을 향유했던 것에 비하여 TradeCard에서는 단지 자금 공여기관으로 참여하는 꼴이 된다. 즉 은행은 별다른 수수료 없이 단순한 자금 부담에 따른 이자만을 획득할 수밖에 없어 특별한 참가 의욕이 생기지 않으며 대금결제에서 단지 송금기관의 역할만 담당한다. 즉 금융기관인 Thomas Cook, JPMC가 독점적 계약을 통해 기득권을 확보한 반면 은행은 기존의 신용장이나 추심 방식 등에서 누려오던 독점적이고 우월한 입장을 포기하게 되어 TradeCard에 적극적으로 참여하지 않을 것이다.

넷째, 법적 기반의 정비가 미흡하다는 점이다. 예를 들면 TradeCard 방식과 거의 같은 시기에 도입된 볼레로 시스템의 경우 초기부터 법적 기반에 대하여 지대한 관심을 가지고 이를 준비해 왔다. 이러한 노력의 결과로 볼레로 규약집(Rule book)을 만들어 전자식 선하증권에 대한 법적 기반을 제공하고 있다. 이에 반해 TradeCard 방식의 경우 거래를 위한 일반약관만 가지고 있을 뿐 지금까지 규약집을 만들어 법적 문제점에 대한 충분한 검토를 이루지 않고 있다.

〈표 8-1〉 TradeCard의 장단점

장점	단점
• 무역과정의 단순화 • 거래비용의 절감 • 거래관계 개선 및 정보이용가능성 증대 • 신용한도내 지급 보증 • 부가가치 서비스 제공 • 안전한 무역환경 제공	• 정형화되어 있는 사용료 • 거래규모 및 사용국가의 제한 • 수출대금의 신속한 회수 불가 • 수출업자의 신용도 파악 불가능 • 전체 사용자의 회원제 요구

제2절 TradeCard의 운용과 주요 서비스

1. TradeCard의 결제유형

1) 자동승인 결제방식(auto approved payment: AAP)

AAP 방식은 TradeCard에서 제공하는 가장 전형적인 결제방식으로서 TradeCard의 신용보증기관으로부터 수입자의 신용을 평가받아 수출자에게 대금지급서비스를 제공한다. 보증여부에 따라 AAP with Protection과 AAP without Protection 방식으로 구분된다.

(1) AAP with Protection

TradeCard가 수입자를 대신하여 신용보증기관으로 하여금 수출자의 수출대금에 대한 지급을 보증하는 방식이다. 신용보증기관이 지급을 보증하고 검색엔진을 통하여 서류의 일치성여부를 확인하는 것으로서 기존의 신용장 방식과 가장 유사한 방식이다.

(2) AAP without Protection

지급보증이 제공되지 않는 방식으로 수출자는 단지 신용보증기관이 평가한 수입자의 신용상태를 참고하여 수입자의 신용으로 거래하게 된다. 따라서 수출자는 자기의 판단과 위험으로 거래금액을 결정하게 된다.

2) 수입자승인 결제방식(buyer approved payment: BAP)

BAP 방식은 AAP 방식과는 달리 거래에 수반되는 각종 선적서류가 시스템상에서 일치성(compliance) 검색엔진을 통하여 일치하는 것으로 확인된다 하더라도, 추가로 수입자의 대금지급에 대하여 승인해야 대금이 지급된다. 수입자에게 지급금액과 지급시기를 허용하는 것을 제외하면 AAP방식과 유사하다. 신용보증기관의 보증 여부에 따라 BAP with Protection, BAP without Protection이 있다.

3) 상업송장 제시방식(invoice presentment: IP)

AAP/BAP with Protection 방식하에서의 지급보증과 AAP/BAP without Protection 방식하에서의 일치성여부의 확인과 같은 점검 기능을 가지고 있지 않은 대금결제방식이다. 다만 수출자가 수입자에게 상업송장 및 포장명세서 등과 같은 기본적인 서류만을 TradeCard 시스템을 통하여 전송하고 이를 근거로 수입자가 결제금액과 시기를 스스로 결정하여 대금을 지급하는 방식이다.

〈표 8-2〉 TradeCard 결제유형의 특징 비교

		지급보증기관	최종지급 책임자	서류의 일치성 여부 점검기관	수입자로부터 대금회수기관	환어음의 필요 여부
추심 방식	D/P	--	수입자	추심의뢰 · 추심은행	추심은행	필요
신용장 방식	매입신용장	개설은행	개설은행	매입 · 개설은행	개설은행	필요
Trade Card 방식	AAP with Protection	CDP, GECS	CDP, GECS	시스템내의 검색엔진	Thomas Cook, JPMC	불필요
	AAP without Protection	--	수입자	시스템내의 검색엔진	Thomas Cook, JPMC	불필요
	BAP with Protection	CDP, GECS	CDP, GECS	시스템내의 검색엔진	Thomas Cook, JPMC	불필요
	BAP without Protection	--	수입자	시스템내의 검색엔진	Thomas Cook, JPMC	불필요
	IP		수입자		Thomas Cook, JPMC	불필요

2. TradeCard의 거래절차

TradeCard를 통한 무역거래의 흐름을 구체적으로 살펴보면 [그림 8-1]과 같다. ① 수입업자는 보증기관에 신용공여한도를 신청한다. ② 보증기관은 신용평가과정을 거쳐 신용공여한도를 설정한다. ③ 보증기관으로부터 신용공여한도를 확보하고 있는 수입업자는 수출업자와 상담시 TradeCard로 할 것을 약정하고 결제유형을 논의한다. ④ 수입업자는 구매주문서를 TradeCard로 송부한다. ⑤ TradeCard에서는 구매주문서의 기재내용, 신용한도를 확인하고 수출업자 앞으로 송부한다. ⑥ 수출업자는 송부되어 온 구매주문서에 전자서명함으로써 무역계약을 체결한다. ⑦ 수출업자는 물품을 확보하고 난 뒤 TradeCard를 통하여 운송회사에 선적지시를 송부한다. ⑧ 선적지시를 받은 운송회사는 수출업자로부터 물품을 인수받아 선적을 실시한다. ⑨ 운송회사는 운송서류를 작성하여 TradeCard로 송부한다. ⑩ TradeCard에서는 송부되어온 운송서류와 기타 서류들을 점검하여 일치하는 경우에 금융기관에 대금지급을 수권한다. ⑪ 금융기관은 수출업자에게 대금을 지급한다.

⑫ TradeCard에서는 수입업자 앞으로 운송서류를 송부한다. ⑬ 수입업자는 운송서류를 운송회사에 제시하고 물품을 수령한다.

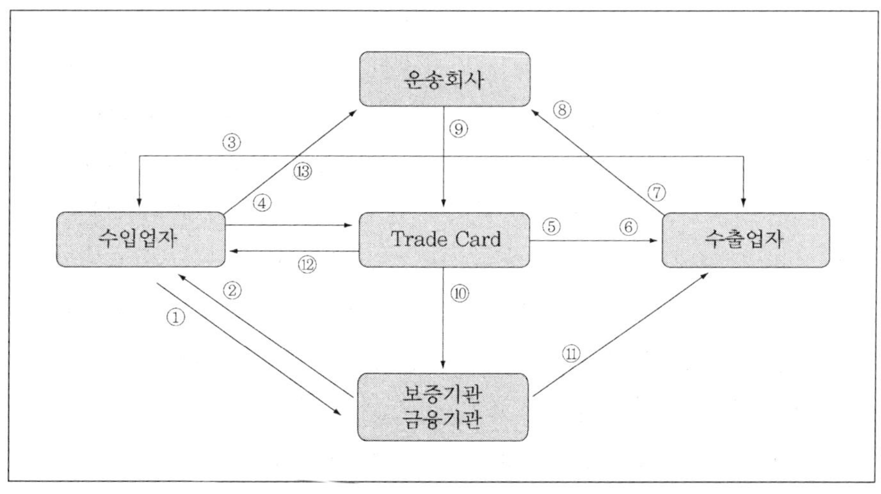

[그림 8-1] TradeCard 무역거래절차도

3. TradeCard의 주요 서비스

1) 대금결제 서비스

미국의 JP Morgan Chase(JPMC)와 영국의 Thomas Cook이 TradeCard 회원을 위해 자금이체와 수출금융 및 외국환 서비스를 제공하며 이를 위하여 TradeCard는 결제서비스를 지원한다.

TCSS(TradeCard Settlement Service)는 TradeCard 회원을 위한 기탁유형의 계좌(escrow type account)를 소유하기 위해 만들어진 결제 솔루션이다. 즉, TCSS를 통하여 수입자 거래은행의 계좌에서 수출자 거래은행의 계좌로 자금을 이체하며 원하는 경우 여러 수출금융과 외국환 서비스를 제공한다. 또한 동 계좌는 TradeCard와 서비스 제공업자에게 귀속되는 TradeCard 거래의 결제대금과 수수료를 관리한다.

TradeCard 시스템은 JPMC, Thomas Cook과 직접 이용자의 대금결제를 취급한다. 대금결제시 TradeCard는 JPMC, Thomas Cook이 보유하고 있는 TCSS의 계좌를 통하여 자금이체를 이행하도록 하는 자금이체 지시서를 JPMC, Thomas Cook에게 발행한다. 이에 JPMC, Thomas Cook은 수입자 거래은행의 계좌에서 자금을 인출하여 수출자 거래은행의 계좌에 자금을 이체한다.

TradeCard 회원이 TCSS 이용자약정서에 서명함으로써 TCSS는 JPMC, Thomas Cook에 개설된 계좌의 권리자로 지명되며, 동 계좌에 예치되어 있는 자금이 TradeCard 회원의 자금이라는 점에서 기탁 대리인과 유사하다.

JPMC, Thomas Cook은 세계적인 금융기관으로 신뢰성 있는 제3자의 서비스 제공업자로 TradeCard 거래를 위한 자금이체 서비스에 관여한다. 아울러 저렴한 비용으로 자동 결제가 가능하며 대금결제가 일정한 기준(동일한 결제일자, 은행계좌 및 통화)에 충족하면, TradeCard는 수회의 대금결제를 1회의 대금결제로 자동적으로 규합·이행한다. TCSS와 제휴한 JPMC, Thomas Cook은 명시된 일자에 자동적으로 양 계좌에서 차기(debit) 및 대기(credit)를 한다. 또한 기존 은행과의 관계를 유지하기 때문에 TradeCard 회원은 기존 은행계좌를 그대로 이용할 수 있다. 즉 JPMC, Thomas Cook과 TCSS는 일반

은행계좌에서 차기 및 대기한다.

2) 물품대금 지급보장 서비스

(1) 지급보장 서비스의 신청

TradeCard 회원은 보증기관의 신용 및 지급보장 서비스를 신청할 수 있다. 지급보장 서비스의 신청은 TradeCard 시스템에서 수입자가 구매주문서를 작성할 때, 현재 TradeCard의 제휴업자인 Coface의 계열회사인 CDP (Coface Debt Purchase Limited) 또는 GE Commercial Finance의 한 그룹인 GE Commercial Services(GECS) 중 한 회사를 신용제공업자로 선정한다. 수입자가 보증기관을 선정하면 TradeCard 시스템은 수입자의 신용을 검토하고 신용승인서를 생성한다.

이에 CDP와 GECS는 수입자의 신용수준에 따른 지급보장을 한다.[4] 본 서비스는 선적 데이터가 일치하는 한, 물품선적에 대한 대금회수를 보장하는 지급보장 증명서를 수출자에게 제공하는 서비스로 다음과 같은 이점이 있다.

① **대금지급보장의 안전성** : 신뢰성 있고 안전한 제3자의 지급보장 서비스를 제공한다. 현재 제휴업자인 CDP는 국제신용평가기관인 Fitch IBCA에서 AA등급을 배정받았으며, 수출신용보험에 있어서 프랑스 정부의 수출보증 관리업체이다. 그리고 GECS는 GE Commercial Finance의 한 그룹으로 주로 비투자 등급의 회사를 위한 금융 솔루션을 제공하는 금융기관이다.

② **보장기간의 신축성** : 신용보장기간이 명시되나 그 기간은 신축적이며, 수출입업자가 보증기관으로 CDP를 선정한 경우는 선적일로부터 45일에서 180일, GECS를 선정한 경우는 45일에서 75일 사이에서 지급보장기간을 정할 수 있다. 지급보장은 수출자가 상업송장 승인시에 개시되며 수출자는

4) 회원가입과정의 일부로 수입자가 CDP를 신용보증기관으로 선정한 경우에는 수입자는 CDP 신용등급약정서를 수용하여야 하고, 수출자는 CDP 채무인수약정서의 조건에 동의하여야 한다. 그리고 GECS를 선정한 경우에는 수출자는 GECS 팩토링 약정서에 동의하여야 한다.

선적 전에 보장금액을 정할 수 있다. 그렇게 함으로써 수입자의 신용등급 하향위험으로부터 보호받을 수 있다.

③ **시간과 비용의 절감** : 수출입업자는 추가적인 수수료의 부담없이 온라인상에서 불일치한 내용을 협상하고 해결할 수 있다. 양 당사자가 불일치를 수리하기로 합의하는 한, CDP와 GECS는 수출입업자의 거래 시간단축과 비용절감을 하면서 불일치 거래를 보호한다. 그리고 지급보장서비스의 비용은 수입자의 신용등급, 보장금액 및 지급보장기간에 따라 결정된다.

(2) 지급보장의 한도

CDP는 수입자의 지급능력을 평가하기 위하여 신용평가 시스템을 구축하고 있다. 신용평가 시스템은 TradeCard와 신용공여약정서의 체결과 함께 R, @, @@, @@@, @@@@의 신용등급으로 평가하여 배정되고, 수입자의 지급보장거래의 신용한도는 신용평가 시스템에 의해 수입자에게 부여된 신용등급에 따라 산정된다. 그리고 CDP는 수시로 수입자에게 부여하는 신용등급을 상향 또는 하향 조정가능하며, 그 결과에 따라 신용한도도 자동적으로 상향 또는 하향 조정된다.

GECS의 경우에도 CDP와 유사한 바 수입자가 자신의 신용평가를 위하여 회원가입시에 제공된 금융정보를 GECS에 송부하면, GECS는 자신이 소유한 데이터베이스에 기초하여 수입자의 정보를 확인한다. GECS는 이 정보를 기초로 적정한 금액의 신용한도를 배정한다.

〈표 8-3〉 신용등급에 따른 지급보장 승인 한도

신용등급	승인한도
R	EUR/USD 10,000
@	EUR/USD 20,000
@@	EUR/USD 50,000
@@@	EUR/USD 100,000
@@@@	EUR/USD 100,000 초과, 건별 결정하여 통지

자료 : http://www.cofacerating.com

(3) 불일치 서류의 지급보증 협상

전통적인 무역거래에서 대금결제 및 지급보증은 일치한 서류의 제시와는 독립되어 있다. 그러나 TradeCard내에서 CDP 또는 GECS는 수출입업자와 제3자의 개입없이 온라인상에서 불일치를 협상하고 해결할 수 있다. 만약 수출입업자가 불일치의 해결에 합의한다면 CDP 또는 GECS는 불일치 거래를 보호한다.

(4) 지급거절시 대금회수

수입자가 대금지급을 불이행할 경우에는 수출자는 대금결제일로부터 20일 이내 CDP, GECS에 클레임을 제기하여야 한다. 승인된 클레임은 모든 거래요건이 충족되는 한, 수출자는 클레임의 제기일로부터 30일 이내 CDP, GECS로부터 대금을 지급받을 것이다. 따라서 CDP, GECS는 수입자가 대금지급을 불이행하는 경우에는 거래금액을 수출자에게 지급한다. 당해 지급보장 서비스는 계약조건을 완전하게 이행한 거래에만 제공된다.

3) 수출금융 서비스

수출자는 네트워크를 통하여 그들의 이익을 증대시키고 거래비용을 절감할 수 있는 여러 종류의 수출금융을 제공받을 수 있다.

(1) 금융자금 형태

① **운전자금(수출 전 금융)** : 수출자는 선적물품을 제조, 가공 또는 준비하는 데 필요한 운전자금을 확보하기 위하여 승인된 주문서를 제시하여 수출 전 금융을 신청할 수 있다.

② **유동자금(수출 후 금융)** : 수출자는 현금자금을 확보하기 위하여 선적시 또는 지급승인을 받는 대로 수출 후 금융을 요청할 수 있다.

(2) 금융자금 신청

수출자가 융자신청서를 작성하고 승인하면, TradeCard 시스템은 융자조건을 협의하기로 선정된 금융서비스 제공기관에게 송부한다. 이에 금융서비스 제공기관은 수출자가 보낸 금융신청을 온라인상으로 승인 또는 거부하며, 그 신청결과는 시스템상에 승인(approved) 또는 거절(declined)로 명시된다. TradeCard는 금융수수료를 부과하지 않고, 모든 수수료는 수출자와 금융서비스 제공기관과의 협의로 정해진다.

(3) 금융자금의 수령

금융자금의 수령 시기는 이용자가 선택한 융자종류의 선택에 의해 결정된다. 수출 전 금융은 수출자가 구매주문서를 제시하여 신청한 금융이 승인되었을 때 금융자금을 수령하고, 수출 후 금융은 수출자가 상업송장을 제시하여 신청하면 물품선적시 금융자금을 수취한다.

결제승인 조건부 금융자금의 수령은 수출자가 상업송장을 제시하면서 금융자금을 신청하면, TradeCard의 데이터 일치성 점검엔진(자동승인지급) 또는 수입자(수입자 승인지급)에 의해 거래가 승인되었을 때, 금융자금을 수령한다. 그리고 일치성 점검엔진 또는 수입자가 대금결제를 승인한 후, 금융서비스 제공기관은 네트워크를 통하여 수입자로부터 금융자금을 상환 받는다. 금융서비스 제공기관은 수출자가 지급하여야 하는 TradeCard 또는 그 이외의 서비스 제공기관의 수수료를 차감한 거래대금의 전액을 수령하여 금융자금을 공제한 잔액을 수출자에게 직접 지급한다.

(4) 금융자금의 신청 취소

수출자는 금융서비스 제공기관의 승인 전에 융자신청을 취소할 수 있다. 그러나 일단 융자신청이 승인되면 취소할 수 없다.

4) 물품검사 서비스

거래과정에 있어서 검사서비스를 간소화 및 통합화함으로써 수입자가 구매주문서를 제시하여 자동적으로 검사를 요청하면, 검사서비스 제공기관(Inspection Service Provider : ISP)은 검사일정을 전자적으로 통보받을 수 있도록 한다.

(1) 검사서비스의 신청

수입자는 구매주문서로 검사신청하고, 검사서비스 제공기관과 계약하거나 또는 자체적으로 물품검사자를 지정할 수 있다. 검사서비스 제공기관이 검사를 이행하는 경우에는 TradeCard 시스템은 수입자와 검사조건 및 수수료를 약정하기 위해 검사서비스 제공기관에게 검사 지시서를 발송한다. 자체적으로 검사하기로 한 경우에는 TradeCard 시스템은 검사에 관련된 모든 임무를 수입자에게 자동적으로 배정한다.

검사가 이행되는 동안 검사서비스 제공기관(또는 자체검사인 경우에는 수입자)은 TradeCard 시스템에서 검사증명서를 작성한다. 승인된 검사증명서는 모든 거래당사자가 검토할 수 있도록 TradeCard 시스템에서 이용할 수 있다. 서류의 일치성 및 금융결제를 위하여 검사증명서상에 명시된 물품은 통과(passed) 상태이어야 한다.

(2) 검사업자의 요건

TradeCard 거래에 참여하기 위해서 검사서비스 제공기관은 TradeCard 시스템에 가입하여야 한다. 이용자가 원하는 검사서비스 제공기관도 온라인상에서 등록함으로써 가입이 가능하며, TradeCard 웹 사이트에는 여러 검사서비스 제공기관의 목록도 제공하고 있다.

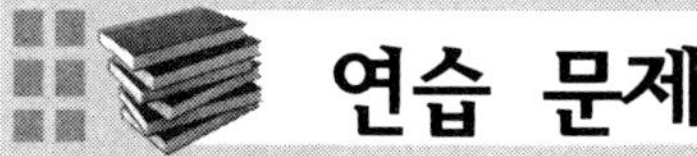

연습 문제

1. TradeCard의 개념과 특징에 관하여 설명하시오.

2. TradeCard의 거래 메커니즘과 기술적 기반에 관하여 간략히 서술하시오.

3. TradeCard의 장점과 단점에 관하여 서술하시오.

4. TradeCard의 결제유형을 열거하고 설명하시오.

5. TradeCard의 거래절차를 설명하시오.

6. TradeCard의 주요 서비스를 열거하고 설명하시오.

9 IdenTrust 시스템

제1절 IdenTrust의 개관

1. IdenTrust의 개요

IdenTrust는 전자무역의 원활한 성장을 위하여 1999년 설립된 국제 은행간 결제 및 전자인증 서비스를 제공하는 자금결제 공인인증기구로 출발하였으나 2002년부터는 인증업무와 함께 전자무역 시스템을 구축하여 대금결제를 포함한 무역전반에 걸친 서비스를 제공하고 있다.

현재 IdenTrust 가입은행은 세계적으로 41개 은행에 불과할 정도로 최상급의 대외신인도를 자랑하는 세계 유수의 은행들만이 참여한다. IdenTrust는 전자무역거래 환경에서 공개키 기반구조상의 최상위 인증기관으로 거래당사자들의 신원·거래내용을 인증하는 최종 책임을 맡게 된다. IdenTrust는 2000년에 유럽연합(EU)에서 공식 비준을 받았으며, 이들 IdenTrust 가입은행에 거래하고 있는 기업들도 2010년 현재 전세계 133개국에 250만개에 달한다. IdenTrust의 CA(Certification Authority) 레벨(level)에 초기 가입비용은 가입은행 마다 10만 달러이며 인증서 발급건수를 기준으로 연간 사용료를 별도로 납부하게 된다.

IdenTrust의 목적은 첫째, CA 서비스의 제공을 위한 범 세계적인 기초 구조를 제공하고 둘째, 가입은행이 전자적으로 모든 사업영역을 확장하고 전자무역을 실행하는 신뢰할 수 있는 제3의 기관으로서 역할 수행하며 셋째, 기존의 은행을 무역업체들이 가장 신뢰하고 선호하는 전자무역의 거래중재기관으로 위상을 정립하는 것이다. 넷째, 무역업체와 은행이 무리없이 전자무역과 관련된 여러 위험요인들을 관리하는 역할을 한다.

IdenTrust는 이러한 목적에 따라 기술과 운영상에 필요한 구성 요소를 체계화시킨 최초의 조직체로서 무역업체들이 복잡한 무역거래를 수행하는 수단으로서 전자무역을 채택하는데 걸림돌이 되었던 신뢰와 위험요소를 관리할 수 있도록 한다. IdenTrust는 기존의 은행이 갖고 있던 전통적인 무역거래의 대리자 역할에 공개키(public key) 기반구조와 관련된 법률 및 사업 기초작업을 부가함으로써 이상적인 목표를 달성한다.

IdenTrust는 가입은행들에게 수출입업무에 있어 자금결제와 보증서비스를 위한 통일된 규약을 제공함으로써 IdenTrust 가입은행들은 거래관계에 있는 무역업체들의 결제를 상대방 회원 은행에 보증하여준다. 또 지급결제과정에서 발생할 수 있는 수출입 분쟁시에도 중재자의 역할을 맡아 해결하여준다. 따라서 IdenTrust에 가입한 은행들과 거래하는 무역업체들은 전자무역이 가능하게 된다.

기존에는 수출입업체들이 해외거래업체의 실제 존재여부와 신용도 등을 몰라 거래에 어려움이 있었으며 거래조건 합의 후에도 전자무역이 여의치 못하여 오프라인으로 전환해 계약서를 작성하였다. 하지만 IdenTrust의 가입으로 은행들로부터 인증서를 받은 수출입업체들은 대금회수나 물품 배달이 잘못될 경우 상대업체의 은행으로부터 보상받을 수 있고 온라인상에서 거래처 물색부터 대금결제까지 무역거래의 모든 과정을 할 수 있게 되었다.

2. IdenTrust의 특징과 기능

1) IdenTrust의 특징

IdenTrust는 세계 유수의 은행이 중심이 되는 전자무역을 위한 공개키 기반의 전자인증서비스이다. 지금까지의 인증체제하에서는 은행은 RA(Registration Authority)기능을 담당하였지만, IdenTrust 사업 모델하에서는 은행이 원하는 경우 CA(Certification Authority)의 역할을 담당할 수 있다는 점이 다르다. 따라서 은행이 CA로서 인증서를 직접 발급, 갱신, 폐기 및 확인하며, 자신이 발급하지 않은 인증서에 대해서는 다른 CA 은행 앞 확인을 요청할 수 있다. 이와 함께 수입자 은행(buyer Bank)에 의한 지급보증서비스(warranty)도 가능하다. 이처럼 은행이 거래 당사자들에게 신용을 보장해 줌으로써 국제무역의 활성화를 기대할 수 있다.

은행이 거래의 중심에 있기 때문에 IdenTrust 체계하에서는 은행측에 돌아가는 이점이 상당하다고 볼 수 있다. IdenTrust의 엄격한 심사를 거쳐 Level 1의 공인인증기관(CA)으로 지정된 은행의 경우 Level 2의 하위기관인 등록기관(RA)으로 가입하는 모든 은행들의 무역거래 프로세스를 매개하고 부가적인 수익을 창출할 수 있는 기반이 마련된다. 전자인증서 발급 수수료과 같은 기본 수입 외에 회원은행간 제휴를 통해 새로운 금융상품과 부가서비스를 만들어낼 수 있기 때문이다.

IdenTrust 가입은행에서는 무역업체들이 모두 고객이 될 수 있기 때문에 수익증대를 기대할 수 있고 IdenTrust 가입은행 입장에서는 자행 브랜드를 세계에 인식시킬 수 있으며 이에 따라 보다 효율적이고 고객 중심적인 서비스를 중점적으로 수행할 수 있게 된다. 무역업체 입장에서도 거래비용 및 시간을 절감할 수 있고 전자무역으로 인한 리스크를 줄일 수 있어 수출입 확대를 가져 올 수 있다.

IdenTrust는 무역업체들이 수익을 창출하는 무역거래 프로세스 전체 단계에 참여할 수 있어 새로운 금융상품과 사업 모델을 창출하는데 유리하다. 법적 구속력이 있는 전자 계약서를 작성할 수 있도록 하여 전자무역거래시

무역업체의 분쟁해결 절차를 명확하게 해줄 수 있으며, 향후 세계 시장에서 통용되는 애플리케이션이나 서비스가 개발되면 해외 은행들과 공동 사업을 추진하기도 쉬워진다. IdenTrust 가입 후 CA기능을 담당하게 된 은행은 무역업체들에게 IdenTrust 글로벌 아이디(Global ID)를 발급, 확인하고 인증하는 서비스를 제공할 수 있게 된다. IdenTrust 서비스를 제공하는 은행은 기본적으로 인증서 발급과 갱신에 따른 수수료 수입을 올릴 수 있으며 여러 회원 은행이 개발한 애플리케이션을 판매하여 이용 수수료를 부과할 수도 있다.

IdenTrust의 구체적 특징을 살펴보면 다음과 같다.

첫째, 은행이 인증기관의 역할 담당한다. 은행은 인증서를 발급, 갱신, 폐기 및 검증하며 다른 은행이 무역업체에 발급한 인증서에 대해서는 발행은행에 이를 확인하여 그 결과를 자신의 고객업체에 회신한다. 볼레로 시스템보다 은행의 거래지배권이나 개입 범위가 크고, 수익 발생의 기회가 더 많다고 할 수 있다.

둘째, IdenTrust는 수출자, 수입자, 수출자 거래은행과 수입자 거래은행으로 구성되는 4-코너 모델(4-corner model)상에서 작동된다. 당사자들은 메시지에 전자서명을 하고 이미 발급받은 글로벌 아이디로 디지털 신원의 진정성을 확인하는데 이러한 절차는 짧은 시간내에 모두 완료된다. IdenTrust는 전통적인 3-코너(수출자, 수입자, 인증기관) 모델에서 기존 기업이 복잡한 인증서 관리 시스템을 유지하고 수천 건의 거래 관련 공개키를 관리함으로 인하여 많은 비용과 시간이 소요되는 단점을 극복한다.

셋째, 기능의 다양성으로 IdenTrust는 기존의 무신용장 결제에서 신용장 결제에 이르기까지 전자무역 결제 요건의 범위를 모두 포괄할 수 있다.

넷째, XML, PKI와 같은 개방형 전자상거래 표준을 토대로 하고 있어서 기존 시스템과의 통합이 수월하고 후단(back-end) 상거래 업무를 자동화시킬 수 있다.

다섯째, 연속적 업무 처리로 협상과 주문 처리과정에서부터 개별 업무가 독립적으로 처리되지 않고 연결·진행된다. 연속적 처리 기능으로 인해 IdenTrust에서는 수출자와 수입자가 직접 대금 결제처리를 할 수 있으며, 사용자 추적과 실시간 대조와 조정이 가능하고 필요한 자료를 온라인으로 제출하고 교환할 수 있다.

여섯째, 3계층 모델[1]로 IdenTrust는 각 은행이 업무처리나 기술적 상호연동성에 지장을 초래하지 않는 범위내에서 은행 고유의 브랜드를 붙여 전자무역 관련 서비스를 독자적으로 제공할 수 있게 된다.

일곱째, 채권의 양도 가능성으로 수출자가 소지하는 IdenTrust의 '지급의무' 채권은 양도가 가능하고 은행이 그 지급을 보증함으로써 무역업체와 거래은행은 여러 편익을 갖게 된다.

2) IdenTrust의 기능

IdenTrust는 기본적인 인증서 발급 및 확인 서비스 이외에 인증서 발급은행이 인증서 보유업체를 보증(warranty)하는 서비스를 제공한다. IdenTrust가 제공하는 인증서비스를 이용할 경우 무역업체들은 거래상대방의 진정성(authentication), 부인방지(non-reputation), 무결성(integrity), 기밀성(confidentiality) 등 전자무역에서 제기되고 있는 제반 문제점들을 해결하게 된다.

이 밖에도 IdenTrust는 메시지 변조를 예방하는 보안기술과 함께 전자무역을 위한 은행업무의 상호 신뢰할 수 있는 법적·기술적 기반을 제공한다. 이로써 전자무역 거래업체들은 금융기관의 시스템 활용이 가능하게 되고 공개키 기반구조(PKI)로 무역 거래가 이루어지기 때문에 구매, 협상, 운송, 결제 등 일련의 과정에서 보안 및 신뢰성이 보장되도록 해준다. 따라서 선적서류의 교환에 있어 발생할 수 있는 분쟁해결 및 국제적인 상호 연동의 확보를 가능하게 해 준다.

한편 IdenTrust가 제공하는 서비스는 서명보증(signature guarantee), 지급보증(payment guarantee), 이행보증(performance guarantee), 전자지불(ePayment), 거래보험(transaction insurance)이 있다. 이외에도 IdenTrust는 기업고객들에게 각종 다양한 금융서비스를 제공하고 있는데, 통합 전자 고지 및 납부, 지

1) 1계층은 신뢰 및 인증서비스, 2계층은 결제 표준과 규칙, 3계층은 상호연동으로 구성된다.

급결제 처리, 온라인 신용장, 그리고 외환 결제 등 다양한 서비스를 제공한다. IdenTrust의 신용시스템내에서 사용된 애플리케이션에는 온라인 공유, 안전한 전자메일 교환 및 전자지급 등이 포함된다.

3. IdenTrust의 가입요건과 신원인증

IdenTrust는 공개키 기반(PKI) 암호보안의 디지털 신원인증을 확인하는 운영규칙을 제공한다. 즉 보증(warranties)을 통한 디지털 신원인증의 보장, 모든 참여자를 위한 구속력, 분쟁해결을 위한 전자정보를 기록한다.

1) 회원은행 가입요건

Level-1의 인증기관(CA) 역할을 수행하기 위한 초기의 IdenTrust 자격요건은 엄격하다. 즉, Level-1 은행은 IdenTrust로부터 1차 인증서 발급기관의 자격을 얻어 실제 인증서 확인 및 발급을 할 수 있는 은행으로 가입하기를 원하는 은행의 경우 애초에는 BBB+ 신용등급을 유지해야 하고, 자산규모도 10억 달러 이상이여야 했다. 그러나 이러한 기준은 2003년부터 기존의 신용등급기준과 준비금 10억 달러를 보유해야 하는 의무조항이 삭제됨에 따라 신용등급 및 자산규모에 관계없이 은행, 보험, 증권 등 모든 금융기관이 가입할 수 있게 되었다. 현재 우리나라는 우리은행, 외환은행, 국민은행, 신한은행, 농협중앙회, 기업은행 등이 컴소시엄(consortium)을 구성하여 가입하고 있다.

2) IdenTrust의 신원인증

IdenTrust 시스템은 국제적으로 다양한 서비스를 제공하기 위해서 개방적이고 기술중립적인 정책을 추구하고 있다. 특히 모든 서비스에는 글로벌 아이디(Global ID)로 불리는 암호보안 디지털 신원확인 서비스를 제공하며, 글로벌 아이디에 대한 실시간 유효성 확인을 제공한다. IdenTrust는 DCS(Deligated Certificate Service) 시스템을 통하여 인증서비스를 제공한다. DCS 시스템은 디지털 서명관리시스템(Digital Signature Management System)과 하드웨어 보안 모듈(Hardware Security Module)이 포함되며 수입자, 수출자, 수입자 거래은행, 수출자 거래은행의 관계를 통하여 인증서비스가 이루어진다.

전자무역의 당사자간 신원확인 방법으로는 현재 공개키(PKI) 기반구조의 전자서명을 이용한다. IdenTrust는 바로 이 공개키기반에 있어 최상위인증기관(Root Certificate Authority: RCA)의 역할을 수행하게 되며, Level-1 가입은행은 인증기관의 역할을 수행하게 된다. 기타 은행은 가입은행과의 제휴를 통해 등록기관의 역할을 수행한다.

신원확인을 중심으로 하여 IdenTrust의 등록기관을 통해 가입은행으로부터 전자인증서를 받은 기업간의 전자거래절차는 [그림 9-1]과 같다.

첫째, 수출자와 수입자간 계약체결 후 수출자는 자신의 거래은행에게 거래당사자인 수입자가 IdenTrust로부터 부여받은 신원확인을 요청한다. 둘째, 수출자의 거래은행은 전자통신방식으로 수입자의 거래은행에 수입자의 신원확인을 요청한다. 셋째, 수입자의 거래은행은 자신의 고객인 수입자의 신

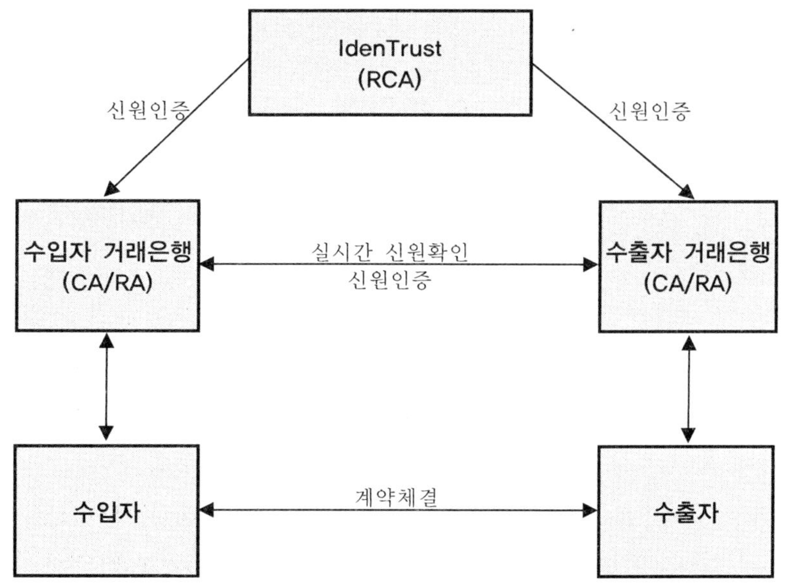

[그림 9-1] 4-corner Model에 의한 신원인증 절차

원을 확인하고 DCS 시스템을 통하여 수출자의 거래은행에 신원인증서를 전송한다. 넷째, 수출자 거래은행은 수출자에게 신원인증서를 통지한다. 다섯째, IdenTrust가 부여한 신원확인에 의존하는 수출입업자는 자신들의 거래은행을 통하여 잔존위험에 대한 신원보증을 확보한다.

거래당사자에 대한 신원확인은 IdenTrust가 갖는 기능의 일부일 뿐이며, IdenTrust의 독특한 장점은 거래에 대한 지급보증(payment guarantee)과 이행보증(performance guarantee)이다. 이러한 보증기능은 계층적인 보증에 의해 가능하게 된다. 즉, IdenTrust의 가입은행들은 각 은행별로 일정액의 보증한도를 책정받게 되며, 이 보증한도에 일정비율의 보증금을 IdenTrust가 지정하는 은행에 예치한다. 가입은행들은 자신과 거래하는 기업들에게 보증한도를 분할하여 배분하며, 기업들에게 보증한도의 일정비율에 해당하는 보증금을 요구한다. 이러한 보증한도는 정상적으로 거래가 종료된 후 다시 회전(revolving)되는 형태이다. 따라서 가입은행은 철저한 신용조사를 거친 후에만 기업에게 글로벌 아이디를 부여하고, 이를 통해 거래를 가능하게 한다.

제2절 Eleanor 전자결제 솔루션

1. Eleanor의 개요

Eleanor는 거래약정을 근거로 하여 국제간의 대금결제에 적합한 전자무역을 위한 전자결제 솔루션으로 서로 다른 국가간 법적 확실성을 보장하기 위한 글로벌 운용규칙에 근거한다. 또한 기존의 시스템과 양립할 수 있고 XML과 인터넷 프로토콜과 같은 개방형 표준을 기반으로 한다.

Eleanor는 기존 은행의 결제시스템을 글로벌 전자무역 결제시스템으로 연계, 확장시킬 수 있는 기반을 제공하며 기본적으로 IdenTrust의 자체적 프로세스 흐름에 따른다. 지급의 보호는 은행의 보증을 통해서 이루어지며 선적

서류의 확인은 당사자가 Eleanor에서 확인하도록 되어 있다.

2. Eleanor의 결제 유형

6가지 결제 방식은 지급완료 전 취소가능여부, 은행의 보증 여부, 양도가능 여부, 지불 조건으로서 제출서류의 일치성 여부에 따라 달라진다.

1) Payment Order(지급지시)

수입자가 자신의 거래은행에 지급을 지시하는 취소가능 결제방식이다. 기업이 직접 인터넷 네트워크를 통해 거래은행에 대금 지급을 지시하는 메시지를 말하며 거래상대방에게는 신용을 공여할 수도 있다.

2) Payment Obligation(지급의무)

수입자가 지정된 일자에 수출자에게 대금 상환을 보증하는 취소불능 결제방식으로 유효기간이 있다. 이 경우 수출자는 취소불능 및 양도 가능한 채권의 소지인이 되나 수입자가 자금 이체일 전에 이의를 제기하면 지급이 안 될 수도 있다.

3) Certified Payment Obligation(보증 지급의무)

수입자의 거래은행이 수출자에게 대금 지급을 보증하는 결제방식이다. 수입자의 거래 은행이 대금지급을 보증하기 때문에 지급이 안 될 위험은 없다. 수입자의 거래은행은 결제 금액과 기간에 따라 수수료를 부과하며 수출자는 취소불능이고 양도가능하며 은행이 보증하는 채권의 소지인이 된다.

4) Conditional Payment Order(조건부 지급지시)

Payment Order와 유사하나 사전에 약정된 조건에 대한 일치성 관리가 은행을 통하여 이루어지는 점이 추가된다.

5) Conditional Payment Obligation(조건부 지급의무)

사전에 정해진 조건을 충족해야 수출자에게 대금을 지불한다는 결제방식이다. 품질, 수량 또는 선적 기한에 관해 사전에 정한 약정이 충족되어야 지급된다. 조건부 지급지시와의 차이는 취소가부와 양도가부의 차이점이며 기존의 추심방식과 유사하다.

6) Certified Conditional Payment Obligation(보증조건부 지급의무)

수출자에게 지급을 확약하는 은행 보증서와 수입자를 보호하는 조건부 지급 특성을 결합한 결제방식으로 기존의 신용장방식과 유사하다.

〈표 9-1〉 Eleanor 결제유형의 특징비교

편성	결제패턴	취소 가부	은행 보증	양도 가부	일치성 여부	책임의 소재
A	Payment Order	가능	무	불능	무	매수인
B	Payment Obligation	불능	무	가능	무	매수인
C	Certified Payment Obligation	불능	유	가능	무	은행
D	Conditional Payment Order	가능	무	불능	유	매수인
B+D	Conditional Payment Obligation	불능	무	가능	유	매수인
B+C+D	Certified Conditional Payment Obligation	불능	유	가능	유	은행

3. Eleanor의 결제 절차

Eleanor의 결제절차는 다음과 같이 이루어진다. ① 수입자가 수출자에게 합의된 지급지시서를 송부한다. ② 수출자는 지급지시서에 수출자의 계좌정보 등을 입력 한 후 수출자 거래은행 앞으로 송부한다. ③ 수출자 거래은행은 지급을 위한 결제 상세내용이 포함된 지급지시서를 수입자 거래은행에 송부한다. ④ 수입자 거래은행은 IdenTrust를 통해 수출자 거래은행의 신원을 확인한다. ⑤ 수입자 거래은행은 수출자 거래은행에게 거래조건 수리를 통보한다. ⑥ 수출자 거래은행은 IdenTrust를 통해 수입자 거래은행의 신원을 확인한다. ⑦ 수출자 거래은행은 수출자에게 거래조건 수리를 통보한다. ⑧ 수출자는 수입자에게 거래성립을 통지한다. ⑨ 수입자 거래은행은 지급실행을 수출자 거래은행에게 통지한다. ⑩ 수입자 거래은행은 수출자 거래은행에게 결제대금을 이체한다. ⑪ 수출자 거래은행은 수출자에게 결제대금 입금 통보를 한다. ⑫ 수입자와 수입자 거래은행은 Eleanor Payment 거래내역을 확인한다.

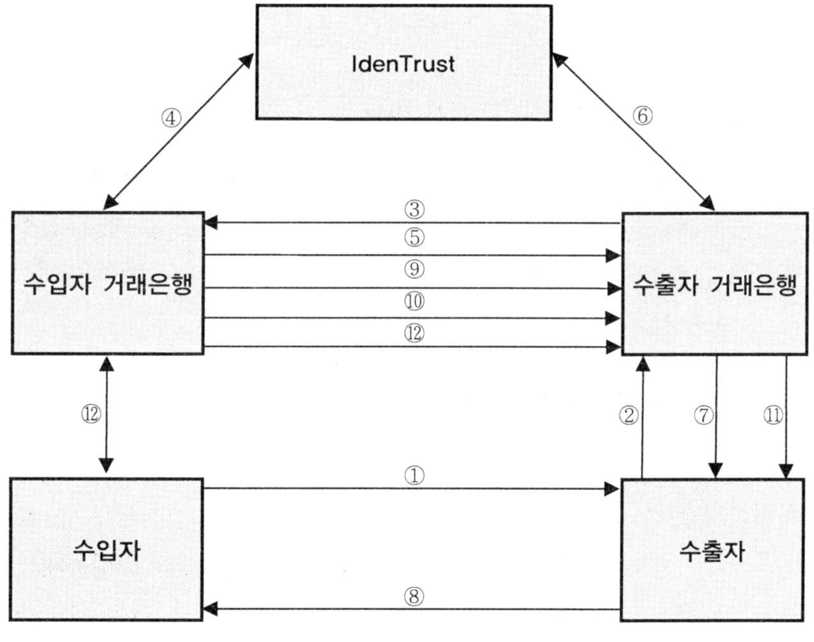

[그림 9-2] Eleanor 결제 과정

4. Eleanor 결제 솔루션의 유용성

우선 무역업체의 입장에는 운용상의 효율성으로 거래절차의 자동화 및 업무의 일원적 처리와 결제와 관련된 수작업 처리과정의 번거로움을 제거할 수 있다. 또한 위험측면에서 조건부 대금결제는 수입자를 보호하며, 대금지급 보증은 수출자를 보호한다. 그리고 현금흐름의 관리 및 혁신적인 전자금융의 수단으로 보다 향상된 운전자금의 관리가 가능하다.

거래은행의 입장에서는 확실한 전자금융 서비스의 제공을 통하여 고객의 욕구충족 및 관계강화, 새로운 서비스 기회 창출, 금융비용의 절감이 가능하다.

5. Eleanor 결제 솔루션의 한계성

(1) 시스템의 호환성, 안정성 및 도입 비용

무역업체는 특정은행을 통해서만 Eleanor에 접속할 수 있기 때문에 여러 은행을 이용하는데 문제가 된다. 또한 무역업체가 Eleanor에 직접 접속하지 못하고 은행을 통해 접속해야 한다는 점이 시스템을 복잡하게 만들고 시스템 활용을 저해하는 요인이 되고 있다.

(2) 부실 은행의 발생과 제명의 곤란

현재까지는 Eleanor 가입은행 가운데 파산의 가능성이 있는 은행은 없지만 장기적으로는 이러한 가능성에 대비할 필요가 있다. 더욱이 현 체제상 부실한 Eleanor 가입은행을 제명시키는 것이 곤란하게 되어 있다. 왜냐하면 Eleanor의 모체인 IdenTrust가 세제상의 혜택을 받기 위해 LLC(Limited Liability Company) 형태를 취하고 있는데 미국의 경우 법제도상 LLC 형태의 기업에서는 출자자가 구성원이며 구성원을 제명하는 것은 LLC로 되어있는 IdenTrust 자체가 해산하지 않으면 안 된다.

(3) 은행에 의한 기업 신뢰성 확인의 곤란

무역업체가 은행에 정확한 정보를 제공하지 않거나 은행과 무역업체가 결탁하는 경우에 발행된 인증서는 신뢰성의 문제가 발생하며 보증지급 조건일 경우 은행의 손실은 물론 Eleanor 자체의 부실화로 이어진다.

제3절 주요 전자무역 시스템의 비교

향후 시장에 지배적인 전자무역시스템 모델이 나올 때까지 여러 유형의 글로벌 전자무역시스템 모델의 경쟁이 예상되며 이 과정에서 다수의 고객 기반을 확보하는 소수 모델만이 생존하고 궁극적으로는 이들 모델들의 연계를 통해 글로벌 전자무역 모델이 탄생하는 과정을 밟게 될 것이다.

전자무역시스템은 크게 3가지 방향에서 접근할 수 있으며 그 내용을 살펴보면 다음과 같다. 첫째, 실질적인 접근방식(substantial approach)으로 기존의 모든 절차를 유지하면서 단지 종이서류를 전자서류로 대체하고자 하는 형태로 볼레로(Bolero)가 대표적인 예이다. 둘째, 기능적 접근방식(functional approach)으로 컴퓨터의 도입으로 필요 없게 되거나 중복되는 절차를 생략하고 업무 효율성을 최대한으로 발휘할 수 있는 체제로 바꾸려는 형태로 트레이드카드(TradeCard)가 대표적인 예이다. 이는 전통적인 신용장 방식을 지양하고 수출입 서류의 전송과 대금결제 방법을 전자화하려는 것이다. 셋째, 통합적 접근방식(integrative approach)으로 무역대금결제는 물론 당사자 인증, 무역거래 알선, 무역정보 제공, 무역서류 전송까지 일괄처리 서비스를 제공하는 형태로 SWIFT와 전세계 초우량은행이 주도하는 아이덴트러스트(IdenTrust)나 벡스컴(BeXcom)이 대표적인 예이다.

현재 전자무역시스템이 빠르게 진전되지 못하는 이유는 몇 가지로 요약될 수 있는 바, 첫째 무역결제가 여러 나라에 걸쳐 다수의 관련 당사자가 각기 다른 법령에 적용을 받는다는 문제가 있다.

〈표 9-2〉 주요 국제전자무역시스템 비교

항 목		bolero.net	TradeCard	IdenTrust
설립년도 (서비스 개시)		1998년(1999년)	1997년(2000년)	1999년(2002년)
본 부		영국, 런던	미국, 뉴욕	미국, 뉴욕
주요 투자자		SWIFT, TT Club, Apax Parteners 포함한 벤처 캐피털 업자	Warburg Pincus Mitsui & Co., WTCA Marsh Mclennan TradeCard Staff	SWIFT, ABN AMRO, Barclays, Chase Manhattan Bank, Citi Group, Deutsche Bank 와 Vereinsbank
주요 특징	서비스 방향	전통적인 전 무역거래 프로세스 구현(전자화)	주문에서 대금결제까지 전자시스템화	전자상거래 신뢰기반 구축 및 전자 네트워크 구축
	핵심 서비스	전통적 선하증권의 기능구현 및 전자 메시징 서비스	제휴금융기관을 통한 신용공여(신용도에 따른 한도배정)	전자인증서비스
	결제시스템	SURF	TCSS	Eleanor
		화환신용장, 보증신용장 추심방식, 오픈 어카운트 방식 등의 전통적인 결제 방식의 기능 구현	신용장의 전자적 대안 제휴 신용제공업자로부터 신용한도 배정(한도 범위내 지급 보장)	자체개발 결제유형 (P/Order, P/Obligation, Certified Payment Obligation, Conditional Payment Obligation)
	서류심사	자동시스템 개발	자동시스템 개발	자동시스템 개발
	메시지 보안	RSA 방식의 디지털 서명	좌 동	좌 동
	메시지 표준	bolero.XML	XML	XML
	법적기반	Rule Book	Membership Agreement	IP-ICP (Identity cert. policy)
	권리이전	전자선하증권 운영 (전자선하증권의 생성, 이전 및 양도)	선하증권 거래 불가	선하증권 거래 불가
	거래은행 역할	신용공여 (기존 거래관계 유지)	무역결제 중계 (역할 축소)	인증기관
	거래규모	중견기업 이상 적합	중견/중소기업 이하 적합	중견(대)기업 이상 적합

둘째, 당사자 전원이 전자화에 따른 준비를 갖추어야만 한다는 문제를 안고 있기 때문이다.

셋째, 거액의 자금이 이전되는 무역거래를 전자적인 시스템을 통하여 결제할 경우 당사자들이 높은 비용 부담, 위험해지방안 부재, 문제 발생시 해결 방안 미흡도 주요한 원인이 되고 있다.

세부적으로 살펴보면 볼레로(Bolero)의 경우 결제솔루션인 SURF는 기존의 신용장 거래 혹은 추심거래를 인터넷 기반으로 전자화하는데 그치고 있다는 지적이 있다. 트레이드카드(TradeCard)의 경우 은행의 개입이 배제된 상태에서 단순히 신용 보증기관의 신용만으로 결제와 거래이행이 이루어지는 것에 대한 무역업계의 신뢰가 확립되지 못한 상황이다. 아이덴트러스트(IdenTrust)의 경우 전통적인 무역결제 방식인 신용장 방식 혹은 추심방식 등의 제반기능을 유사하게 수행하고 나아가 전자적 방법에 의한 거래의 특성상 나타나는 문제점들에 대처할 수 있는 기능을 추가하였으나, 아직 국내에서는 일부 금융기관들에 의해 도입되어 상용화가 활발하지 못하고 있는 상황이다.

연습 문제

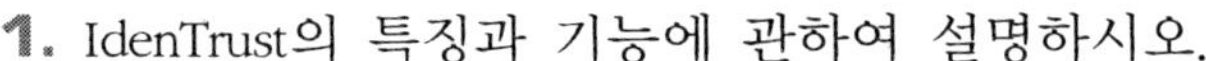

1. IdenTrust의 특징과 기능에 관하여 설명하시오.

2. IdenTrust의 가입요건과 신원인증에 관하여 설명하시오.

3. Eleanor의 결제유형을 열거하고 설명하시오.

4. Eleanor의 결제 프로세스를 서술하시오.

5. Eleanor의 유용성과 한계성을 서술하시오.

10 기타 전자무역시스템

제1절 SWIFTNet 시스템

1. SWIFT와 SWIFTNet의 개요

SWIFT(세계은행간 금융통신망)는 1973년 설립된 비영리 조직으로 국제간 통신망을 연결하여 국제금융 및 외환거래 등에 수반되는 자금결제, 금융관계 메시지를 안전하게 교환할 수 있는 세계은행간 글로벌 네트워크이다.[1)] 본래 은행이나 금융기관만이 회원으로 가입하여 메시지를 주고 받을 수 있도록 하고 있으며, 이러한 메시지 중에는 자금이체 메시지도 포함되어 있어 결제기능을 수행할 수 있도록 설계되어 있다. 따라서 SWIFT의 네트워크를 이용하게 되면 외국환은행간 외화자금의 매매와 해외거래은행의 계정잔액 및 대차내역을 쉽게 확인할 수 있으며 우편송금 · 전신송금 · 송금수표 등의 송금 및 추심업무와 신용장 발행, 환어음 통지 등 은행간 국제무역결제를 수행할 수 있다.

---

1) SWIFT(Society for Worldwide Interbank Financial Telcommunication)가 제공하는 기존의 신용장 관련 서비스는 신용장의 발행, 신용장의 예비통지, 신용장의 조건변경, 신용장의 양도, 상환 수권서, 대금상환 청구, 상환수권서의 조건변경 등이 있다.

SWIFT는 볼레로 시스템의 중앙 메시지 처리소(Core Messaging Platform) 제공자이며, 권리등록기관(Title Registry)의 운영자이다. 또한 SWIFT는 전략적 차원에서 아이덴트러스트와 볼레로 등과의 제휴나 투자를 통해 제휴사나 대주주의 위치에서 영향력을 확대해 나가고 있다.

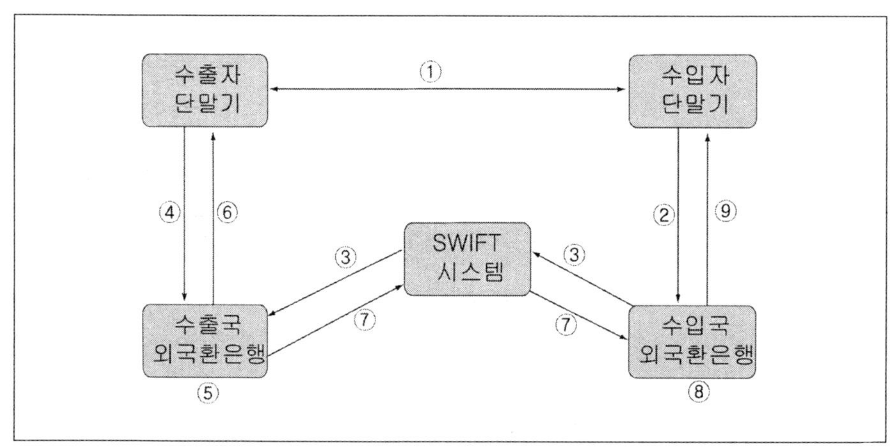

① 수출업체와 수입업체간 매매계약 체결　　② 지급의뢰 입력
③ 수출자앞으로 지급의뢰 입력　　④ 수출대금지급요청 입력
⑤ 수입국외국환은행의 전용계좌잔액으로부터 자동방식에 의하여 수출자에 지급됨
⑥ 지급이행출력　　⑦ 지급완료통지
⑧ 수입자의 전용계좌로부터 자동대체방식에 의하여 은행에 지급됨
⑨ 지급이행 통지출력

[그림 10-1] SWIFT의 거래절차

2005년 SWIFT는 거액의 자금이전이 수반되는 대규모의 거래에 적합하고 인터넷환경에 적합한 결제시스템이 되며, 대기업은 물론 중소규모의 일반기업들도 회원으로 가입하여 직접 자금이체가 가능한 SWIFT시스템으로 변화할 필요성에서 SWIFTNet을 개발하게 되었다.

SWIFTNet은 인터넷 기술을 도입하여, 기존 SWIFT의 FIN(Financial Information Network : 금융정보망) 서비스에서 사용하고 있는 은행간 폐쇄형 전용선 방식(X.25 프로토콜)의 자금결제 네트워크(clearing system)를 확대하였다. 또한 SWIFTNet은 은행뿐만 아니라 기업고객이 직접 인터넷을 통해 접속할 수 있도록 웹(web) 기반의 보안성과 신뢰성이 뛰어난 차세대 네트워크인 SIPN(Secure Internet Protocol Network)으로 교체함으로써 저장·전송(store·forward) 및 실시간 상호 교환방식의 통신 서비스를 제공할 수 있도록 하였다.

SWIFT가 SWIFTNet으로 전환되면 은행 이외의 금융기관과 기업들도 은행과 온라인으로 외환 메시지를 처리할 수 있게 된다. 이러한 변화는 이용자 그룹을 은행뿐만 아니라 여타 금융기관과 일반기업까지 확대하여 SWIFT가 명실상부한 국제결제 네트워크의 주도권을 확보함으로써 전자무역거래와 관련된 다양한 사업의 전개를 가능하게 한다.

SWIFTNet은 XML을 기반으로 하며 공개키 기반구조(PKI) 보안시스템을 적용하고 있다. 시스템내에는 아이덴트러스트의 인증이 탑재된 TrustAct[2]를 통하여 은행과 기업들의 전자 메시지를 인증하게 되며, TrustAct 기반의 대금결제 솔루션인 e-PaymentPlus를 중심으로 전자결제를 제공한다. 최근에는 부가적 무역서비스로 SWIFTNet TSU[3]를 개발하였다.

2. e-PaymentPlus의 개요

e-PaymentPlus는 SWIFTNet의 TrustAct 플랫폼을 기반으로 하여 SWIFTNet이 제공하는 인터넷상에서 안전하게 무역거래를 할 수 있도록 하는 전자무역을 위한 결제솔루션이다. 이는 대금결제에 관련된 업무처리를 은행과 연동하여 자동으로 처리한다.

---

2) TrustAct는 전자무역을 위한 인터넷기반의 전자메시징 서비스이다. 이는 IdenTrust를 기반으로 하여 epaymentPlus를 가능하게 해주는 서류전달 체계로서, 은행과 고객사이의 각종 결제 및 신뢰에 관련된 디지털 메시지의 안전한 전달을 목적으로 하고 있다.

3) SWIFTNet TSU(Trade Services Utility)는 SWIFT에서 제공하는 애플리케이션으로 금융기관의 거래처에 대한 금융지원, 위험관리 및 정보서비스와 같은 은행의 신규서비스의 기반을 지원하기 위해 은행간 매칭인프라를 제공한다.

주요 기능으로는 대금결제의 불확실성을 해소하는 지급보증, 거래 상대방의 신용 불확실성을 해소하는 신용처리 서비스, 물품인도 및 품질문제에 대한 불확실성을 해소하는 인도보증 및 품질보장이 있다. 또한 금융기관들이 기업 고객들에게 신뢰할 만한 인터넷 결제 서비스뿐만 아니라 팩토링, 거래 현황에 대한 정보 등의 고부가가치 서비스들을 제공할 수 있도록 한다. 따라서 기업 고객들은 표준화된 인터넷기반의 전자결제 솔루션을 통해 지급보증과 대금결제, 유동성 관리 및 대금결제 정보 등에 관해 보다 용이하게 기업내부 시스템과 연계할 수 있다.

TrustAct 기반 위에서 구현되는 e-PaymentsPlus는 기업간(B2B), 금융기관간(F2F), 기업과 금융기관간(B2F)의 의사소통을 위해 온라인 지급보증과 지급개설에 종단간(end-to-end) 표준을 사용한다. 또한 최신 사업 모델 기술의 적용을 통하여 e-PaymentsPlus 표준은 높은 등급의 통합 인프라를 제공하여 절차상의 비용을 절감한다.

아이덴트러스트의 'Eleanor Payment'와 유사하게 지급지시(payment order)를 결제수단으로 사용하고 있으며, 결제조건 선택(condition option) 및 은행의 보증으로 이루어지며 선적서류의 확인은 e-PaymentPlus가 조건이행을 확인하도록 하고 있다. 주요 제공서비스로는 안전한 메시징 서비스, 인증서비스, 표준화된 기업과 금융기관간 통신망, 상거래 정보의 저장 등을 제공한다.

e-PaymentPlus는 기존 오프라인상의 SWIFT 망이 있기 때문에 대금결제 프로세싱과의 연계 자체가 용이하며 실제적으로 전술한 아이덴트러스트의 '4-코너 모델'에 비해 SWIFT에 한 번 더 접속과정을 거치는 '5-코너 모델' 흐름을 따르고 있다. 그러나 이러한 프로세스를 따르면 모든 거래가 SWIFTNet이라는 허브(hub)를 거쳐 처리되기 때문에 각 은행이 인증기관은 될 수 없는 단점도 갖고 있다.

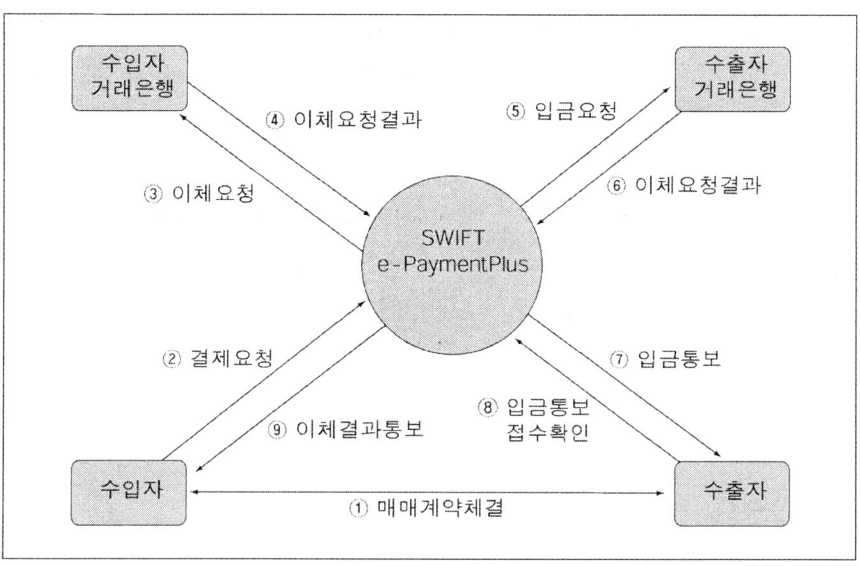

① 수출업자와 수입업자간 매매계약 체결
② 수입업체가 e-PaymentPlus 서비스에 결제를 요청
③ e-PaymentPlus는 수입업자의 거래은행에 이체를 요청
④ 수입업자의 거래은행은 e-PaymentPlus에 이체요청 결과를 통보
⑤ e-PaymentPlus는 수출업자의 거래은행에게 이체된 금액을 수출업자의 계정에 입금할 것을 요청
⑥ 수출업자의 거래은행은 입금요청에 따른 결과를 e-PaymentPlus에 통보
⑦ e-PaymentPlus는 수출업자에게 입금되었음을 통보
⑧ e-PaymentPlus는 수출업자에게 입금통보 접수를 확인
⑨ e-PaymentPlus는 수입업자에게 이체 결과를 통보

[그림 10-2] e-PaymentPlus의 거래절차

3. SWIFT TrustAct와 FileAct

TrustAct는 IdenTrust를 기반으로 하여 ePaymentPlus를 가능하게 해주는 서류전달 체계이다. 은행과 고객사이의 각종 결제와 관련된 디지털 메시지의 안전한 전달을 목적으로 하고 있다. SWIFT는 전자자료교환에 대한 국제적

인 공신력을 기반으로 ePayementPlus에 TrustAct를 부가하여 고도의 보안과 공증이 필요한 무역관련 서류의 전자적 교환업무에 확고한 입지를 확보하고 있다.

한편, FileAct는 저렴한 비용으로 방대한 데이터를 여러 형식으로 전송할 수 있도록 서비스를 제공한다. 또한 단일창구(single window)를 통하여 전세계의 이용자들을 연결함으로써 대금 지급에 관한 데이터, 서류, 사진 및 기타 데이터를 교환할 수 있다.

제2절 BeXcom 시스템

1. BeXcom의 개요

벡스컴(BeXcom)은 1996년 싱가포르에 본사를 두고, 도시바, 미쓰이은행, 쿠스그룹 등 일본은행들이 주축이 되어 만든 전자무역시스템이다. BeXcom은 전세계 은행, 물류회사, 인증기관을 통합한 GTI(Global Transaction Infrastructure)를 기반으로 거래처 발굴에서부터 대금결제에 이르기까지 안전성과 보안을 유지하면서 무역 프로세스를 지원한다.

BeXcom의 플랫폼인 ITC(Internet Trading Center)는 전세계 비즈니스 네트워크인 GTI를 작동시키는 서버 엔진으로 자동화된 수요·공급망 관리를 통해 전자무역거래의 효율성과 비용절감 메커니즘을 가능하게 한다. 즉 무역거래의 알선, 무역정보의 제공, 무역서류의 전송 및 인증, 무역거래대금의 결제에 이르기까지 전자무역을 통합한 프로세스로서 거래환경 측면에 있어서 상당한 안전성과 보안성을 강조하고 있다. 낮은 시스템의 구축비용과 안전한 거래환경, 단축된 거래기간, 은행에서 취급하는 모든 지급수단이 가능하다는 편리성 등이 장점으로 꼽힌다.

국내에서는 현대종합상사가 BeXcom과 공동으로 BeXcom Korea를 설립하여 결제, 물류, 인증, 보안 등의 일괄 서비스를 제공함으로써 전자무역 서비스의 수평적 포털 역할을 수행하고 있다.

〈표 10-1〉 BeXcom의 장단점

장 점	단 점
• 비용절감 및 신속한 시장 선점 • S/W 개발이나 인력에 대한 과도한 투자 없이 Buy/Sell 인프라 구현 가능 • 낮은 구축비용 및 유지보수 비용 • 원스톱으로 집중화된 거래 가능 • 전 세계적인 고객관계관리	• 상대적으로 소규모 거래에 불리 • 높은 시스템의 의존성 • 시스템의 거래정보 노출 • 기존 거래관행과 조화 여부의 불투명성

2. BeXcom의 특징

BeXcom서비스의 주요 특징을 살펴보면 다음과 같다.

첫째, 원스톱(one-stop)으로 집중화된 종단간(end-to-end) 서비스를 제공한다. 이는 거래의 알선에서부터 최종 거래대금의 결제에 이르기까지 글로벌 전자무역에 수반되는 온라인 주문관리, 전자결제, 승인 및 작업처리 전 과정을 지원하고 있다. TradeCard나 Bolero가 기능적 특성으로 인해 지원서비스의 제약을 가지는 반면, BeXcom은 종단간 프로세스를 통해 보다 폭넓은 지원 서비스를 제공한다.

둘째, BeXcom은 별도의 소프트웨어나 인력에 대한 과도한 투자없이 초기의 낮은 셋업(set-up) 비용으로 간편한 수출입 종합인프라 구현이 가능하다. 즉, BeXcom은 가입 고객들 대상으로 무료로 시스템에 대한 교육 및 유지·보수의 지원서비스을 제공하여 다른 전자무역시스템에 비해 투자비용이 적게 든다.

셋째, BeXcom은 은행과 인증기관, 물류업체와 파트너십을 형성하고 있으며 이러한 제휴를 통하여 볼레로와 트레이드카드와 같은 경쟁관계에 있는 전자무역시스템보다 강력한 문제해결 능력을 가진다.

제3절 uTradeHub 시스템

지식경제부와 한국무역협회는 2003년부터 '전자무역서비스' 구현사업을 시작하여 2008년에 마케팅에서 무역결제에 이르기까지 무역절차별 유관기관을 연계하여 무역업무 전반을 단절 없이 처리할 수 있는 신개념의 국가 전자무역 허브를 구축하였다.

따라서 무역업체는 인터넷을 통해 한 번 접속으로 마케팅, 상역, 외환, 통관, 물류, 결제까지 모든 무역업무 프로세스를 신속하고 편리하게 원 스톱(one-stop)으로 처리할 수 있게 되었다.

1. u-TradeHub 서비스의 개요

u-TradeHub는 무역 프로세스에 관여하는 공공기관과 민간기관 및 기업 상호간에 협업적 상거래(collaboration commerce)의 인프라를 제공한다는 점이 특징이다. 즉, u-TradeHub의 전자무역문서보관소를 중심으로 은행, 보험회사, 운송회사 등 무역유관기관이 연계됨으로써 무역업체들은 한번 발급받은 전자무역문서를 전자무역문서보관소에 저장한 후 이를 다른 기관에 증명서류 대신 제출할 수 있게 됨으로써 종이서류의 제출이 사라지게 된 것이다.

u-TradeHub 서비스의 장점을 살펴보면 다음과 같다. 첫째, 모든 무역 업무를 단절없이(seamless) 처리할 수 있는 무역업무처리 시스템이다. 둘째, My Task기능을 통하여 모든 수출입 건에 대해 계약서 작성부터 대금지급까지 무역절차의 진행상태와 앞으로 처리해야 할 일을 알려주는 To-Do Task가 표시되어 업무 효율성이 증대된다. 셋째, 업무시간이 단축되고 비용이 대폭 절감되며 특히 한번 입력한 정보는 그대로 저장되어 다른 문서 작성시에 활용할 수 있어 동일한 정보 입력을 할 필요가 없다. 셋째, XML표준을 적용하여 전자문서의 상호연동성을 제고하여 편리한 문서유통이 가능하다. 넷째, My Trade를 통하여 각각의 이용자에 적합한 최적의 업무영역을 설정한 맞

춤형 서비스를 제공함으로써 메뉴설정 및 업무현황 정보, 모니터링 등 자신만의 업무영역을 제공한다. 다섯째, 정보 및 문서는 권한있는 사용자만 접근, 활용할 수 있어 거래 안전성이 확보되고 위·변조나 금융사고 등의 걱정이 없다.

2. u-TradeHub 서비스의 구성 내용

u-TradeHub는 무역포털(u-Trade), 물류포털(u-Logis), 은행포털(u-Bankers), 통관포털(u-Customs), 마케팅포털서비스(u-Trade Search), 글로벌포털(u-Global) 서비스를 제공하고 있다. 이 서비스는 무역 프로세스 뿐만 아니라 마케팅 정보까지 원스톱(one-stop)으로 제공하기 위하여 구축된 종합검색시스템이다. 연계기관별 즉, 공공단체인 KITA와 KOTRA, 민간업체인 EC21과 ECPlaza에서 제공하는 무역정보의 통합·상세 검색이 가능하며, 정보유형에 따른 연계정보 검색도 가능하다.

1) 무역포털(u-Trade) 서비스

마케팅, 상역, 외환, 물류, 결제까지 모든 무역업무 프로세스를 신속하고 편리하게 단절없이 처리할 수 있도록 단일화된 워크플레이스(workplace)를 제공하고 있으며, 무역포털을 통하여 선적요청(S/O), 선하증권(B/L), 원산지증명서(O/C), 적하보험, 환어음 등 유관기관 방문 없이 서류 제출 및 접수가 가능하며, 은행이나 수출입 관련기관을 방문할 필요없이 언제 어디서나 복잡한 무역업무를 볼 수 있어 시간과 비용이 크게 절감되고 있다. 무역포털을 통하여 제공되고 있는 서비스로는 신용장 개설 및 통지, 선하증권, 환어음매입, 계산서 발행, 요건확인업무, 원산지증명서, 내국신용장, 구매확인서 등이 있다.

2) 물류포털(u-Logis) 서비스

수출입물류업체의 업무기능 강화 및 효율성을 증대하고자 물류업체의 업무 프로세스를 자동으로 연계, 시간과 장소의 제약없이 인터넷으로 이용할 수 있는 수출입화물 통합업무처리 서비스로 서식 표준화를 통한 웹 서비스 및 적하목록취합서비스(MFCS)를 이용한 화물정보와 실시간 화물진행정보 제공서비스 등이 제공되고 있는데 주요 서비스로는 입항정보 및 적하목록 취합서비스, 보세운송 신고, 반출입 신고, 입출항 보고, 화물인도지시서 발급, 수출입물류비용 수납 등이 있다.

3) 은행포털(u-Bankers) 서비스

전자신용장(e-L/C)의 유통 및 전자매입(e-Nego) 시스템을 지원하기 위한 포털이다. e-Nego 시스템 지원을 통해 u-TradHub의 핵심 서비스를 제공하고 신용장 업무에 필요한 기반 데이터 입력을 최소화하여 업무의 효율성을 제고하고 있다. 주요 서비스로는 e-L/C 유통, e-Nego 지원업무, 수출입 대금결제 등이 있다.

4) 통관포털(u-Customs) 서비스

통관포털 서비스는 수출입통관업무 전자서비스로서 VAN방식의 기존 사용자는 물론 인터넷을 이용하여 통관 업무를 수행하고, 무역·통관·물류 연계 플랫폼의 토대를 제공하는 전자무역의 핵심 시스템이다. 이는 인터넷 기반에서 통관업무를 지원하고, 통관정보의 상호 공유는 물론 기존 무역, 통관, 물류시스템과 연계 통합서비스를 제공한다. 기본 서비스로서 신고 정보 조회 및 출력 서비스를 들 수 있다. 이는 수출입통관, 환급 관련 업무를 조회하고 출력하는 기능이며 수출입신고 및 환급신청 등에 관한 정보를 조회하고 출력할 수 있다.

5) 마케팅포털(u-Trade Search) 서비스

마케팅포털 서비스는 국내 유력 무역관련 전문사이트를 연계하여 사용자가 필요한 정보를 검색할 수 있는 기능을 제공하고 있다. 이는 공공·민간이 연계된 통합 무역자료를 제공하며 마케팅 정보에 대한 전문지식을 가진 업체들과의 정보연계를 도모하고, 각 연계기관별 무역정보의 통합·상세검색 기능을 제공하고 있다.

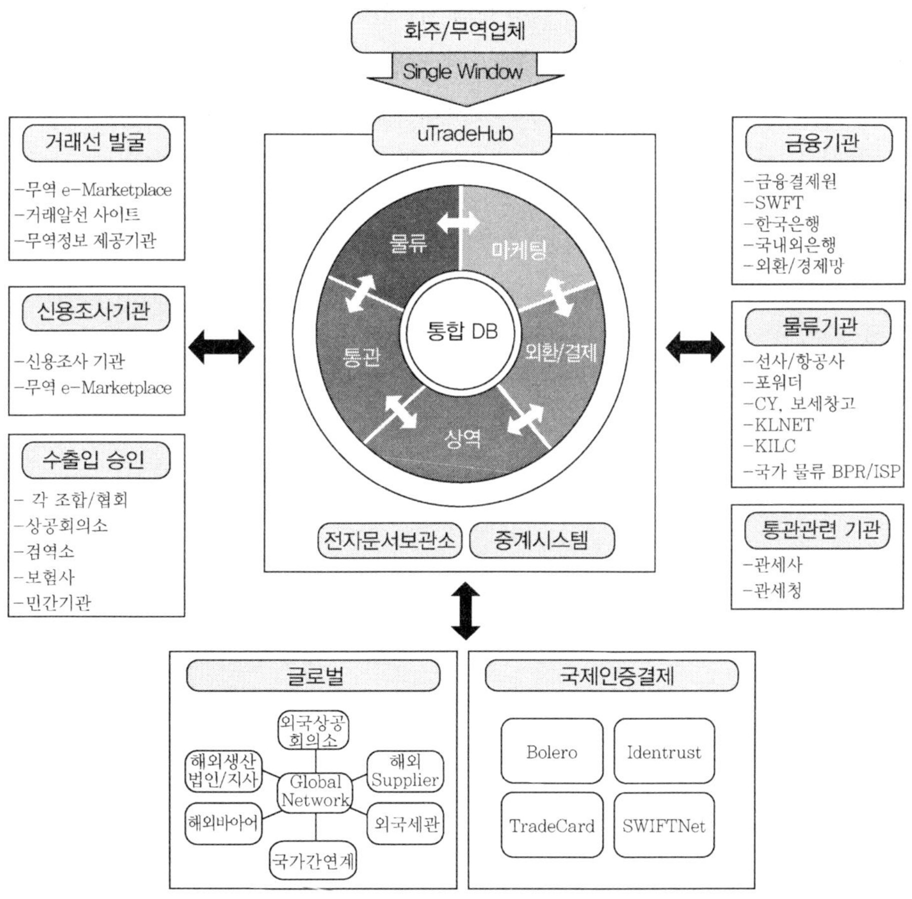

[그림 10-3] uTradeHub 개념도

6) 글로벌포털(u-Global) 서비스

글로벌포털 서비스는 해외파트너와 전자문서교환, 전자원산지증명서비스, 수입적하목록자동신고 서비스를 말한다. 이는 전자무역 서비스가 국내에 국한하지 않고 해외파트너와 정보를 작성 교환할 수 있는 서비스를 제공함으로써 진정한 전자무역의 구현을 도모하기 위함이다. 주요 서비스로 먼저 해외 파트너 및 본 지사간 전자문서 송수신을 들 수 있다. 이는 팩스(fax), 전자우편(e-mail), 전화 등으로 수신하여 수작업으로 작성하던 정보를 전자문서로 수신하여 내부시스템에서 활용할 수 있다. 또한 글로벌포털은 범아시아 전자무역 네트워크 구축연맹(Pan Asian e-Commerce Alliance), 아시아・유럽 전자무역 네트워크 구축연맹(Asia Europe Alliance for Paperless Trading) 등 국제간 전자무역 사업자간의 협력을 통해 서비스를 제공한다.

연습 문제

1. SWIFT와 SWIFTNet의 개요에 관하여 설명하시오.

2. e-PaymentPlus의 개요에 관하여 설명하시오.

3. BeXcom의 개요와 특징에 관하여 설명하시오.

4. uTradeHub 서비스의 개요를 설명하시오.

5. uTradeHub 서비스의 구성 내용을 열거하고 서술하시오.

11 전자무역 인프라

제1절 한국 전자무역의 미래

1. 전자무역의 향후 계획

2009년 무역거래기반조성 5개년 계획 수립과 함께 분야별 추진과제로 글로벌 전자무역 시스템 구축 사업의 계획이 수립되었으며 그 주요 내용을 살펴보면 다음과 같다.[1)]

첫째, 통관, 물류망과의 정보 연계를 추진한다. 기업들이 요구하는 무역 관련 모든 과정의 업무처리 및 화물추적 정보를 한 번의 로그인으로 제공할 수 있도록 관세청, 국토해양부 등 유관기관의 정보망과 uTradeHub를 연계시킨다. 아울러 통관망과 국가전자무역시스템이 연계될 때 통관정보 부정사용 우려를 해소하기 위하여 전자무역기반사업자의 공공성 확보 및 업무관리, 감독 강화 방안을 마련한다. 둘째, 높은 정보 접근성과 이용 편의성을 갖춘 지식기반 무역포털을 구축한다. 무역업무 처리기능 외에 시장정보, 지식정보, 공공정보 등을 융합하여 맞춤형 무역 분석정보를 마련하며 공공기관, 협회 등에 분산된 마케팅 정보, 수출마케팅 지원정보 등을 단계별로 연계하여 전자무역 포털을

1) 지식경제부 보도자료(http://www.moc.go.kr), 2009. 10. 29.

통해 일괄 처리한다. 셋째, 국가간 서류없는 무역을 실현한다. 중국, 일본 등 주요 교역국 및 SWIFT, PAA 등 글로벌 통신망과 연계를 추진하며 해외로드쇼, 해외 전자무역 홍보관 운영 등을 통해 우즈베키스탄, 리비아, 몽골 등 IT기반이 약한 개도국을 대상으로 한국형 전자무역시스템 수출 및 서비스 연계를 추진한다. 넷째, 전자무역 확산을 위하여 지원체계를 정비한다. 해외에서 전자무역서비스를 이용할 수 있도록 상법 하위법령을 개정하고 수출환어음의 전자적 발행과 유통을 위한 법적 근거를 마련하며 전자무역서비스의 안정적 제공 및 기업 영업비밀 보호를 위해 수수료 사용용도 지정 및 관리 · 감독을 강화한다.

궁극적으로 전자무역은 ① 현행 서비스 고도화 및 활성화 ② FTA관련 무역업체 지원 체계의 확립 ③ 글로벌 거래의 확대 및 세계 표준화의 선도 ④ ISP(Internet Service Provider) 사업 수행을 통한 확고한 방향 설정 등을 목표로 전개될 계획이다.

〈표 11-1〉 전자무역 기반사업의 연도별 계획

구 분	주요 내용
사용자 확산 기반조성 (2009)	① 전자문서 추가 개발 등의 핵심 기능 강화 ② 부대비용 결제서비스, 항공화물운송장 시스템 구축 등 유관기관을 위한 신규 서비스 제공 ③ 마케팅 기능의 강화를 통한 서비스 범위의 확대 ④ 기업 Lagacy 연계 인터페이스 개발 등 사용자 연계 기능 강화 ⑤ 전자무역 인적 · 재정적 운영기반 강화
글로벌 연계 기반 확보 (2010)	① 포털 환경개선 등 사용자 편의 기능 강화 ② 서비스별 모듈화 및 Title Registry 분리 등 기반 인프라 안정화 ③ 사용자솔루션 기능 고도화를 통한 연계기반 강화 ④ 교육시스템 구축 ⑤ u-TradeHub와 기존 해외 글로벌망 연계를 통한 진출 기반 확보
글로벌 연계 확산 (2011)	① 핵심 기능의 유관기관 연계 확대 ② 재해복구센터 구축을 통한 시스템 인프라 안정성 제고 ③ 서비스별 모듈화 및 솔루션화 ④ u-TradeHub와 해외 Single Window 연계 실현을 위한 국가간 Hub to Hub 연계사업 추진 ⑤ 글로벌 인증 및 상호인증 기반 확보 ⑥ 수출 마케팅 통합 홍보시스템 구축의 고도화
글로벌 연계 고도화 (2012)	① 해외수출을 위한 서비스별 모듈화 · 솔루션화 ② 동아시아 국가와의 글로벌 전자무역망 시범서비스 연계 ③ 전자무역 물류시스템과 구매확인시스템 기능의 고도화 ④ 해외 전자무역망과의 e-Nego 시범서비스 연계

출처: 류승열, "차세대 전자무역의 현황과 미래모형"과 지식경제부 보도자료(2009.7.6.)에서 인용 요약 정리함.

2. 전자무역의 문제점

1) 기술적 문제점

현재까지 기업정보시스템의 경우 경영정보시스템(MIS), 전사적 자원관리(ERP) 부문에 대한 자동화가 주로 수행되어 왔으며, 공급망관리(SCM), 고객관계관리(CRM) 부문에 대한 자동화는 미흡한 실정이다. 또한 자체 ERP시스템을 보유하고 있는 무역업체라도 자체시스템을 활용하여 매입은행에 매입서류를 제출하기 위한 시스템이 개발되어 있지 않고 있다. 현재의 전자무역시스템은 사용자 증가와 서비스 확대에 따른 안정적이며 유연한 대처가 어려운 상황이며 사용자 확산을 위한 기업지원체계도 부족한 실정이다.

암호화와 인증 기술에 관하여 각국은 현재 기술 중립을 택하고 있다. 기술 중립적 태도는 전자서명의 발전에 따라 기술의 수용이 용이한 장점이 있는 반면 국가마다 새로운 기술을 지속적으로 개발하기 위하여 금전적, 시간적 노력이 필요하고 기술이 개발될 때마다 그에 대한 검증없이 사용되는 실수를 범할 가능성이 있다. 이와 함께 국가마다 자국에서 개발한 기술사용으로 인해 국가간 상호 연동을 추구할 때 서로 호환되지 않아 전자무역의 활성화를 저해할 수 있는 문제가 생긴다.

그렇다고 특정 기술을 국제규범으로 채택한다면 신기술의 발전 저해 및 기술 보유기업의 시장 독점을 일으키게 되는 문제를 안고 된다. 따라서 기술 중립과 특정기술과의 양자간 채택은 어려운 문제이다.

한편 공개키 기반구조 암호화 기술은 사용하기가 복잡하고 구축비용이 많이 든다는 점 이외에도 국가간에 통용되기 위해서 각국의 국별·상업별 표준이 정비되어 있지 않다는 문제가 있다. 대부분의 전자무역에서는 RSA방식의 비대칭 암호화 기법을 채택하여 메시지의 안정성을 높이고자 노력하고 있지만 아직까지 신뢰성을 확신시켜줄 절대적인 기술이나 방법은 나와 있지 않다. 이와 함께 국가별 독자적인 공개키 기반구조는 기술적 차이로 인하여 국가간 상호연동도 쉽지는 않다.

2) 법·제도적 문제점

전자무역은 업무처리 속도가 빠르게 진행되면서 문제가 발생하였을 경우 원인을 찾고 법적인 해결단계에 이르기까지 오랜 시간이 소요됨으로써 실질적으로 피해를 보상해 주는 것이 불가능할 수 있다. 또한 법률 정비의 확립이 절대적으로 요구되는 바 현재 우리나라는 전자무역 관련 주요 문서에 대한 법적 근거가 미약하다는 것이다. 이것이 사용자간 신뢰성 부족으로 인한 전자문서 유통확산에 장애를 가져올 수 있다. 특히 무역관계 서류의 전송이 국경을 넘어 이루어지면서 전통적인 무역서류를 대신하여 무역관계 업무가 전자자료교환(EDI) 방식에 의하여 대체되고 있는 추세이지만 무역절차별 현재의 법령 체계가 기존에 사용하는 종이서류 방식 위주로 되어 있어 전자무역문서 유통에 문제가 된다. 즉 전통적 종이서류가 가지고 있는 정보전달, 입증, 상징의 세 가지 기능 중에 EDI방식은 입증과 상징의 기능과 관련하여 법적 문제를 야기할 수 있다. 그런 의미에서 국제적인 법과 규정이 신속하게 정비되어야 하지만 단기간 실현되기 어려우며 문제가 발생하는 경우 당사자 합의에 의한 개별적인 문제를 해결하는 방법도 적절하지 않다.

전자무역의 제도적 문제 중 하나는 표준이다. 우리나라에서는 UN/EDIFACT 기준의 KEDIFACT 국제표준을 통하여 기업, 정부, 유관기관간에 정보교환에 대한 가이드라인(guide line)을 제공하고 있다. 그러나 XML 부문에 있어서는 아직도 국제표준이라고 할 만한 하나의 표준형식이 제공되고 있지 않아서 업체 및 각종 기관들도 기술의 발전과 도입에 따른 현실적인 어려움이 상존하고 있는 실정이다. 그렇듯 비호환적인 표준의 개발이 지속된다면 상호 시스템간에 자료교환과 공유가 어려워 서비스를 제공함에 있어서 시간과 비용의 절감 효과뿐 아니라 다수의 사용자를 확보하는 것이 어렵다.

무역업무 프로세스 전 과정에서 단절없는 처리가 이루어지기 위해서는 전자무역 플랫폼(platform)을 통해 유통될 수 있도록 문서서식의 표준화와 전자문서화가 선행되어야 한다. 또한 전자무역문서보관소를 기반으로 타 기관과의 공유 및 활용도가 높은 문서에 대해 공유기반을 마련함으로써 안전하고 효율적인 문서의 유통은 물론 문서에 대한 수발신 확인과 같은 문서유통과 관련된 이력관리도 요구된다.

2007년 전자거래기본법 개정을 통하여 법·제도적으로는 공인전자문서보관소 사업의 활성화를 위한 기반을 다졌지만 전자거래기본법과 타 법령사이에 충돌할 수 있는 부분들에 대한 연구가 추가적으로 요구되며 새로운 전자문서통합지원시스템의 구축에 따른 개정도 불가피하게 되었다. 또한 현재 진행되고 있는 업무프로세스와 보관소간 존재하는 일부 기술적, 정책적 격차 등으로 인하여 실제 업무 적용상의 사업자의 애로사항이 발생하고 있다.

아울러 글로벌 전자거래를 위한 전자인증의 국가간 상호인정 체계 미비로 인한 문서의 전자적 거래에 어려움이 있다. 그 이유를 살펴보면 첫째, 여러 국가의 인증기관이 자신의 기술을 세계 표준으로 지정하려고 서로 경쟁하고 있어 세계 표준의 제정을 어렵게 한다. 둘째 국가간 협력 사업을 통한 무역에 필요한 서류의 전자화는 일부 문서에 대해서만 이루어지고 있어서 국가간 무역거래에 수반되는 문서의 형식을 통일해야 하는 어려움을 가지고 있다. 셋째 전자결제 및 전자인증의 대안으로 제시되고 있는 Bolero, TradeCard, IdenTrust 등의 민간서비스는 법적 효력에 대한 국가간 상호인정 문제가 완전히 해결되지 않아 활발하게 이용되지 못하고 있다.

3) 조직적 문제점

현재까지 전자무역의 핵심기능은 어느 정도 확보되었으나 다양한 유관기관 연계를 위한 전자무역 표준화 현안들이 여전히 존재한다. 국가 인프라 차원에서도 사용자를 위한 지원제도가 제한되어 있어 효율적 지원조직에 의한 체계적 서비스가 부족한 상황이다.

여러 무역 유관기관들이 무역업체들에 대하여 중복된 서비스를 제공하고 있으며, 그 내용이 각 분야에 특화되어 있지 못한 실정이기 때문에 공공 서비스가 민간 서비스의 경쟁을 저해하는 주요 원인이 되고 있다. 유관기관과의 연계를 저해하는 중복된 사항에 관한 그 세부적인 내용을 살펴보면 다음과 같다. 첫째, 외환 및 결제부문은 외국환은행간의 수출신용장 정보 공유

단절로 인한 수출자가 매입(nego) 업무 수행할 때 수출신용장을 중복 제출하고 있다. 둘째, 상역부문은 요건확인 기관간의 업무 단절이 발생하여 업무절차의 수혜를 수출자가 적극적으로 받고 있지 못하는 실정이며 이에 따라 허가와 신고, 승인업무의 단절이 생긴다. 셋째, 물류부문은 서비스 사업자인 KTNET과 KL-Net이 둘 다 서비스 중이어서 수출자는 양 부가가치서비스를 중 하나를 선택해야 하는 문제를 가진다.

사용자측면에서 살펴보면 상황에 따라 차이는 있으나, 다수의 중소무역업체들이 전자무역 인프라를 활용하는데 있어서 상당한 비용과 노력이 소요된다는 것이 전자무역 활용을 저해하는 주요 요인이라 하겠다. 전자무역의 조직적 문제는 중소 규모 무역회사들의 정보화 능력의 부족과 함께 전문 인력 및 전자무역 활용 경험의 부족으로 분석된다. 아울러 일부 기업을 제외하고는 전자무역 기반사업의 투자는 정부주도로 이루어질 수밖에 없으며 매년 막대한 예산이 투입되어야 하는 어려움이 있다. 조직적 정비면에서도 e-마켓플레이스(marketplace)별 연동이나 콘텐츠 통합, 부가서비스 개발 등에 있어 구현방법이나 세부적 기술이 통일되어 있지 않은 상황이다.

또한 현 대외무역법상 전자무역지원기관으로 규정되어 있는 전자무역 중개기관제도의 부실과 함께 무역 업무에 능숙한 전자무역 관련 고급인력이 부족하며 무역 전문 인력개발 인프라 확보를 위한 종합적인 인력양성에 관한 정책지원도 미흡한 실정이다. 무역실무에는 밝지만 인터넷 활용능력이 떨어진다든지 인터넷 활용능력은 우수하나 무역실무를 잘 모르는 인력들이 대부분이기 때문에 다른 기반이 완비된다고 하더라도 이를 실제로 활용하는 조직적 기반의 하나인 인력이 부족한 상황에서는 소기의 목적을 달성하기 어렵다.

4) 운영적 문제점

전자무역은 민·관에 걸쳐 다양한 실행주체와 이해당사자가 서로 얽혀 있는 구조이며 대기업의 경우는 주로 자체적인 전자무역 인프라를 이용하는 경향이 강하지만 중소기업의 경우에는 국가전자무역 인프라를 주로 이용하고 있는 실정이다.

단일창구(single window) 시스템에서는 마케팅에서부터 상역, 통관물류, 외환결제에 이르기까지 모든 업무처리가 단절없이 진행되도록 모든 분야에서 시스템 서비스가 연계되어져야 한다. 현재 우리나라는 실질적으로 지식경제부가 마케팅 및 무역 일반 업무, 통신과 전자인증 업무를 담당하고 있으며, 국토해양부가 육상 및 항공·항만 물류업무를, 기획재정부는 외환결제를, 관세청이 통관업무를 담당하고 있어 각 업무영역별로 단절이 될 수밖에 없는 처지에 있다.

현재의 무역 프로세스상에서 일어나고 있는 운영적 문제점의 구체적 내용을 살펴보면 다음과 같다. 첫째, 마케팅부문에서는 거래상대방에 대한 신용확인의 기능부재 및 시장과 기업에 대한 정보 신뢰성의 결여로 인하여 거래선 발굴의 효과가 크지 않고 데이터베이스의 부족으로 최신의 정보획득에도 어려움이 있다. 둘째, 결제부문에서는 분할매입의 경우 매입시마다 분할매입 이력관리 및 가능한 잔액 관리 업무를 내국신용장(local L/C) 원본을 통해 수작업해야 하는 어려움과 함께 매입시 다양한 구비서류로 인하여 전자문서화 하는데 많은 시간이 소요된다. 또한 결제 수단으로서 어음이 전자화가 되어 있지 않아 온라인으로 업무가 결제단계에서 오프라인으로 처리됨으로써 업무의 단절이 발생한다. 셋째, 상역부문에 있어 수출입요건확인 해당기관의 선정 및 부처별 관련 법령의 개정 및 공고는 각 정부 부처별로 진행하고 있어 수출입요건확인 업무를 수행하고 있는 기관 및 그 근거 법령에 대한 통합적 관리가 안되고 있다. 넷째, 물류 및 통관부문에서는 검역 대상 품목에 대한 정보관리 미비로 검역 대상이 자동선별 되지 않아 검역되지 않고 바로 선적되는 경우가 발생하고 있다. 선적관련 문서에 대한 표준화가 진행되고 있지만 화주별, 포워더별, 선사별로 사용하고 있는 양식이 통일되어 있지 않아 서류 작성 및 업무가 수작업으로 이루어지고 있다. 이 밖에도 관세청에서는 이미 통관부분에 있어 단일창구(single window) 시스템을 구축하였으나 이를 다른 업무영역으로 연계시켜야 하는 과제를 안고 있다. 나아가 물류업체의 편의성 증대를 위한 추가 서비스의 개발이 시급하며 무역 전과정에 전자무역 도입 활용을 위한 서비스 개발이 필요하다.

3. 전자무역의 개선방안

1) 기술적 측면

사용자 확산을 위한 기술적 지원체계의 부족함을 만회하기 위하여 지식경제부를 통한 국가차원의 맞춤형 홍보 전략이 요구되며 기업 규모별 차별화된 연계 서비스 제공에 대한 구상이 시급하다. 현재 u-TradeHub는 포털위주의 단순한 서비스를 제공하고 있으므로 전자무역 솔루션(solution)이 기업의 ERP시스템과 연계되어 기능을 강화시키며 외환위주의 단순 기능에서 벗어나 물류, 보험, 통관, 결제까지 일괄 처리될 수 있는 다양화를 모색하여야 한다. 이와 함께 대기업의 정보시스템에 u-TradeHub를 연계하여 사용할 수 있도록 기술적 호환성을 확보하여야 한다. 또한 u-TradeHub는 중소기업에게 전자무역을 수행할 수 있는 다양한 기능을 제공하고 그들에게 필요한 업무기능들을 개발할 수 있도록 지원을 아끼지 말아야 할 것이다.

기술적으로 공개키 기반의 상호 호환성이 이루어지는 결제서비스를 제공한다고 하여도 거래 당사자들에게는 법적 강제성과 사용상의 확실성이 요구되어지기 때문에 그것만으로 완벽한 솔루션을 제공하지 못한다. 따라서 전자무역 결제시스템과 무역운송, 보험들을 통합하는 포괄적인 전자무역의 국제 공인인증시스템 구축이 이루어져야 한다. 특히 실제 국가간 전자문서의 유통이 시급한 분야인 무역부문을 대상으로 상이한 인증기관과 인증업무를 표준화하기 위하여 세부 지침을 책정할 필요가 있으며 인증서를 상호 운용할 수 있는 자격 인증제를 도입하는 협정이 우선적으로 체결되어야 한다.

전자무역 기반구현과 관련된 영향 요인에서 기술적 특성과 구현수준과는 정(+)의 상관관계를 가지는 것은 자명하다. 현재 기술적으로 ebXML이 전자무역에서 교환되는 정보를 표현하는 표준 언어로 자리 잡게 되었으며 물품의 물리적 이동과 관련하여 무선인식(RFID) 태그가 물품 정보의 획득 및 교환에 있어 활용되기 시작되면서 국제표준의 제정 및 보급 활동이 활발하게 진행되고 있다. 이런 상황에서 전자무역부문의 표준화 추진 방안을 살펴보면 다음과 같다. 첫째, 전자무역 관련 국제표준을 제정 또는 개정할 때 제안서 또는 기고문 작성과 발표 등을 통하여 국내에서 개발된 기술 및 표준의 세계화를 적극적으로 추진하여야 한다. 둘째, 표준화 과제별 일정계획 수립, 세부 표준화 대상기술의 국내 표준규격 작성, 전문가들의 종합 검토 및 표준화 절차를 거쳐 국가표준으로 등록, 활용할 수 있도록 하여야 한다. 셋째, 국가표준에 입각한 표준 시스템 및 서비스의 출시를 적극 추진하고, 개발된 표준화 관련 기술, 솔루션, 서비스 등에 대해 해외 수출도 추진해야한다. 더 나아가 우리나라는 저작권, 특허권 및 상표보호를 위해 국제협약에 대비하는 자세를 가져야하며 이에 대한 기술적인 암호화 보호수단을 개발하여야 하겠다.

끝으로 신뢰할 수 있는 보관 · 증명 서비스의 제공을 위해서 전자문서보관소는 최고 보안수준의 기술적 적용이 요구되며 전자문서 보관소 사업자에 대한 정기적인 점검을 통해 서비스 품질 미비를 방지하여야 한다. 이를 기초로 궁극적으로는 공인전자문서보관소에 대한 전문적이고 체계적인 심사와 지원 및 감독, 통합을 위한 전자문서통합지원시스템으로 나아가야 한다.

2) 법·제도적 측면

'전자무역촉진법'내에 있는 '전자무역촉진시행령'의 수립은 관계기관에 일임하는 것보다 민 · 관이 결합된 별단의 조직체계에 일임할 수 있도록 조치하여 당해 조직에 의해 마련된 시책 전반을 관계기관이 협의 · 조정할 수 있는 체계로 전환하여야 할 것이다. 한편 전자서명과 인증으로 전자문서가 유통되기 위해서는 안정성과 신뢰성이 확보되어야 한다. 이를 위해 전자무역기반사업자의 기술보급 및 사후 관리 사업은 업무 범위를 확장하거나 또는 당해 유관 법률을 원용하는 것으로 개선해야 할 것이다. 더 나아가 국가간 유통되는 전자문서에 대한 법적 효력인정을 위한 해결방안으로 국가별 전자인증에 대한 정부간 장기적인 관점의 추진 방안과 꾸준한 협의를 통한 신뢰모델의 구축이 병행되어야 하겠다.

한편 전자유가증권의 법적 효력 인정협정과 유통촉진, 요건확인 업무의 전자화, 전자신용장(e-L/C) 매입(nego)서류의 전자적 처리 등과 같은 국가간 전자문서의 유통이 시급한 분야를 대상으로 법 · 제도의 개선이 절실히 필요하다. 특히 우리나라의 경우 수출신용장 업무의 40%를 외국계은행을 통해 이루어지고 있는 바 이들이 전자신용장 유통관리시스템에 연결되지 않는다면 서비스의 효과가 크게 반감되는 것은 자명한 일이다. 따라서 이들의 참여를 유도하기 위한 프로그램 개발 및 세금 감면, 전산망 구축의 혜택과 관련된 법적 · 제도적 보완책이 요구된다.

궁극적으로는 전자무역 플랫폼을 통하여 국제 네트워크 구축사업을 추진함으로써 표준화를 달성하여야 한다. 이러한 표준화는 수출입 화물에 관련된 통관망과 연계 · 운영함으로써 물류비용을 절감하며 하위시스템 관련 자료의 데이터베이스화 및 정보화로 이루어진다. 따라서 국가차원의 중복투자를 방지하고 거래문서에 입력 개입과 재입력 과정을 최소화할 수 있게 되어 필요 기일보다 업무를 단축시키고, 제품 재고를 감소시키며 정확한 수송이 가능할 수 있다. 그 밖에 전자무역 플랫폼과의 국내외 e-마켓플레이스(marketplace)와의 연계는 정보통신 투자 및 운영비용을 공유할 수 있다. 이를 위해서는 정부는 현재 추진 중인 범아시아 전자무역협의체(PAA), 한 · 일간 무역 전자상거래 정책협의체에서 주도적 역할을 수행하고 관련 기업에 대한 지원을 보다 강화해야 한다.

3) 조직적 측면

전자무역 기반사업의 궁극적 통합화를 위해서는 기본적으로 단절없는 무역서비스를 제공하기 위한 서비스 기반 시스템과 무역업체 중심의 전자무역 단일창구가 구축되어야 한다. 연이어 전자문서 표준등록소의 확립과 함께 전자문서 표준의 체계적인 온라인 배포 및 관리체계 지원이 이루어져야 한다. 아울러 전자무역 중개시스템의 고도화와 전자무역 문서보관소와 무역유관과의 연계를 통한 정보공유 및 자동전송을 통한 중복제출 문제도 해결하여야 한다.

그 밖에도 전자무역 전문서비스업자는 글로벌 무역중개 대표서비스를 통합하고 물류, 결제와 함께 3자 공통영역지원으로 국내지원의 거래선 발굴과 수출마케팅의 구심점 역할을 할 수 있어야 한다. 즉 통일되고 체계화된 요소에 의한 표준기술개발을 유도하고 국가간 무역업무에 필요한 고급기능의 서비스 구현을 통하여 전자무역의 업무지원이 이루어져야 한다.

단순히 전자무역 시스템의 사용법에 대한 교육이 아닌 사용자 위주의 교육 콘텐츠가 개발되어야 한다. 즉 체계적인 전자무역에 대한 전문지식을 습득할 수 있도록 이를 위하여 솔루션(solution)과 e-러닝(learning) 시스템의 보급도 병행되어야 한다. 사용자 시스템의 원활한 연계를 위하여 인터페이스 개발이 요구되며 전자무역 플랫폼의 핵심기능이 사용자 솔루션에 구현 될 수 있도록 하여야 한다.

이와 함께 전자무역 전문인력 인적자원개발협의체를 통해 인재를 확보하고 산학을 연계하는 전문가들의 교환프로그램을 통한 상호 협력적 기반을 조성할 수 있는 정책적 기반이 요구된다. 더 나아가 전자무역 전문인력은 무역분야의 수평적 수요를 우선적으로 확보함으로써 특정 산업 및 제품에 대한 수직적 인력수요를 보다 빠르게 제공할 수 있다. 따라서 전자무역 활용능력이 높은 무역전문인력의 증가는 부족한 고급인력의 질적, 양적 공급과 함께 전자무역 교육 강화에 필요하다.

4) 운영적 측면

전자무역 프로세스는 특정 국가의 국내법 또는 특정 기관의 시스템에 의해 완결되는 것이 아니라 관련 문서, 정보시스템, 기업, 무역유관기관의 유기적인 상호연계에 의하여 통합적으로 운영되어야 한다. 또한 이들 프로세스가 완전한 단일 네트워크로 구현되기 위해서는 전자무역 운영체제의 표준화가 선행되어야 한다. 이것은 산업 및 기술 인프라에 대한 표준화가 먼저 확립되어야 전자무역 프로세스가 달성될 수 있음을 의미한다.

전자무역 플랫폼(platform)은 콘텐츠와 같은 보완재가 있어야 가치창출이 된다. 즉 플랫폼을 수용하는 사용자가 많을수록 무역 프로세스에서 협력자들이 보완재를 더 많이 개발하게 되어 가치가 증진되는 특징을 지닌다. 따라서 우리나라는 u-TradeHub를 통한 글로벌시장에서의 표준 장악 및 주도권 확보를 도모할 전략적 사고를 배양함으로써 협력자들을 위한 플랫폼 리더십(leadership)을 확보하여야 한다.

물류의 중요성이 강조됨에 따라 국내외 기업들은 물류를 단순히 생산 및 판매 활동을 지원하는 부수적 활동이 아니라 경쟁력 제고를 위한 가치사슬 서비스를 통해 물류기법의 혁신을 추진하여야 한다. 이는 거래물류업체에 관계없이 동일한 전자무역 플랫폼을 이용함으로써 물류업체간에 수직적 통합과 글로벌공급망관리(GSCM) 체계구축으로 가능하다. 이와 함께 관세청은 물류분야의 시스템 연계를 추진하여 해상 및 항공물류시스템과 통합하는 것이 바람직하다. 이로써 국내 물류망까지 연계하여 통관과 물류가 하나의 시스템으로 통합됨으로써 수출입물품의 이동에 따르는 경쟁력을 확보할 수 있다.

아울러 수출절차별 운영적 개선방안을 세부적으로 살펴보면 다음과 같다.

첫째, 해외마케팅 정보 종합 검색 시스템, 수요자 중심의 일괄(one-stop) 요건확인시스템, 수출입부대비용 결제시스템, e-Nego 인프라[2)]의 구축이 요구된다.

둘째, 요건확인업무 실시간 관리체계 수립과 함께 L/G, D/O 중심의 수입관련 문서 유통시스템 개선이 필요하다.

셋째, 수출 S/R, B/L 문서의 연계처리 방안 설계 및 내국신용장 결제업무의 전자화가 필요하다.

넷째, 정부차원에서는 전자인증에 대한 국가간 상호인정협정을 체결하고 국제기구 차원의 전자무역 협력 및 표준화에 적극적으로 참여하고 더 나아가 글로벌 네트워크 기반의 연계와 국제 상호 신뢰체계의 구축이 이루어져야 한다.

2) 전자 수출환어음 매입신청의 수락 최종결정권자인 은행이 적극적으로 동참하여 수출입업자에게 e-Nego를 권장한다면 다른 유관기관들은 사용자의 요청에 의해 자연스럽게 전자무역 플랫폼과 연계가 이루어질 것이다.

제2절 전자무역 네트워크

1. 전자무역 네트워크의 구축 동향

1) 한 · 동아시아 전자무역 네트워크

2000년 7월부터 한국, 일본, 중국, 대만, 홍콩, 싱가포르, 말레이시아 7개국으로 설립된 범아시아 전자무역 네트워크 구축연맹(Pan Asian e-Commerce Alliance: PAA)은 무역자동화에 필요한 인프라를 갖춘 전자무역 EDI사업자들이 해당 국가를 대표하는 중심(hub) 사이트가 되어 이를 상호 연계하는 것을 주요 내용으로 하고 있다. 현재 전자무역 사업자 회원으로 활동하고 있는 가입회원국들은 한국을 포함하여 8개국이다.[3] 현재까지 PAA가 추진하고 있는 프로젝트를 토대로 그 내용을 살펴보면 다음과 같다.[4]

첫째 PAA는 동아시아 주요 국가의 전자무역 네트워크를 연동하여 동아시아 메가 포털(mega portal)을 구현한다. 다시 말해 네트워크간 연동을 통하여 역내 무역 커뮤니티간에 무역거래시 요구되는 문서 및 정보를 전자적으로 교환할 수 있는 범아시아 전자무역 네트워크를 구축하고, 역내 모든 기업들이 언제 어디서나 필요로 하는 정보를 얻을 수 있도록 하는 포털 사이트(portal site)를 구현한다는 것이다.

둘째 PAA는 전자문서 교환에 의한 거래가 종래의 오프 라인(off line)거래와 동일한 효력을 갖도록 하는 전자무역 표준협약과 세계 표준인 ebXML[5]을

---

3) 현재 한국의 KTNET, 일본의 TEDI, 중국의 CIECC, 대만의 Trade-Van, 홍콩의 Tradelink, 싱가포르의 CrimsonLogic, 말레이시아의 Dagang Net, 마카오의 TEDMEV 등 8개 회원사와 인도네시아가 가입 예정이다.

4) 현재 PAA의 주요 프로젝트는 ① 국가간 거래서비스의 보증 ② 공개키(PKI)기반의 상호인증 ③ Pan-Asian Portal 설립 ④ 화물추적 서비스 ⑤ 재정적 지원이다.

5) UN/CEFACT는 1999년 11월부터 정보표준화기구(OASIS)와 공동으로 ebXML 표준화 작업을 진행하였으며 2003년 5월 제9차 유엔전자거래 및 무역촉진포럼에서 유엔표준으로 확정하였다.

기본 프레임워크로 채택하며 법 · 제도, 전자문서 및 업무 표준, IT 인프라 구축 및 글로벌 기업간 전자무역 실거래 시스템 구축 등 지속적인 활동을 벌이고 있다. 예를 들면 한국무역정보통신(KTNET)은 한국을 대표하는 회원사로서 본격적으로 사용자 확산 및 지원에 나서게 되며 새롭게 개발한 글로벌 화물추적시스템 서비스를 아시아 각국에 보급하려 하고 있다. 또한 일본과 공동으로 국가간 전자무역의 핵심서류인 전자선하증권(e-B/L)의 도입사업을 추진하고 있으며 향후 아시아지역으로 확산할 계획이다.

셋째 PAA는 온라인상의 단일창구(single window) 환경에서 원스톱(one-stop)으로 업무 처리를 할 수 있어 국내는 물론 글로벌 네트워크를 자유롭게 활용할 수 있다. 이런 환경을 조성하기 위하여 PAA회원사들이 CPA (Certification Policy Authority)라는 공동출자 형식의 인증정책 총괄회사를 설립하였으며 각 회원사의 공인 인증서를 상호 인정하는 업무를 담당하고 있다.

〈표 11-2〉 한 · 동아시아 전자무역 네트워크 주요 경과

구 분	내 용
PAA 결성	2000년 7월 동아시아 7개국이 자국의 전자무역 네트워크를 연결하여 범아시아 전자무역 서비스를 제공하기 위하여 결성됨
협의체 구성	의사결정 협의체인 steering committee 회의와 실무협의체인 working group 회의를 구성하며 전자문서교환, 인증서비스 상호인정, 포털사이트 구축, 화물추적 서비스, 금융결제, 마켓플레이스 등 6개 분야로 운영됨
CPA 설립	회원국가의 상호교차 인증을 위하여 CPA(Certificate Policy Authority)를 설립 · 운영하여 전자문서의 진위여부 파악, 부인방지, 변조 방지 등의 서비스를 제공함
전자무역 협약 제정	2001년 11월 전자무역 기술표준으로 국제 전자상거래 표준인 ebXML을 채택함. 2002년 2월 전자문서 표준체계를 확정하고 5월 PAA 전자문서 표준협약 및 전자서명 인증준칙을 확정함
포털 사이트 개설	전자무역 네트워크의 본격가동을 위해 www.paa.net를 개설함
전자무역 교환 사업	2003년 1월 홍콩-대만간 상용 서비스 실시 및 한국-대만, 일본-싱가포르 등 다양한 국가간 서비스 제공을 시작함. 2003년 4월 한국-일본간 서류없는 무역사업 추진을 통해 4종 전자문서 교환 성공 및 실제거래 적용을 시작함

이를 통해 우리나라는 전체 무역의 약 20%를 차지하는 중국을 위시한 싱가포르, 홍콩, 대만 등 화교경제권과의 무역에서 연간 30억 달러의 무역 부대비용 절감을 목표로 하고 있다.

2) 한 · 일 전자무역 네트워크

한일 양국은 종이서류 없는 무역을 실현하기 위해 공동으로 협력하기로 합의하고, 한국의 KTNET과 일본의 TEDI를 중심으로 한일 전자무역 기반 시스템 및 한일 e-마켓플레이스 구축 사업을 추진하고 있다.

2001년 2월 한일 양국은 양국의 경제발전과 산업경쟁력 강화를 위해 일본에서 제1차 한일 전자상거래정책협의회를 개최하여 e-Asia 구축을 위한 e-비즈니스 공동협력을 추진하기로 합의하였다. 또한 한일간 전자상거래 기반구축을 위해 공개키기반(PKI)[6] 제도 활성화와 같은 각종 민간협력을 지원하기로 하였으며, 한일간 산업별 B2B협력사업을 확대하기로 하고 전자부품체계 표준화와 전자부품 데이터베이스(database) 교류와 함께 전자산업분야 협력을 강화하여 대상업종을 자동차, 철강산업으로 확대해 나가기로 하였다.

2001년 10월 개최된 제2차 한일 전자상거래정책협의회에서는 종이서류 없는 무역, e-마켓플레이스 공동구축 등 제1차 회의의 합의사항에 대한 추진상황을 점검하고, 양국의 민간기관간 협력프로젝트에 대한 지원방안과 양국의 공동 대응방안에 대해 논의하였다.

2001년 한일 전자무역망 연동사업에는 한국의 KTNET과 일본의 TEDI를 위시하여 외국환은행, 물류업체, 솔류션업체, 종합상사, e-마켓플레이스 등이 참여하였으며 현대자동차와 미쓰비시상사간의 자동차강판 수입을 1단계 시범사업으로 지정하여 선하증권 정보, 상업송장, 포장명세서, 개별포장명세서 등 4개 문서에 대한 표준화 및 전자적 교환 테스트를 2002년 4월말에 완료하였다.

---

6) 공개키기반(public key infrastructure)의 방식은 산술적으로 연관되어진 두 개의 키를 사용하여 하나는 암호화하고 다른 하나는 해독에 이용된다. 즉 사용자들 간에 합의된 상호연결방식이 존재하며 누구든지 사용할 수 있는 공개키(public key)와 소유자만이 알 수 있는 개인키(private key)라는 한 쌍의 키로 구성되어 있다.

2002년 7월에 시행된 2단계 사업 협의에서는 향후 항공화물운송장, 출하정보, 대금지불 정보 등으로 전자문서 종류를 확대하기로 하였으며 더 나아가 솔루션개발 및 기술정보 지원, 전자문서등록저장소(repository),7) 중소기업 국제협력체계 플랫폼 구축 등을 포함하고 있다. 또한 2002년 9월 개최된 제4차 한일 전자상거래정책협의회에서는 양국간 전자상거래에 대한 신뢰성 제고를 위해 개인정보 보호마크의 상호인정을 위한 협정을 체결하였으며 분쟁해결을 위한 협력을 강화하기로 하였다. 2003년 이후의 3단계 사업에서는 대기업은 물론 중소기업, 무역유관기관으로 업무를 확대하여 사용자 확산을 추진할 계획이다.

〈표 11-3〉 한 · 일 전자무역 네트워크 주요 경과

구 분	내 용
한 · 일 e-Hub 결성	2000년 9월 한일정상회의에서 IT 협력 이니셔티브에 합의함
전자무역 시스템 구축	2002년 2월 현대차-미쓰비시상사간 시범사업을 통하여 한일간 Invoice, Packing List, B/L Advice를 최종 사용자까지 송수신 테스트 실시하고 에러 수정 작업을 완료함
민간 합동협의체 구성	2002년 11월 양국정부, KTNET, TEDI, 무역협회, 시범사업 참가업체 등으로 협의체를 구성하여 추진함
e-Trade Hub 프로젝트 추진	2002년 12월 한일 e-마켓플레이스와 전자무역 시스템의 연계를 강화하고 상호 인증협정, 한일 전자상거래 법률전문가 라운드테이블 개최로 새로운 의제를 폭넓게 논의함
실거래 서비스 적용	2003년 3월 현대차-미쓰비시상사간 4종류의 전자문서를 실제 거래에 사용함
e-AMP 체계 구축	2003년 7월 한일간 e-Asia Marketplace의 거래활성화를 위한 상담회가 개최되어 우선적으로 기계, 전자, 전기부품업종을 대상으로 하여 기업 및 제품 데이터베이스 상호 검색과 견적 및 주문, 입찰 업무 등을 시행하기로 함

7) 전자문서등록저장소는 e-Trade 플랫폼의 핵심요소로서 전자공증서비스를 가능하게 하여 거래 안정성을 보장해 준다.

한일 전자무역망 연동이 이루어진다면 양국간 신속한 업무처리와 더불어 연간 재고비용 75억 달러, 직접투자비용 10억 달러 절감이 가능할 것으로 기대된다. 나아가 국가 전체적으로 전자무역 인프라 구축을 위한 중복투자를 방지하고 실거래 체계 구축으로 기업의 국제 경쟁력이 강화될 것이다.

3) 한 · 유럽 전자무역 네트워크

한 · 유럽 전자무역 네트워크는 한국과 유럽의 특정산업에 대한 무역거래를 시범 사업대상으로 하고 그 성과를 바탕으로 최종적으로는 아시아와 유럽을 엮는 ASEM차원의 전자무역 네트워크 구현을 최종 목표로 한다.

2001년 10월 개최된 제1차 ASEM 전자상거래 회의에서 한국은 무역원활화 행동계획(Trade Facilitation Action Plan: TFAP) 분야에 아시아와 유럽간 전자상거래의 장벽을 제거하여 전자상거래를 활성화할 수 있는 협력 프로그램을 제안하였다. 이는 전자상거래에 관한 조세, 비밀보호를 ASEM차원에서 토의하는 것을 그 내용으로 하며 기존에 추진 중에 있는 한 · 일간 및 아시아 국가간 전자무역 네트워크를 유럽까지 확대시키고자 하는 구상에서 출발한 것이었다. 이 회의에서는 소비자 보호, 사이버 보안, 지적재산권 등 3개 분야를 우선 검토과제로 선정하고, 한국과 핀란드가 주도적으로 검토 보고서(issues paper)를 작성하여 회원국들의 의견을 수렴하였다. 또한 한국은 전자상거래 정보 포털사이트 구축, 전자무역 시범사업 추진 등을 협력 프로그램으로 제안하였다.

한편 지식경제부와 한국무역정보통신은 2002년부터 ASEM 전자무역 네트워크의 1차 시범사업으로 독일에 본사를 두고 있는 공구업체인 보쉬(BOSCH)와 현대자동차간 전자무역을 위한 시범 시스템(pilot system)을 구축하여 왔다. 나아가 범아시아 전자무역 구축연맹(PAA)과 한국 · 일본간 전자무역 허브(hub) 구축사업과 연계한다는 계획이다.

2002년 9월 개최된 제2차 ASEM 전자상거래회의에서는 각 회원국 정부가 추진해야할 시책을 담은 권고안을 채택하였다. 이 권고안은 각 회원국이 전자상거래를 촉진하기 위하여 지켜야할 일반원칙과 제1차 회의에서 선정한 3

개 분야를 담고 있으며 아시아와 유럽국가들이 전자상거래 발전을 위하여 취하여야 할 방향에 대한 최초의 합의라는 점에서 그 의미를 가진다.

2003년 10월 개최된 제3차 ASEM 전자상거래 회의에서는 전자상거래에서 성장가능성이 큰 핵심분야에 대한 논의가 이루어졌다. 특히 시범사업인 전자무역, 전자상거래 포털사이트의 진행 현황이 보고되고 새로운 협력 프로그램인 e-Logistics, e-Learning, e-Health가 채택되었다.[8)]

〈표 11-4〉 한 · 유럽 전자무역 네트워크 주요 경과

구 분	내 용
ASEM 전자무역 네트워크 결성	2001년 10월 제1차 ASEM 전자상거래회의에서 한국이 전자무역 시범사업 추진을 제안함
시범사업 실시	2002년 2월 현대차(한국)-보쉬사(독일)간 자동차 부품 구매업무를 시범사업으로 결정하여 Invoice, Packing List, Dispatch Notice 문서의 무서류화를 추진하고 9월 제2차 ASEM 전자상거래 회의에서 진행상황이 보고됨
상용 거래체계 구축	2003년 5월 현대차(한국)-보쉬사(독일)간 상업송장, 포장명세서 등 실제 상용거래 체계를 추진하고 독일에는 국가주도형의 VAN 사업자가 없기 때문에 한국의 KTNET이 양국의 전자문서를 지원할 수 있고 사용자에게 무역 전단계에 걸친 업무서비스를 제공하는 GMCC(Global Message Connection Center)를 구축함
협력 프로그램 채택	2003년 10월 제3차 ASEM 전자상거래 회의에서 26개국이 참가하여 e-Logistics, e-Learning, e-Health 분야를 중점 논의함

8) e-Logistics는 정보통신기술 특히 인터넷을 기반으로 관련 주체들간에 모든 물류활동을 온라인상에서 구현함으로써 SCM 개념하에 물류 프로세스 수행을 효율적으로 지원하는 서비스, e-Learning은 네트워크를 사용하는 참여자의 활발한 상호작용과 다양한 학습 콘텐츠를 통해서 시간과 장소에 얽매이지 않고 역동적인 학습이 가능한 대안적 교육형태, e-Health는 정보통신기술을 활용하여 의료 · 보건 정보를 온라인으로 제공 · 공유하는 때와 장소를 가리지 않는 건강관리기법을 말한다.

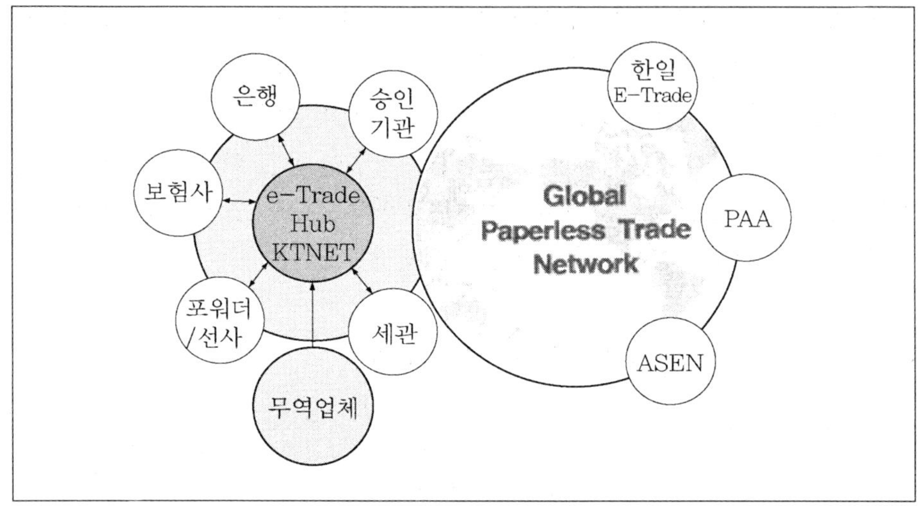

[그림 11-1] 전자무역 네트워크 개념도

2. 전자무역 네트워크의 과제

1) 전자무역 네트워크의 법적 과제

(1) 상호 인정문제의 확립

현재 글로벌 전자무역 네트워크 구축의 토대를 마련하기 위하여 국가간 협력 사업을 실시하고 있으나 전자문서에 대한 국가간 법적 효력 상호인정 문제가 완전히 해결되지 않은 상태이며 이에 관한 예산 및 전문가 등에 대한 범정부적인 지원도 미흡한 실정이다. 국가간 협력 사업을 통한 무역에 필요한 서류의 전자화는 일부문서에 대해서만 이루어지고 있어서 국제간 무역거래에 수반되는 문서의 형식을 통일해야 하는 어려움을 가진다. 공인 인증기관에서 발급하는 인증서는 국제적 통용이 확보되지 않은 상황이며 환어음의 전자적 배서와 양도가 가능하도록 하는 어음법상의 전자환어음에 대한 규정도 국가간 조정이 요구되고 있다.

(2) 분쟁해결제도의 확립

유엔국제무역법위원회(UNCITRAL)가 1997년 전자서명모델법을 제정한데 이어 전자 계약에 대한 국제협약도 검토 작업이 진행 중이지만 그 밖의 전자무역상 분쟁해결제도와 전자문서에 의한 양도도 정비되어야 할 제도들이다. 또한 2003년 5월 OECD 보고서에 따르면 전자무역과 관련하여 수입자가 수출자로부터 부가가치세를 받아 자신의 사업장 소재 국가에 대신 납부하도록 하는 논의가 있었다. 이것이 받아들여진다면 전자무역거래의 파악과 조세징수, 소득에 대한 과세권의 국가간 배분 등 행정 분야 장애극복을 위한 관세 당국간 효율적인 협조가 계속되어야 할 것이다.

2) 전자무역 네트워크의 시스템적 과제

(1) 표준화의 확립

전자무역 네트워크 구축에 있어 중요한 사항 중의 하나는 상이한 전자상거래 환경에서도 호환이 가능한 시스템으로 통일성을 갖추는 것이다. 이 중 1999년 9월부터 ebXML을 통한 표준화 작업이 전자무역 시장을 상호 연동하자는 목적으로 진행되어 왔으나 마이크로소프트, 선마이크로시스템, IBM, 휴렛패커드와 같은 대형 벤더(vendor)들이 치열한 공급경쟁을 벌이고 있는 웹(web) 서비스가 등장해 국제표준화의 통일 및 적용을 어렵게 하고 있다.

(2) 인프라의 통합화

한국무역협회와 한국무역정보통신을 중심으로 국내의 전자무역을 실현하는데 필요한 경험과 능력을 갖춘 전문가들은 일정 수준 확보되어 있으나 국가간 협력 사업을 효율적 · 생산적으로 추진하는데 필요한 인프라에 대한 정부차원의 지원이 충분하지 못한 상태이다. 전자무역 공급측면에서는 일부 프로세스만이 전자무역망으로 처리되고 있어 무역프로세스의 단절 극복을 위한 시스템이 없다는 것도 문제점으로 드러나고 있다. 한편 우리나라의 경우 선진국에 비해 사회간접자본이 부족하고 물류거점을 연계하는 수송체계의 낙후도 글로벌 전자무역의 큰 난제이다.

3) 전자무역 네트워크의 운영적 과제

(1) 해외 관련업계와의 연계

현재 우리나라는 지정학적 이점 및 사업 협력상의 용이성 등을 이유로 동아시아권 국가와의 협력 사업에 치중하고 있는 형편이며, 미국, 유럽 등과의 전자무역 네트워크를 구축하기 위한 협력은 상대적으로 미미한 상황이다. 한·유럽 전자무역 네트워크의 경우 선진화된 체제를 구축한 유럽 국가들과 시범사업을 제안하고 있음에도 불구하고 네트워크를 위한 장애를 안고 있다.

유럽 정부가 부가가치통신망(VAN) 사업을 주도하게 할 의사를 가지고 있지 않기 때문에 한국의 KTNET, 일본의 TEDI와 같은 전자무역을 위한 집중화된 역할을 수행하는 곳이 없어 정부 주도하에 단일 양식의 네트워크를 구축하는 것이 어려운 상황이다.

(2) 기존사업의 추진과 신규사업의 개발

향후 국가간 글로벌 전자무역 네트워크 구축에 있어 볼레로(Bolero)나 트레이드카드(TradeCard)와 같이 다국적 기관이 만든 전자무역 서비스 체제에 주도권을 빼앗기고 시장을 잠식당할 우려가 있다.

연습 문제

1. 전자무역의 향후계획에 관하여 서술하시오.

2. 전자무역의 문제점을 기술적, 법·제도적, 조직적, 운영적 관점에서 서술하시오.

3. 전자무역의 개선방안을 기술적, 법·제도적, 조직적, 운영적 측면에서 서술하시오.

4. 전자무역 네트워크 구축동향을 열거하고 설명하시오.

5. 전자무역 네트워크의 과제를 법적, 시스템적, 운영적 과제로 나누어 간략히 서술하시오.

참고문헌

1. 국내문헌

강원진, 국제상무론, 법문사, 1997.
강호경 · 임목삼, 최신 무역결제론, 도서출판 두남, 2007.
권영철, 글로벌 수출마케팅, 무역경영사, 2002.
김억헌, 무역보험론, 도서출판 두남, 2003.
김성훈, 글로벌무역실무, 도서출판 두남, 2004.
김성희 · 김재경 · 장기진, 인터넷과 전자상거래, 무역경영사, 2000.
김성희 · 장기진, e-비즈니스 원론, 무역경영사, 2001.
김영락 · 김대중, 인터넷무역실무, 21세기북스, 2000.
김영생 · 이종원, 국제무역의 이해, 법경사, 1999.
김영생 · 이종원 · 이봉수 · 유병욱, 글로벌 무역학원로, 도서출판 두남, 2004.
김학민, 전자무역의 이론과 실무, 경문사, 2007.
김희길, 무역업무, 삼영사, 2009.
남풍우, 무역결제론, 도서출판 두남, 2003.
문희철 · 심상렬, 무역자동화와 EDI 무역경영사, 1998.
문희철 · 심상렬 · 김종원 · 염홍기, 전자무역의 이론과 실무, 궁미디어, 2010.
박광서, 무역결제, 삼영사, 2008.
박대위 · 구종순, 무역실무, 법문사, 2008.
박명섭, 국제물류의 이해, 법문사, 2003.
배정한, 국제무역대금결제, 삼영사, 2008.
서정두, 국제상무론, 삼영사, 2003.
신군재, 사이버무역시대의 ON-OFF 무역실무, 무역경영사, 2001.
심종석 · 유병욱, 전자상거래 전략기획론, 형설출판사, 2001.
송경석 · 한병완, 21세기를 위한 전자상거래, 탑존, 2002.
안동규 · 박찬주 · 김철진, 유비쿼터스 시대의 e-비즈니스, 도서출판 두남, 2007
양영환 · 오원석 · 박광서, 무역상무, 삼영사, 2008.
오원석, 국제운송론, 박영사, 2004.
오원석 · 박성철 · 하강헌, 국제운송 · 보험론, 법문사, 2000.
오원석 · 박성철 · 하강헌, 인터넷무역론, 법문사, 2000.
이봉수, 사이버무역론, 형설출판사, 2002.
이상진, e-비즈니스개론, 도서출판 두남, 2007.
이상진, 전자무역론, 도서출판 두남, 2011.
이승영, 신용장론, 법문사, 1994.

이시환 · 김광수, Incoterms 2010, 도서출판 두남, 2010.
이학승 · 김경희, 사이버 무역실무, 도서출판 두남, 2001.
윤광운 · 김철호, 전자무역론, 탑북스, 2010.
전순환, 무역실무, 한올출판사, 2006.
정분도, 글로벌 전자무역실무, 도서출판 두남, 2009.
채진익, 최신 전자무역, 도서출판 두남, 2008.
추창엽 · 김웅진, 물적유통론, 형설출판사, 2003.
황남일 · 이홍무, 무역보험의 이론과 실제, 무역경영사, 1997.
황중서, 인터넷과 무역자동화, 형설출판사, 2000.

2. 국외문헌

Atiyah, P. S., The Sale of Goods, 10th ed., Pearson Edu., 2001.
Bridge, Michael, The International Sale of Goods, Oxford: University Press, 1999.
Brown, Robert H., Marine Insurance vol.1 Principles & Basic Practice, 6th ed., London: Witherby & Co., Ltd., 1998.
Byne J. E. The Comparison of UCP 600 & UCP 500, Institute of International Banking Law & Practice, Inc., 2007.
Chissick, M., Electronic Commerce Law and Practice, Sweet & Maxwell, 1999.
Daniels, J. D. and Radebangh, L. H., Interantional Business, 9th ed., Prentice Hall, 2004.
Davis, M. A., The Documentary Credit Handbook, Woodhead-Faulkner, 1998.
Day, D. M., The Law of International Trade, Butterworths, 1993.
Folsom, R. H., International Business Transaction, West Pub., Co. 1996.
Ramberg, Jan, ICC Guide to Incoterms 2000, ICC, 2000.
Leo D'Arcy et al, Shmitthoff's Export Trade, Swet & Maxwell, 2000.
Melvin, Michael, International Money & Finance, 7th ed., Boston: Pearson Addison-Wesley, 2004.
Schmitthoff, C. M., Export Trade, 9th ed., London: Steven & Sons, 1990.
Smith, J. C., The Law of Contract, 4th ed., Sweet & Maxwell, 2002.
Thomas E. Johnson, Export/Import Procedures and Documentation, 4th ed., Amcom, 2004.
Tritel, G. H., The Law of Contract, 11th ed., Thomson, Sweet & Maxwell, 2003.
White J. J. & R. S. Summers, Uniform Commercial Code vol. 3, West Pub., Co. 1995.

찾아보기

■ 저자약력

이 봉 수

저자는 성균관대학교 경상대학 무역학과를 졸업하고 미국 하트포드대학교에서 경영학 석사, 성균관대학교 일반대학원 무역학과에서 경영학 박사학위를 취득하였다. 1986년부터 Pacific Stars & Stripes(성조지) 신문사 취재기자를 거쳐 삼성, SK, 두산에서 수출입 및 마케팅 업무를 담당하였으며, 현재 단국대학교 상경대학 무역학과 교수로 재직중이다.

한국관세학회와 한국무역상무학회 이사, 한국무역학회와 한국해양비즈니스학회 부회장 및 영문지 논문편집위원으로 활동하였으며, 무역실무 및 국제마케팅에 관련하여 국내 주요 학술지에 다수의 국·영문 연구논문이 실렸고, 저서로는 사이버 무역론(형설출판사, 2002), 글로벌 무역학원론(도서출판 두남, 2006), 무역실무(도서출판 두남, 2006)를 발간한 바 있다.

전자무역론 - 개정판

초　판 1쇄 발행 —— 2012년 2월 25일
개정판 1쇄 발행 —— 2012년 8월 15일
개정판 2쇄 발행 —— 2013년 2월 15일
지은이 —— 이 봉 수
펴낸이 —— 전 두 표
펴낸곳 —— 도서출판 두남
서울시 강동구 성내로 6길 34-16 두남빌딩
신 고 : 제25100-1988-9호
TEL : 02) 478-2065, 2066, 2067, 2311
FAX : 02) 478-2068
E-mail : dunam1@unitel.co.kr
http://www.dunam.co.kr

정가 21,000원

ISBN 978-89-6414-347-6 93320